AF533009

Gustav Hoffmann

In Erdkampf und Luftabwehr

Einsatzweg der 4. Batterie/Flak-Abteilung 12
der 12. SS-Panzer-Division „Hitlerjugend“

EDITION ZEITGESCHICHTE

Titelseite: Das Hauptbild unten zeigt eine 3,7-cm-Flak des II. Zuges der 4. Batterie. Darüber sind zu sehen (v.l.n.r.): eine provisorische Feldstellung des II. Zuges bei Dreux; Angehörige der 4. Batterie vor ihrem Halbkettenfahrzeug kurz vor der Kapitulation; Gustav Hoffmann als SS-Kanonier im Herbst 1943 in Beverloo.

Bibliographische Information der Deutschen Bibliothek
Die Deutsche Bibliothek verzeichnet diese Publikation in der Deutschen Nationalbibliographie; detaillierte bibliographische Daten sind im Internet unter www.dnb.de abrufbar.

ISBN 978-3-942145-50-3

Korrigierte Neuauflage 2024

Edition Zeitgeschichte
Postfach 52, D-24236 Selent

Gedruckt in der Europäischen Union

Einleitung

Ein Anlaß zum Verfassen einer Chronik war der 50. Jahrestag der Aufstellung der 12. SS-Panzer-Division „Hitlerjugend" 1993. Hubert Meyer hatte damit eine umfassende Divisionsgeschichte geschaffen. Diese Publikation motivierte die in der Nachkriegszeit entstandene Truppenkameradschaft der 4. Batterie der Flak-Abteilung 12 der Division „Hitlerjugend" dazu, nun ebenfalls ihre Geschichte zu schreiben. In den darauffolgenden Jahren wurden von mir und anderen bei den „Batterie-Treffen" Erlebnisberichte einzelner Angehöriger der Batterie gesammelt. Manches lag schon vor, einiges ist erst in den 1990er Jahren entstanden, zumal die früheren Batterieangehörigen, die in der DDR lebten, erst nach Grenzöffnung und Mauerfall 1989/90 die Möglichkeit hatten, zu den Veteranen-Treffen zu kommen, um ihren Teil zur geplanten Veröffentlichung beizutragen.

Mit dem vorliegenden Werk werden die Erlebnisse der Angehörigen der 4. Batterie der Flak-Abteilung 12 originalgetreu wiedergegeben. Die schrecklichen Kriegsereignisse, die diese Generation gemeinsam durchgestanden hat, sollen den späteren Nachgeborenen einen ungeschminkten Eindruck von Krieg und Kampf, Tod, Verwundung und Gefangenschaft vermitteln.

Ich selber, Jahrgang 1926, habe viele Jahre lang persönliche Erinnerungen meiner Kriegskameraden akribisch gesammelt und geordnet. Meine eigenen Aufzeichnungen reichen bis in die Kindheit zurück. Ich habe die Zeit des wirtschaftlichen Niederganges in Österreich in den 1930er Jahren, die Dollfuß- und Schuschnigg-Ära sowie den Einmarsch der Wehrmacht 1938 hautnah miterlebt. Hinzu kamen Berichte von verschiedenen Kameraden, Fotos, Ausschnitte aus Notizbüchern, Kopien von Briefen usw. Die hier veröffentlichten Fotos sind Archivaufnahmen oder sie sind von mir selbst und meinen Kameraden aufgenommen worden. Sie wurden bei Nachkriegstreffen oder durch Postverkehr untereinander getauscht und archiviert. Jedoch fand sich lange Zeit niemand, um aus der Materialsammlung ein Buch zu machen. Der langjährigen Freundschaft mit Manfred Steinkellner ist es zu verdanken, daß sich in ihm jemand fand, der das Material ordnete, um es als Buch der Nachwelt zu erhalten. Da inzwischen fast alle Kameraden der Batterie verstorben sind, hatte kaum jemand mehr Kenntnis von diesem reichen Fundus an schriftlichen Erinnerungen und Fotos.

Soweit sie bekannt sind, werden die Namen der Berichterstatter jeweils angegeben. Die Wiedergabe der einzelnen Berichte entspricht den originalen Vorlagen.

Einige Kameraden hatten trotz Verbot während des Krieges ein Tagebuch geführt und über die Jahre hinweg gehütet. So hat etwa Paul Baier über die ganze Zeit, fast stündlich, seine Erlebnisse festgehalten. Als Beiträger zu erwähnen sind außerdem Willi Prix, Hans Krieg sowie Erich Wagner.

Das zufällig in einem Antiquariat gefundene Kriegstagebuch der Flak-Abteilung 12 der Division „Hitlerjugend" vervollständigt die Darstellung durch die täglichen Aufzeichnungen ab Invasionsbeginn am 6. Juni 1944 bis in den September 1944. Es liefert Informationen über Wetterverhältnisse, Einsatzstärken, Erfolge, Verluste, Munitionsverbrauch und andere Vorkommnisse. Besonders wertvoll sind die darin enthaltenen Lagekarten mit per Hand eingezeichneten Geschützstellungen. Dieses Tagebuch wurde damals von Untersturmführer Kolb geführt.

Hiermit soll all jenen gedankt werden, die dazu beigetragen haben, daß dieses Buch entstehen konnte, insbesondere Manfred Steinkellner (Textzusammenstellung) und Tina Schwarzwallner (Fotobearbeitung).

Gustav Hoffmann

Vorwort von Fritz Ritscher

Der Leser findet in diesem Buch keine Heldengeschichten, sondern Aufzeichnungen und Erinnerungen von Kriegsteilnehmern, die 1944/45 Heranwachsende waren und die bei Beginn des Zweiten Weltkrieges 1939 noch die Schulbank drückten. Das Kriegsgeschehen machte auch vor ihnen nicht halt, und sie mußten die Schrecken desselben bis zum bitteren Ende miterleben. Wer dieses Inferno überlebt hatte, war bei Kriegsende nicht frei, sondern er mußte im Gegenteil die an Erniedrigungen und Strapazen reiche Gefangenschaft auf sich nehmen, die für nicht wenige schwere gesundheitliche Beeinträchtigungen zur Folge hatte.

Der Chef der 4.Batterie: Obersturmführer Fritz Ritscher, Träger des Deutschen Kreuzes in Gold, EK I und EK II, Heeres-Flakabzeichen

In den Begleitumständen abhängig von der Besatzungsmacht, ging in den Zonen der Kampf ums Überleben weiter. Besonders hart erging es den Angehörigen der ehemaligen Waffen-SS, die von der Nürnberger Siegerjustiz pauschal als „verbrecherisch" gebrandmarkt wurde. Und obwohl von höchsten Repräsentanten der Bundesrepublik Deutschland für alle Frontsoldaten, die ehrenvoll gekämpft hatten, Ehrenerklärungen abgegeben worden waren („Soldaten wie andere auch"), flauen bis zum heutigen Tage die Verleumdungen und Unwahrheiten über die Truppe trotz zahlreicher Richtigstellungen nicht ab.

Wenn in diesen Berichten weniger von Heldentaten, aber viel von Stellungswechseln die Rede ist, wobei der Soldat sich als Erdarbeiter betätigen mußte, um Leib und Leben, Geschütze und Fahrzeuge gegen Luftangriffe zu schützen, so lag das daran, daß Deutschland, als wir 1943 Soldaten wurden, diesen Krieg bereits verloren hatte. Wir waren Soldaten, aber sicherlich keine Helden. Um Heldentaten begehen zu können, mußte man zum richtigen Zeitpunkt am richtigen Ort sein, sonst wurde es nichts mit dem „Kriegsruhm". Da jeder Einsatz auf Befehl eines Vorgesetzten erfolgte, bestimmte dieser auch, wann der einfache Soldat sich bewähren konnte. Beging er eine schlachtentscheidende Tat gegen den Befehl seiner Vorgesetzten, bekam er nicht selten Ärger. Der Landser lernte schnell: Die Vorgesetzten führten den Krieg, der Soldat führte ihn durch.

Daher sollte es niemanden verwundern, daß unser Augenmerk mehr auf das Überleben im Inferno gerichtet war. Heldenhafte Aktionen von einfachen Soldaten gibt es nur im Kino, die Wirklichkeit sieht anders aus. Ich persönlich war nie in einer Situation, wo ich ein Held sein mußte. Das ist auch wahrscheinlich der Grund, warum ich den Krieg überlebt habe. Die Lebenserwartung von Helden ist im Krieg nämlich begrenzt.

1943 wurden junge Männer des Jahrgangs 1926 nach München-Freimann zum SS-Flak-Ersatz-Regiment einberufen. Nach kurzer Grundausbildung wurden viele dieser jungen Rekruten nach Belgien zur Aufstellung der neuen 12. SS-Panzer-Division in Marsch gesetzt. Ich kam Mitte 1943 nach München-Freimann, nachdem ich als Zugführer in der 3,7-cm-Batterie der SS-Flak-Abteilung „Ost" an manchen, teils schweren Einsätzen im Nord- und Mittelabschnitt der Ostfront eingesetzt war. Nach Absolvierung eines weiteren Lehrgangs wurde ich Anfang November 1943 nach Beverloo zur neu aufgestellten 12. SS-Panzer-Division versetzt, wo mir die Führung der 4. (3,7 cm-)Batterie in der SS-Flak-Abteilung 12 übertragen wurde. Dies war für mich eine verantwortungsvolle Aufgabe, galt es doch, 225 junge, 17jährige Soldaten zu führen und auf den kommenden Einsatz vorzubereiten.

Im nachhinein darf ich sagen, daß diese Aufgabe von mir und den Unterführern recht gut bewältigt wurde. Wobei diese Jungen, kaum dem Knabenalter entwachsen, durch Bereitschaft und Willen ihren Teil dazu beigetragen haben.

Zuerst von den Gegnern belächelt, aber später gefürchtet und geachtet, haben diese jungen Soldaten in den späteren Einsätzen ihren Mann gestanden und sich tapfer geschlagen. Noch heute danke ich allen Kameraden, daß sie während der Kriegsjahre ihre Pflicht für unser Vaterland getan haben und darüber hinaus für die Treue und Kameradschaft, die uns alle immer verbunden hat. Doch unser Gedenken gilt auch unseren Gefallenen und Vermißten, denen es nicht vergönnt war, diesen Krieg zu überleben. Vergessen wir sie nicht und stellen wir uns vor sie, wann immer sie verleumdet werden und ihr Opfer kleingeredet wird.

Fritz Ritscher
(ehem. Batteriechef)

Hochzeitsfoto von Obersturmführer Fritz Ritscher

Einsatzgeschichte der 12. SS-Panzer-Division „Hitlerjugend"*

Im Januar 1943 bot der Reichsjugendführer Artur Axmann als Reaktion auf den Fall von Stalingrad an, eine Division aus Angehörigen der Hitler-Jugend des Jahrganges 1926 aufzustellen, die noch nicht den Reichsarbeitsdienst abgeleistet hatten.

Der Verband sollte mit Hilfe der SS-Panzergrenadier-Division „Leibstandarte SS Adolf Hitler" aufgestellt werden und gemeinsam das I. SS-Panzer-Korps bilden.

Adolf Hitler befahl schließlich am 26. Juli 1943 die Aufstellung der SS-Panzergrenadier-Division „Hitlerjugend". Sie sollte unter dem Kommando von SS-Standartenführer Fritz Witt auf dem Truppenübungsplatz „Beverloo" (25 Kilometer südwestlich Neerpelt) in Belgien mit folgender Gliederung formiert werden und bis April 1944 einsatzbereit sein:

Divisionsstab
SS-Panzergrenadier-Regiment 1 (I.–III. Bataillon)
SS-Panzergrenadier-Regiment 2 (I.–III. (gp.) Bataillon)
SS-Panzer-Artillerie-Regiment
SS-Panzer-Flak-Abteilung
SS-Panzer-Regiment
SS-Panzer-Nachrichten-Abteilung
SS-Panzer-Aufklärungs-Abteilung
SS-Panzerjäger-Abteilung
SS-Panzer-Pionier-Bataillon
SS-Wirtschafts-Bataillon
SS-Feldersatz-Bataillon
SS-Sanitäts-Abteilung

* Der Abschnitt folgt der Darstellung in: Rolf Michaelis. Die Panzer-Divisionen der Waffen-SS, Selent 2020, S. 281–309.

In den Monaten Juli und August 1943 trafen rund 10.000 Jugendliche in Belgien ein. Bis September 1943 folgten nochmals 10.000 Rekruten. Damit war die nominelle Aufstellung der Truppenteile im September 1943 abgeschlossen.

Nachdem Hitler am 21. Oktober 1943 befohlen hatte, daß das I. SS-Panzer-Korps aus zwei Panzer-Divisionen bestehen sollte, folgte am 30. Oktober 1943 die Umbenennung in eine Panzer-Division. Da die Division bereits praktisch die Gliederung einer Panzer-Division besaß, änderte sich nur die Bezeichnung des Verbandes. Bei der gleichzeitigen Durchnumerierung der Waffen-SS erhielt die Division die Nummer 12 und die beiden SS-Panzergrenadier-Regimenter die Nummer 25 und 26.

Nach Beendigung der Einzelausbildung begann Anfang 1944 die Verbandsausbildung der Division, die am 31. Dezember 1943 folgende Stärke gemeldet hatte:

Führer	Unterführer	Männer	Gesamt
406	1.767	19.309	21.482
(1,9 %)	(8,2 %)	(89,9 %)	(100 %)

Da der Truppe rund 2.600 Führer und Unterführer fehlten, war sie nur bedingt einsatzbereit. Durch Abgaben der 1. SS-Panzer-Division „Leibstandarte SS Adolf Hitler“, Übernahme von ehemaligen HJ-Führern aus dem Heer sowie Rückkehr der zur Unterführerausbildung an die SS-Unterführerschulen kommandierten Mannschaftsdienstgrade konnte das Fehl ausgeglichen werden.

Im April 1944 verlegte die 12. SS-Panzer-Division „Hitlerjugend“ zur Verfügung des OKW für die erwartete Invasion in den Raum zwischen Dives und Seine in den Raum Bernay–Evreux–Chambois–Trun.

Am 6. Juni 1944 alarmiert, erhielt die Division über das I. SS-Panzer-Korps den Befehl, in den Raum nordwestlich Caen bis Cristot zu verlegen, um für einen Gegenstoß bereitzustehen.

Tags darauf erreichte das SS-Panzergrenadier-Regiment 25 zusammen mit über 50 Panzern IV Caen. Nachdem das SS-Panzergrenadier-Regiment 26 sowie die I./SS-Panzer-Regiment 12 aufgrund fehlenden Treibstoffes noch 30 Kilometer östlich der Orne lagen, trat zunächst das verstärkte SS-Panzergrenadier-Regiment 25 zur Abwehr kanadischer Panzerspitzen nördlich Caen an. Da es keine durchgehende HKL gab, wurde der Angriff jedoch aufgrund fehlender Flankendeckung wieder eingestellt.

Nachdem der Gegner am rechten Divisionsflügel bei Caen wegen des zähen Haltens seine Angriffe einstellte, wurde er ab 21. Juni 1944 beim verstärkten SS-Panzergrenadier-Regiment 26 im Raum Fontenay–Villers-Bocage offensiv. Am 26. Juni 1944 gelang es den weit überlegenen Kräften, die Stellungen zu durchstoßen und von südwestlicher Richtung auf Caen vorzugehen. Teile der I./SS-Panzer-Regiment 12 traten sofort mit Teilen der neu herangeführten 10. SS-Panzer-Division „Frundsberg" zur erfolgreichen Rückeroberung der strategisch bedeutenden Höhe 112 an. Vier Tage später meldete die Division eine Stärke von:

	Führer	Unterführer	Männer	Gesamt
Ist	461	2.281	15.116	17.858
	(2,6 %)	(12,8 %)	(84,6 %)	(100 %)
Soll	655	4.177	14.246	19.078
	(3,4 %)	(21,9 %)	(74,7 %)	(100 %)

Massives Artilleriefeuer, stete Jagdbomberangriffe und schwerste Angriffs- und Abwehrkämpfe führten in den ersten drei Wochen zu insgesamt fast 4.000 Mann Verlusten an Gefallenen, Verwundeten und Vermißten. Besonders wirkten sich die Ausfälle bei den Führern und Unterführern aus.

Am 7. Juli 1944 verwandelten anglo-amerikanische Bomberverbände den nördlichen Stadtrand von Caen in eine Trümmerwüste. Während die 12. SS-Panzer-Division ihre Stellungen hielt, wurde die nordöstlich anschließende 16. Luftwaffen-Feld-Division zerschlagen. Um die eigene rechte Flanke zu decken, verlegte die II./SS-Panzer-Regiment 12 in den Raum Cabaret. Am 9. Juli 1944 setzte sich die Division hinter die Orne in den Südteil Caens ab. Zwei Tage später übernahm die 272. Infanterie-Division den Raum der 12. SS-Panzer-Division, die zur Auffrischung in den Raum Potigny (nördlich Falaise) verlegt wurde.

Neben den Resten der 89. Infanterie-Division fiel der nur noch regimentsstarken 12. SS-Panzer-Division die Aufgabe zu, dem kanadischen II. Korps ab 8. August 1944 den Vorstoß nach Süden zu verwehren. Hierbei gelang es den deutschen Panzern, den zögerlichen gegnerischen Truppen hohe Verluste zuzufügen. Am 12. August 1944 übergaben die eingesetzten Teile der 12. SS-Panzer-Divi-

Junge Soldaten der 12. SS-Panzer-Division „Hitlerjugend" im Einsatz mit einer 10,5-cm-Feldhaubitze auf Fahrgestell des Panzer II (Sd.-Kfz. 124) „Wespe"

17jährige Rekruten in Belgien

Panzergrenadier der Division mit Maschinengewehr

sion die Stellungen bei Potigny an die neu herangeführte 85. Infanterie-Division und bezog eine Auffangstellung nördlich Falaise bis zur Dives. Die Kampfgruppe / 12. SS-Panzer-Division (Stärke: rund 2.000 Mann) verfügte am 13. August 1944 über:

500 Panzergrenadiere
20 Panzer IV und V
3 Schützenpanzer
4 Flak 8,8 cm
9 Flak 3,7 cm
12 Flak 2 cm
9 Feldhaubitzen 10,5 cm und 15 cm
3 Kanonen 10 cm

Am nächsten Tag durchbrach das kanadische II. Korps unter erneutem großem Materialeinsatz die Stellungen der 85. Infanterie-Division und konnte zunächst vor den Stellungen der Kampfgruppe / 12. SS-Panzer-Division aufgefangen werden. Diese zog sich schließlich hinter den Fluß Aute zurück. Als sich am 17. August 1944 Teile des kanadischen II. Korps bei Trun an der Dives mit Teilen des von Südwesten entgegenkämpfenden XV. US-Korps vereinen konnten, waren die abgekämpften Reste der 12. SS-Panzer-Division zusammen mit rund 80.000 weiteren deutschen Soldaten eingeschlossen.

Während die 1. SS-Panzer-Division am 20. August 1944 zusammen mit der 3. Fallschirmjäger-Division den Durchbruch nach Osten erzwingen sollte, fiel der 12. SS-Panzer-Division der Auftrag zu, die nördliche Kesselfront bei Falaise zu halten. Der Ausbruch gestaltete sich verlustreich. Auf engem Raum zusammengedrängt, wurden die Soldaten massenweise Opfer der feindlichen Artillerie, Panzer und Jagdbomber.

Dennoch gelang es etwa 20.000 deutschen Soldaten, aus dem Kessel von Falaise zu entkommen. Am 21. August 1944 verfügte die 12. SS-Panzer-Division wieder über eine Kampfstärke von rund 2.500 Mann (davon aber nur 300 Panzergrenadiere) und zehn Panzern. Das SS-Panzer-Artillerie-Regiment 12 hatte, wie die meisten anderen Einheiten, die gesamte Ausstattung verloren.

Bis 26. August 1944 zogen sich die Divisionsreste bei Elbeuf über die Seine zurück. Nach letzten Gefechten bis zum 29. August 1944 folgte die Verlegung zunächst in das rund 75 Kilometer entfernte

Beauvais und von dort nochmals etwa 150 Kilometer weiter an die französisch-belgische Grenze bei Hirson. Während die Versorgungstruppen und nicht einsatzfähige Kampftruppen und kampfunterstützende Einheiten hinter die Maas verlegt wurden, zogen sich die noch kampffähigen Truppenteile – hinhaltend gegen amerikanische Verbände kämpfend – bis 2. September 1944 35 Kilometer nach Norden in den Raum Hirson zurück. Hier überschritten sie die belgische Grenze.

Von da folgte am 4. September 1944 der Rückzug nach Florennes und Überqueren der Maas bei Yvoir. Schließlich sollten Stellungen bei Godinne bezogen werden. Da es den US-Truppen gelang, über die Maas zu setzen, folgte der Rückzug über Spontin–Durbuy hinter die Ourthe. Hierbei kam es zu schweren Kämpfen mit amerikanischen Panzereinheiten sowie auch zu Gefechten mit belgischen Partisanen. Auf dem Rückzug geriet unter anderem am 6. September 1944 der Divisionsführer, SS-Oberführer Kurt Meyer, in Gefangenschaft. Die Führung übernahm der 1. Generalstabsoffizier SS-Obersturmbannführer Hubert Meyer.

Mitte September 1944 folgte die Herauslösung aus dem Einsatz und Verlegung in das rund 200 Kilometer entfernte Sauerland. Hier wurde die Division versammelt und aufgefrischt. Insgesamt verlor der Verband in den letzten drei Monaten – nahezu täglichen – Kampfeinsatzes:

	Führer	Unterführer	Männer	Gesamt
Gefallene	55	229	1.548	1.832
Verwundete	128	613	3.684	4.425
Vermißte	56	182	2.012	2.250
Verstorbene	7	16	96	119

Insgesamt hatte die 12. SS-Panzer-Division „Hitlerjugend“ mit etwa 8.500 Gefallenen, Verwundeten und Vermißten die Hälfte ihres Bestandes verloren. Der Fahrzeugbestand betrug nur noch etwa 25 Prozent der Sollausstattung; schwere Waffen waren fast keine mehr vorhanden. Im Oktober 1944 wurde die 12. SS-Panzer-Division „Hitlerjugend“ in den Raum westlich Nienburg/Weser verlegt, um bei einer alliierten Landung an der ostfriesischen Küste zur Verfügung zu stehen.

Durch etwa 10.000 Angehörige der Luftwaffe und der Marine sowie Genesenen und neuausgebildeten Rekruten des SS-Panzergrenadier-Ausbildungs- und Ersatz-Bataillons 12 erreichte die Division im Dezember 1944 wieder die nominelle Stärke von 19.657 Mann. Die schwere Heeres-Panzerjäger-Abteilung 560 bildete die II./SS-Panzer-Regiment 12.

Nach insgesamt etwa zwölf Wochen Auffrischung marschierte der Verband ab 13. Dezember 1944 für die bevorstehende Ardennenoffensive in den Blankenheimer Forst. Die Division meldete zu diesem Zeitpunkt:

	Soll	Ist
Panzer IV	34	42
Panzer V „Panther"	34	41
Sturmgeschütze	21	22
schwere Pak 7,5 cm	28	25
leichte Feldhaubitzen	-	36
schwere Feldhaubitzen	-	12
10-cm-Kanonen	-	4

Die überdurchschnittliche Iststärke wurde durch die fehlenden Kraftstoffreserven sowie den für gepanzerte Verbände ungünstigen Raum relativiert. Die Pläne sahen vor, daß zunächst die 272. Volksgrenadier-Division die amerikanischen Stellungen durchbrechen und danach die 12. SS-Panzer-Division „Hitlerjugend" überholend zur Maas durchstoßen sollte.

Am 18. Dezember 1944 trat die 12. SS-Panzer-Division gesamt zum Durchbruch bei Krinkelt an. Aufgrund der starken Abwehr verlegte die Angriffsgruppe am 20. Dezember 1944 den Schwerpunkt nach Büllingen, das bereits von der 1. SS-Panzer-Division erobert worden war. Hierbei kam es zu Kämpfen mit Restteilen der US-Truppen. Am nächsten Tag begann der erfolglose Angriff auf Bütgenbach. Nach Einstellung des Angriffes wurde die Division im Raum Amel versammelt und am 26. Dezember 1944 dem rund 40 Kilometer südwestlich stehenden II. SS-Panzer-Korps nördlich Laroche unterstellt. Zwei Tage später folgte hier der ebenfalls erfolglose Angriff zur Bildung eines Brückenkopfes über die Ourthe.

Weiter nach Süden verlegt und der 5. Panzer-Armee unterstellt, folgten ab 1. Januar 1945 schwere Kämpfe im Raum nördlich Bastogne. Nachdem das Heft des Handelns auf die gegnerische Seite übergangen war, wurde die Ardennenoffensive Anfang Januar

1945 eingestellt. Die 12. SS-Panzer-Division wurde dabei ab 10. Januar 1945 aus dem Einsatz gelöst und in den Raum westlich Köln verlegt. Hier folgte bis Anfang Februar 1945 nochmals eine kurze Zeit der Ruhe und Verstärkung des Verbandes. Beginnend am 2. Februar 1945 begann im Rahmen der 6. SS-Panzer-Armee, die Verladung an die Ostfront.

Für die bevorstehende Plattenseeoffensive wurde die Division zur Tarnung als Ersatz-Staffel „Wiking“ – also als Ersatz für die bereits im Raum liegende 5. SS-Panzer-Division „Wiking“ bezeichnet. Der erste Einsatz führte jedoch zunächst nach Norden über die Donau zum Angriff gegen den sowjetischen Gran-Brückenkopf. Bis Mitte Februar 1945 im Raum Raab versammelt, verlegte der Verband am 14. Februar 1945 über Kis-Ber–Komorn in den Bereitstellungsraum Kolta. Von dort aus griffen die Einheiten am 17. Februar 1945 zunächst Köbölkut an. In schweren Kämpfen gelang es den Männern, am 24. Februar 1945 Beny am Gran zu erreichen und somit den feindlichen Brückenkopf einzudrücken. Bereits am nächsten Tag marschierte die Ersatz-Staffel „Wiking“ in einer Stärke von 17.423 Mann über Komorn in den Raum Tac, südlich von Stuhlweißenburg.

Am 6. März 1945 blieb der nunmehr aus dem Raum Kislang nach Süden geführte Angriff in Folge außergewöhnlich schwieriger Geländeverhältnisse einen Kilometer nördlich Fekete psz. und den Höhen südlich Kislang liegen. Am nächsten Tag lagen die Einheiten vor gut ausgebauten und stark besetzten Feindstellungen fest. Am 8. März 1945 erreichten die Soldaten das Gebiet südöstlich Enying und wurden von einem Minenfeld aufgehalten. Nach Räumung stieß die Ersatz-Staffel „Wiking“ bis nach Szilas-Balhas vor und erreichte am 10. März 1945 den Sió-Kanal. Die 12. SS-Panzer-Division „Hitlerjugend“ verfügte an diesem Tag über:

5 starke und 1 durchschnittliches Grenadier-Bataillon
12 schwere Panzerabwehrkanonen 7,5 cm
6 Jagdpanzer IV
6 Panzer IV und 9 Panzer V
12 Sturmgeschütze
16 leichte Feldhaubitzen 10,5 cm
6 schwere Feldhaubitzen 15 cm
3 Feldkanonen 10 cm
10 Nebelwerfer

Am 12. März 1945 gelang es, einen kleinen Brückenkopf über den Sió-Kanal zu bilden. Als es in Folge starker Gegenangriffe dem Feind gelang, bei Ozora einen Brückenkopf zu bilden, wurde die Ersatz-Staffel „Wiking“ am 17. März 1945 auch gegen diesen eingesetzt.

Nach Durchbruch der Roten Armee nördlich Stuhlweißenburg wurden die – ab 18. März 1945 wieder als 12. SS-Panzer-Division bezeichneten – Truppen aus dem Raum Falubattyan in die „Margarethen-Stellung“ bei Zircz (30 Kilometer süwestlich Mór) verlegt. Ohne Möglichkeit, eine durchgehende Front aufzubauen, zogen sich die Einheiten am 27. März 1945 über die Raab in den Raum Ödenburg zurück.

Nachdem die Rote Armee bereits vorher Ödenburg erreicht hatte, kam es dort zu heftigen Gefechten. Zunächst nach Norden in den Raum Baden marschierend und im Bereich des Schöpfl-Berges bei St. Corona in heftige Kämpfe verwickelt, zog sich die Division über Rohr an der Schwarzau noch rund 100 Kilometer in Richtung Linz zur Demarkationslinie an der Enns zurück.

Von Mitte Februar bis 8. Mai 1945 hatte der Verband insgesamt etwa 7.500 Gefallene, Verwundete und Vermißte, wobei letztere teilweise in Kriegsgefangenschaft geraten waren. Am 8. Mai 1945 überschritten

	Führer	Unterführer	Männer	Gesamt
Ist	328	1.698	7.844	9.870
	(3,3 %)	(17,2 %)	(79,5 %)	(100 %)
Soll	655	4.177	14.246	19.078
	(3,0 %)	(14,1 %)	(82,9 %)	(100 %)

die Demarkationslinie und gingen in amerikanische Gefangenschaft.

Die Flak-Abteilung 12 der 12. SS-Panzer-Division*

Ab Juli/August 1943 wurde die Flak-Abteilung der neuen Division „Hitlerjugend“ auf dem Truppenübungsplatz in Beverloo/Belgien unter der Führung von SS-Sturmbannführer Rudolf Fend aufgestellt. Bis zum Februar 1944 wurden die jungen Rekruten ausgebildet, die Ausrüstung mit Waffen und Gerät wurde vervollständigt.

Am 16./17. Februar 1944 erfolgte die Verlegung im Eisenbahntransport nach Herentals/Belgien, wo eine Flak-Abteilung der Luftwaffe abgelöst wurde, die bisher die Kupferwerke Oolen gegen feindliche Luftangriffe geschützt hatte. Bereits am 10. April 1944 gings erneut per Eisenbahn von Mol/Belgien nach Ivry la Bataille/Frankreich, wo ausgeladen wurde. Im mot. Marsch verlegte die Truppe nach Dreux, um den dortigen Flugplatz zu schützen.

Einen Monat später, am 10./11. Mai 1944, marschierte die Flak-Abteilung auf der Straße in den Raum von Louviers, um die wichtigen Seine-Brücken gegen Bombenangriffe zu sichern. Der Abteilungsgefechtsstand befand sich in Louviers, die 1. und 3. Batterie lagen bei Elbeuf, die 2. und 4. Batterie in Pont de Larche, später in Gaion. Die Abteilung konnte in diesen Stellungen fünf viermotorige Bomber abschießen. Die fortdauernde Bombardierung führte schließlich am 26. Mai 1944 zur vollständigen Zerstörung der Brücke über die Seine bei Vernon (4. Batterie).

Die Angriffe auf die Brücke bei Elbeuf konnten noch bis zum 4. Juni 1944 abgewehrt werden, dann wurde auch sie in einem konzentrischen Angriff von vierzig Bombern vom Typ „Marau-

* Der Abschnitt folgt der Darstellung in: Hans Stöber. Die Flugabwehrverbände der Waffen-SS, Preußisch Oldendorf 1984, S. 238–252.

der", die in zwei Wellen anflogen, zerstört. Am Tage vorher hatte Generalfeldmarschall Erwin Rommel, Oberbefehlshaber der Heeresgruppe B in der Normandie, die Geschützstellungen noch besichtigt und beim Abschied ausgerufen: „Jungs, haltet mir die Brücke!" Damit hatte er auf die Wichtigkeit dieses Flußübergangs hingewiesen. Gegen die anfliegende Übermacht konnte jedoch die Flak auf die Dauer nicht bestehen.

Die Invasion begann am 6. Juni 1944. Die Flak-Abteilung wurde um 3 Uhr alarmiert und war um 6 Uhr abmarschbereit. Um 8 Uhr kam der Befehl zum Abmarsch in den Bereitstellungsraum der Division um Lisieux. Die Gliederung auf dem Marsch sah wie folgt aus: Stab und Stabsbatterie, 1. und 3. Batterie, 2. und 4. Batterie marschierten getrennt, sie mußten erst mit Fähren über die Seine bei Les Andelys gesetzt werden. Die Straßen waren mit Fahrzeugen vollgestopft, es ging nur langsam vorwärts. Und über allem kreisten die Jabos. Die Abteilung hatte erste Ausfälle. Die 4. Batterie verlor eine Selbstfahrlafette durch Jabo-Raketen. Gegen Mittag des 6. Juni 1944 trat per Funkbefehl der Aufmarschplan „C" in Kraft. Das bedeutete für die Flak-Abteilung den Abmarsch in den Raum von Bretteville und Einsatz gegen Luftziele. Die 14./Regiment 25 lag im Raum Verson–Louvigny, die 14./Regiment 26 links davon im Raum Cristot.

In der Nacht zum 8. Juni 1944 machte die Abteilung Stellungswechsel. Neuer Einsatzort war der Flugplatz von Carpiquet zur Abwehr weiterer feindlicher Luftlandungen. Es gelang der Abschuß einiger zweimotoriger Bomber und Tiefflieger. Am 9. Juni 1944 wurde die 1. Batterie zur Verhinderung von Panzerdurchbrüchen bei Cussy eingesetzt. Der Kampftrupp 1 bestand aus zwei Geschützen 8,8 cm im Norden. Kampftrupp 2 hatte zwei Geschütze 8,8 cm im Norden der Stadt. Der Vorgeschobene Beobachter wurde zum I./Regiment 25 abgestellt.

Am 11. Juni 1944 wurde die Flak-Abteilung dem Panzer-Regiment 25 unterstellt und übernahm folgenden Abschnitt: rechte Grenze Authie, linke Grenze nördlich Ortsrand Carpiquet. Der Abteilung wurde je ein Zug 15./Regiment 25 und 16./Regiment 26 zugeteilt. Folgende Stellungen wurden bezogen: 3. Batterie vor Authie, 2. Batterie links und rechts der Straße Caen–Bretteville–L'Orgueilleus mit Zug 15./Regiment 25 und 16./Regiment 26 etwa 50 Meter vor den Geschützstellungen zur Sicherung. Der Abteilungsgefechtsstand war in Franqueville. Die 1. Batterie befand sich in den alten Stellungen bei Cussy, die 4. Batterie auf dem Flugplatz von Carpiquet.

Am 17. Juni 1944 wurde ein 8,8-cm-Geschütz herausgelöst zum Einsatz bei Marcelet und Niederkämpfen einer feindlichen Beobachtungsstelle im Kirchturm von Rots. Zwei Tage später war die Bekämpfung einer weiteren Beobachtungsstelle im Kirchturm von Rosel notwendig, einige Tage später desgleichen aus dem Raume von Cussy gegen Gruchy.

Bis Anfang Juli 1944 war die Abteilung in keine nennenswerten Kampftätigkeiten verwickelt. Am 5. Juli 1944 erfolgte die Ablösung der Flak-Abteilung durch II./Regiment 26. Die 2. Batterie stand am Westrand von Caen zur Luftabwehr und Panzersicherung in Stellung, die 3. Batterie ostwärts von Ardenne, an der Grenze zur 21. Panzer-Division. Die 1. Batterie befand sich in der alten Stellung bei Cussy.

Am 8. Juli 1944 begann der alliierte Angriff auf Caen. Das nördlich der Stadt liegende Cussy wurde von der 1. Batterie und ihrem Chef Hstuf. Ritzel verteidigt. Der Ort hatte sich durch das tagelange feindliche Bombardement in einen Trümmerhaufen verwandelt. Der Feind griff mit Infanterie und Panzern an. Drei „Sherman"-Panzer konnten erst kurz vor der Batteriestellung abgeschossen werden. Die Verluste der Batterie waren hoch. Ein Geschütz war durch Artilleriebeschuß ausgefallen. Ritzel selbst stand als Richtschütze an der Achtacht. Er versuchte alles, um den Ort bis zum Einbruch der Dämmerung zu halten, um den Abtransport der Verwundeten aus dem Kloster Ardenne zu ermöglichen. Der Divisionskommandeur Kurt Meyer plante, den Verband auf das Ostufer der Orne zurückzunehmen. Entgegen des Führerbefehls, der die Räumung von Caen verbot, bereitete Meyer den Rückzug aus der Stadt vor.

Nachdem alle Verwundeten abtransportiert worden waren, setzte sich die Truppe ab. Dies wurde nur möglich durch die hartnäckige Verteidigung von Cussy durch die 1. Batterie. Die Bedienungen starben an ihren 8,8-cm-Geschützen. Stellung um Stellung mußten die Engländer im verlustreichen Kampf Mann gegen Mann nehmen. Hstuf. Ritzel und sechs Mann der Bedienung fielen dabei im Nahkampf in der letzten Batteriestellung.

Am Morgen des 9. Juli 1944 räumte die am Westrand Caens bei Carpiquet stehende 2. Batterie ihre Stellung, nachdem die Infanterie sich bereits abgesetzt hatte. Bei Bourguébus erfolgte ein erneuter Einsatz gegen Luftziele.

Flakpanzer IV, 2-cm-Flakvierling „Wirbelwind, wie er vom SS-Panzerregiment 12 als Eigenkonstruktion gebaut wurde.

Vierlingsflak im Einsatz gegen Jabos im Juni 1944 im Raum Caen

8,8-cm-Flak

Bei Caen abgeschossene „Spitfire"

Nach den blutigen Kämpfen um Caen wurde die Division in den Raum um Potigny, nördlich Falaise, verlegt. An der Straße Caen–Falaise erfolgte der Einsatz der Flak-Abteilung zur Panzerabwehr. Die 2. Batterie wurde durch einen Feuerüberfall völlig zerschossen. Auch die 3. Batterie wurde arg angeschlagen. Am 13. August betrug die Stärke der Flak-Abteilung 12 nur noch vier 8,8-cm- und neun 3,7-cm-Geschütze sowie die Geschütze der 14./Panzer-Regiment 26. Die schweren Batterien wurden in den Raum von Orbeck zur Reparatur und Instandsetzung verlegt. Im Einsatz befanden sich nur noch die 4. Batterie mit unterstellter 14./Regiment 26 und Teile der 3. Batterie.

Am 17. August 1944 sollte die 3. Batterie gegen den zur Einschließung angetretenen Gegner zur Panzerabwehr bei Jort eingesetzt werden, aber bereits beim Instellunggehen griffen Panzer die Geschütze an und drängten sie ab. Der Batterieführer, Ustuf. Hartwig, wurde durch Kopfschuß verwundet und verstarb kurz darauf. Im Kessel von Falaise befanden sich nur die 4. Batterie, die 14./Regiment 26 sowie der Abteilungsstab. Am 20. August 1944 kam der Befehl zum Ausbruch. Es erreichten jedoch nur drei bis vier 3,7-cm-Geschütze auf Selbstfahrlafette die eigenen Linien.

Die Flak-Abteilung 12 war praktisch nicht mehr einsatzbereit und verlegte nach Louviers. Der Rückmarsch ging über Bevauvais–Hirson–Dinant–Namur–Egheze. Mit den noch einsatzbereiten bzw. instand gesetzten Geschützen erfolgte etappenweiser Einsatz zur Luftsicherung. Weitermarsch über Lüttich nach Teuven.

Am 5. September 1944 Einsatz eines Flak-Kampftrupps unter Ustuf. Stephan in der Gegend von Chimay, am Straßenkreuz nordwestlich von Spontin. Später wurde der Trupp am Westwall, in der Gegend von Prüm, zerschlagen. Ustuf. Stephan gilt seitdem als vermißt.

Die Reste der Abteilung marschierten am 8. und 9. September 1944 über Eupen–Aachen–Düren in den Raum von Münstereifel. Die Unterbringung erfolgte schließlich in Heimersheim/Ahr. Hier verblieb die Flak-Abteilung bis zum 22. September 1944 und verlegte dann in den Raum von Möckmühl/Württemberg zur Neuaufstellung der Division. Unterkunft der Abteilung war in Merchingen.

Vom 11. Oktober bis 16. November 1944 befand sich die Abteilung zur Ausbildung im Raum Barnstorf bei Diepholz. Hier wurde auch eine Fla-Kompanie beim Panzer-Regiment 12 mit neun 3,7-cm-Flak 43 auf Panzer IV aufgestellt.

Am 17. November 1944 nach Brauweiler bei Köln zur Luftsicherung verlegt, marschierte die Abteilung am 12. Dezember 1944 in Vorbereitung auf die Ardennenoffensive in den Raum Marmagen. Ab 19. Dezember 1944 Einsatz zur Luftsicherung im Losheimer Graben. Hier gelang innerhalb von zehn Minuten der Abschuß von vier Feindflugzeugen.

Den Heiligen Abend 1944 verbrachte die Abteilung in Deidenberg. Tags darauf Aufbruch in Richtung Südwesten. Bei der Erkundung des Marschweges erlebte der Kommandeur die Zerstörung des Ortes St. Vith durch zwei Wellen US-amerikanischer Bomber. Durch Kradmelder konnte er die auf dem Marsch befindlichen Batterien um den Ort leiten.

Am 27. Dezember 1944 wurde im Raum Samree eine Feuerstellung bezogen, die unter ständigem feindlichen Artilleriefeuer lag. Deshalb wurde am 3. Januar 1945 der Gefechtsstand in einen Wald verlegt.

Am nächsten Tag kam der Marschbefehl nach Hardigny im Raum Bastogne, wo die Abteilung bis zum 9. Januar 1945 in Erdzielstellung Bizory und Bastogne beschossen hat.

Am 10. Januar 1945 erfolgte die Verlegung in den Raum Maldringen, wo bis zum 16. Januar Luftsicherungsaufgaben übernommen wurden. Es herrschte rege Jabo-Tätigkeit, zwei Feindflugzeuge konnten abgeschossen werden.

Am 16. Januar 1945 verlegte die Abteilung bei starkem Schneetreiben nach Auw, wo sie bis zum 28. Januar in Reserve lag. Durch häufige feindliche Bombenangriffe traten schwere Verluste ein. Bei einem solchen Angriff fiel am 29. Januar der Hstuf. Fischer, Ostuf. Grimm wurde verwundet. Verlegungsmarsch im Schneesturm in Richtung Rhein. Etliche im Schnee steckengebliebene Geschütze und Fahrzeuge wurden ein Opfer der Jabos.

Vom 5. bis 9. Februar 1945 ging es im Eisenbahntransport nach Raab in Ungarn. Während der ganzen Zeit der Überführung waren die leichten Geschütze feuerbereit. Von Raab marschierte die Abteilung bis zum 15. Februar auf der Straße über Gyirmot, Komarom nach Neuhäusel. Nach Bereitstellung zum Angriff in Komaromzemerö wurde der Vormarsch am 17. Februar angetreten. Am 18. Februar wurde Nemetszögyen erreicht, wo zwei Batterien den Luftraum der vorgehenden Truppen gegen feindliche Schlachtfliegerangriffe sicherten. Bis zum 24. Februar, unter ständigen Stellungswechseln, erfolgte die Abwehr vieler Luftangriffe.

Am 25. Februar 1945 kam der Verlegungsbefehl. Per Bahn gingen die Kettenfahrzeuge nach Papa. Die Räderfahrzeuge folgten am 28. Februar im mot. Marsch. Da es drei Tage lang ununterbrochen geregnet hatte, waren die Straßen grundlos geworden. Entsprechend gering war das Tempo.

Am 1. März 1945 trafen zunächst die Stabs- sowie zwei Tage darauf die 4. und 5. Batterie in Daka ein. Nachdem am 5. März bei Kislang Stellung bezogen worden war, erfolgte am 6. März der Angriff in Richtung Pecs. Die Abteilung unterstützte bis zum 8. März mit ihrem Feuer den eigenen Angriff. Eine russische Iljuschin Il 2 konnte abgeschossen werden.

Am 9. März erfolgte ein Stellungswechsel nach Deg. Nach einem Spähtruppunternehmen durch Ostuf. Görz bezog eine Batterie bei Mezöszillas eine Erdzielstellung und konnte von hier aus bis zum 15. März zahlreiche gegnerische Angriffe zurückschlagen.

Über Igar, Seregyles und Varpalota ging es bis zum 20. März nach Szapar. Hier gingen die 1., 4. und 5. Batterie in Erdzielstellung. Der Kommandeur war als Vorgeschobener Beobachter tätig.

Der 21. März 1945 wurde zum Großkampftag der Abteilung. Der Feind griff massiv an. Die 1. und 4. Batterie schossen mit Spreng- und Aufschlaggranaten im direkten Beschuß in die herandrängenden Infanteriewellen. Durch das konzentrierte Feuer konnte der Angriff abgewiesen werden. Der Chef der 4. Batterie, Ostuf. Ritscher, nahm mit wenigen Männern im Gegenstoß eine wichtige Höhe. Dafür erhielt er das Deutsche Kreuz in Gold.

Am 22. März 1945 konnten im Raum Dudar eine Il 2 abgeschossen und Erdziele bekämpft werden. Die 2. Batterie schoß sechs Feindpanzer ab, außerdem erfolgte infanteristischer Einsatz. Auch am nächsten Tag stand die Abteilung im ständigen Kampf mit vordringenden Rotarmisten. Die 2. und 4. Batterie bekämpfte Erdziele, überzählige Angehörige wurden infanteristisch eingesetzt. Die 1. und 3. Batterie waren bei Pencecut in Stellung. Die 1. Batterie schoß acht Panzer ab. Ostuf. Görz wurde verwundet. Beim Rückzug durch die Bakoni-Schlucht hatte die Abteilung starke Verluste. Durch Sturz vom Kettenkrad verletzte sich der Kommandeur und kam ins Lazarett.

Ab 25. März 1945 erfolgte der etappenweise Rückzug auf die Reichsgrenze. Dabei wurden drei Panzer und ein Sturmgeschütz abgeschossen. Im Wienerwald kam die Abteilung im Rahmen der Kampfgruppe „Großjohann" zum Erdzieleinsatz.

12. SS-Panzer - Division
" Hitlerjugend "

Div.Gef.St., den 8. Mai 1945

An

SS-Ostuf. R i t s c h e r , Fritz

Unter dem 6.5.1945 verleihe ich Ihnen das

Deutsche Kreuz in Gold.

gez.: D i e t r i c h
SS-Oberstgruppenführer
und Panzergeneraloberst der Waffen-

F.d.R.:
Kraas
SS-Brigadeführer
u.Generalmajor der Waffen-SS

Verleihungsurkunde für das Deutsche Kreuz in Gold an Obersturmführer Fritz Ritscher vom 8. Mai 1945, unterzeichnet von SS-Brigadeführer und Generalmajor der Waffen-SS Hugo Kraas

Am 14. April kam der Kommandeur aus dem Lazarett wieder zur Truppe.

Ab 19. April 1945 wich die Abteilung vor dem feindlichen Druck unter starker Gefechtstätigkeit bis nach Adamstal zurück. Hier lieferte sie sich mit dem Gegner heftige Abwehrgefechte und starke Artillerieduelle.

Am 26. April 1945 wurde Kirchberg erreicht. Dort befand sich die Abteilung bis zum 2. Mai, verlegte dann nach Kilb, wo sie bis zum 6. Mai als Divisionsreserve verblieb.

Am 7. Mai 1945 kam es in Steinakirchen zum letzten Appell der Flak-Abteilung 12, auf dem der Kommandeur die Kapitulation der Wehrmacht bekanntgab. Tags darauf marschierte die Abteilung durch Überschreiten der Demarkationslinie bei Enns in US-Gefangenschaft.

Abschüsse

Die Flak-Abteilung 12 erzielte von der Aufstellung im November 1943 bis September 1944 folgende bestätigte Abschußzahlen:

25 Flugzeuge
21 Panzer
1 Sturmgeschütz
5 Artilleriebeobachtungsstellen

Während der Rückzugskämpfe in Ungarn wurden laut Aussage des Kommandeurs täglich Panzer und Flugzeuge, vorwiegend Il 2, abgeschossen. Dokumentiert hat man sie nicht mehr.

Verluste

Gefallen: 3 Führer
Vermißt: 3 Führer
Verwundet: 5 Führer

Etwa zwei Drittel der Unterführer und Mannschaften sind gefallen, vermißt oder verwundet.

Stellenbesetzung der Flak-Abteilung 12

	Herbst 1943	**Dezember 1944**
Abt. Kdr.	Stubaf. Dr. Fend	Stubaf. Dr. Loenicker
Abt. Adj.	Ostuf. Wilhelm	Ostuf. Kolb
Chef Stabsbttr.	Ustuf. Studier	Ostuf. Wilhelm
Ord. Offz.	Ostuf. Thoma	Ostuf. Thoma
Nachr. Offz.	Ustuf. Hüholt	Ustuf. Bachis
Abt. Arzt	Hstuf. Dr. Woelke	Hstuf. Dr. Woelke
TFK	Ostuf. Trost	Ostuf. Trost
TFW	Ostuf. Grimm	Ostuf. Müller
Verw. Fhr.	Hstuf. Fischer	Ostuf. Müller
Fhr. Mun-Kol.	Hascha Ackermann	
Stabsscharfhr.	Oscha. Klawy	
Schirrmeister	Oscha. Haufe	
Chef 1. Batterie	Hstuf. Ritzel	Ustuf. Görz
Chef 2. Batterie	Ostuf. Riedel; Ustuf. Meurer	Ostuf. Bulla
Zugführer	Ustuf. Winkelmayr; Ustuf. Dölz	
Stabsscharfhr.	Hascha. Heruth	
Schirrmeister	Oscha. Sander	
Chef 3. Batterie	Hstuf. Dr. Weygand Ostuf. Schiller Ustuf. Hartwig	
Chef 4. Batterie	Ostuf. Ritscher	Ostuf. Ritscher
Zugführer	Ustuf. Cernyk Ustuf. Biebrich Oscha. Saliger Hascha. Goldschmidt	
Stabsscharfhr.	Hascha. Mange	Uscha. Geißler
Schirrmeister	Uscha. Novak	
Chef 5. Batterie	Ostuf. Kranen	Ostuf. Kranen
Chef 14./ Pz.Gren.Rgt. 25	Hstuf. Stolz	Ustuf. Backfisch
Chef 14./Pz.Rgt. 12	Ustuf. Bauer	Ustuf. Stephan

Gliederung Flak-Abteilung 12

	Herbst 1943	Dezember 1944
1.–3. Batterie	je vier Geschütze 8,8 cm Flak 36; zwei Geschütze 2 cm Flak 38 Kommandogerät 36/40	sechs Geschütze 8,8 cm Flak 41; zwei Geschütze 2 cm Flak 38 Kommandogerät 41
4. Batterie	neun Geschütze 3,7 cm Flak 43 (Sfl.)	neun Geschütze 3,7 cm Flak 43 (Sfl.)
5. Batterie		sechs Geschütze 3,7 cm Flak 43 (Sfl.); zwei Geschütze 2 cm Flak 38 Vierling

Die 4. Batterie – Feldpostnummer 59672E

Zugführer in der Ausbildung und in den Invasionskämpfen

I. Zug	II. Zug	III. Zug
Ustf. Cernyk	Ustuf. Biebrich	Hscha. Mange
Uscha. Schöbl	Uscha. Scharrer	Uscha. Eckhout
Uscha. Geißler	Uscha. Reinhold	Uscha. Gerth
Uscha. Hochwallner	Uscha. Huth	Uscha. Szub
Stscha. Mielke (Spieß)		

Zugführer nach der Neuaufstellung bis Kriegsende

I. Zug	Oscha. Gerth
II. Zug	Oscha. Sallinger
III. Zug	Oscha. Wagner
IV. Zug	Oscha. Goldschmidt

Meine ersten Lebensjahre, und wie ich Soldat wurde

Aus dem Tagebuch von Gustav Hoffmann

Ich, Gustav Hoffmann, wurde am 16. Januar 1926 in Wien geboren. Mit meinem Vater Josef Hoffmann, Jahrgang 1888, meiner Mutter Josefine, Jahrgang 1896, sowie den beiden Schwestern Maria, geboren 1920, und Gretl, geboren 1917 (verstorben 2023 im Alter von 106 Jahren), bewohnten wir im 15. Wiener Bezirk, Hütteldorfer Straße 3/19, eine 70-Quadratmeter-Wohnung im 5. Stock mit Fenster in den Hof. Wie in so vielen Wohnungen zur damaligen Zeit gab es kein Badezimmer. Darum war jeden Samstag der Marsch mit Handtuch und Seife ins „Tröpferlbad" (öffentliches Brausebad) angesagt. Für 50 Groschen konnte man sich 30 Minuten lang in einem Raum mit zwölf Duschen waschen, allerdings war das oft mit langen Wartezeiten verbunden, bis man an der Reihe war.

Meine Eltern waren taubstumm. Die Behinderung meiner Mutter war Folge einer nicht erkannten Mittelohrentzündung, mein Vater war wegen eines Sturzes in seiner Kindheit aus dem Kinderwagen behindert. Meine Mutter hatte in der Taubstummen-Schule den Beruf einer Blumenbinderin erlernt und mein Vater, der ebenfalls die Taubstummen-Schule besucht hatte, wurde Kappenmacher und „Stückmeister", das heißt, er konnte den Beruf als Selbständiger ausüben.

Seine Werkstatt war in der Küche unserer Wohnung untergebracht. Ein Arbeitstisch und zwei per Fuß angetriebene Nähmaschinen sowie der Holzofen dienten zur Herstellung von Sportkappen und Kinderhüten. Im Ersten Weltkrieg stellte er für das Heer Norweger-Kappen her. Die Aufträge bekam er von Großhändlern. Meine Mutter und wir Kinder mußten mithelfen, die

Stoffe zu bearbeiten, nähen, die Kappen im Backofen dämpfen, bügeln, die fertige Ware mit Seidenpapier ausstopfen. Wir Kinder trugen die fertigen Kappen zu Fuß zur Firma Friedenbach in die Zieglergasse sowie zur Firma Amon in die Taborstraße. Das geschah natürlich in der Hoffnung, ein paar Groschen Trinkgeld zu erhalten, was äußerst selten vorkam. Die Kaufleute haben unseren Vater preislich sehr unter Druck gehalten. Oft waren es nur 15 Schillinge in der Woche, von der die fünfköpfige Familie leben mußte. Durch seine Tätigkeit als Stückmeister war mein Vater steuerpflichtig. Wovon er aber keine Ahnung hatte. Er mußte von seinem Verdienst selbst die Steuern entrichten, was er aber nie bei den Ausgaben berücksichtigte. Deswegen waren oft die Pfändungsbeamten vom Finanzamt im Haus, aber wir hatten ja nichts zum Verpfänden. Oftmals mußte aus Geldnot ein Leintuch vom Bett ins Pfandleihhaus gebracht werden, wofür man einen Schilling bekam. Es dauert dann oft eine gewisse Zeit, bis wieder Geld dafür im Haus war, um das Leintuch auszulösen.

Meine Mutter hatte sich, wie in der damaligen Zeit nicht unüblich, bei einer Freundin mit Lungentuberkulose angesteckt. Sie mußte jedes Jahr ins Spital oder in die Heilanstalt Baumgartner Höhe, wo sie im Mai 1943 im Alter von 47 Jahren verstarb.

Gustav Hoffmann 1943 in Uniform

Aufgrund der beengten Verhältnisse mußte ich bis zum achten Lebensjahr in der „Besucherritze“ im Bett meiner Eltern schlafen.

Eine ständige Plage waren Wanzen im Bett. Mit Seife und Petroleum versuchte man, das Ungeziefer zu bekämpfen. Das war allerdings erst nach Kriegsende erfolgreich, und zwar mit dem von den Amerikanern mitgebrachten Wundermittel DDT.

Als Kleinkind verstand ich nicht, daß mich niemand von

den Eltern hörte, wenn ich weinte oder rief. Meine ältere Schwester hat mir später die Gebärdensprache beigebracht.

Aufgrund der Erkrankung meiner Mutter führte meine ältere Schwester den Haushalt. Ich war zeitweise bei Pflegeeltern untergebracht, und zwar bei einer Familie im 10. Bezirk in der Nähe der Ankerbrotfabrik. Am frühen Morgen hatte man schon den Duft des frisch gebackenen Brotes in der Nase. Die Familie besaß ein Aquarium, wo ich den Fischen stundenlang zusehen konnte. Meiner Erinnerung nach ging es mir dort sehr gut. Manchmal kamen meine Eltern dahin auf Besuch, oder wir machten, wenn Geld übrig war, einen Ausflug. Wir fuhren mit der Straßenbahn nach Hütteldorf und gingen zu Fuß nach Neuwaldegg, von wo wir mit der Tram wieder nach Hause fuhren. Das schönste aber war, wenn wir vom Westbahnhof mit dem „Pendelzug", der hatte vier Waggons mit der Lokomotive in der Mitte, nach Purkersdorf fuhren. Dort gingen wir auf die „Hochramalpe", wo es einen Naturteich mit Ruderbooten gab. Wenn mein Vater Geld übrig hatte, durften wir eine Stunde rudern. Auch am Schloßteich von Laxenburg war das möglich. Zu Mittag aßen wir mitgenommene Schnitzel und Erdäpfelsalat aus dem Gurkenglas. Für mich war das immer ein herrliches Erlebnis.

Wenn ich von meinen Eltern zum Einkaufen geschickt wurde, hauptsächlich zur Milchfrau, ging es um 50 Gramm Butter, einen halben Liter Milch oder ein Ei. Ich ließ den Betrag anschreiben, den dann Vater am Freitag nach dem Geldempfang bezahlte. Manche Hausparteien aus unserem Treppenhaus kamen sich öfters was „ausborgen". Ein Kaffeebecher voll Mehl oder Brösel, ein Stück Zwiebel usw., wobei die Rückgabe dann „vergessen" wurde.

Meine Mutter war oft viele Wochen lang auf Erholung auf der Baumgartner Höhe. Wir Kinder durften während der Besuchszeiten aber nicht hinein. Nur durch das Außengitter konnten wir der Mutter die Hand reichen. Solange der Vater auf Besuch war, sammelten wir „Vogelwürstchen", das sind Samen des Breitwegerichs, für unsere beiden Wellensittiche zu Hause. Als meine ältere Schwester Gretl mit 22 Jahren das Haus verließ und meine Schwester Maria zur Tante zog, war ich viel mit meinem Vater allein. Großmutter Fialka kam zum Wäschewaschen vorbei, und ich war der Heizer.

Mit meinem Vater mußte ich auch die Behördenwege als „Dolmetscher" erledigen und die Einkäufe machen, bis die vierjährige Volksschulzeit vorbei war.

In unserem Gemeindebau wohnten rund 30 Kinder, ungefähr im gleichen Alter, wir spielten im Hof. Der Hausmeister war ein Invalide aus dem Ersten Weltkrieg, der streng auf seinen Rasen achtete. Auf keinen Fall durfte der Rasen durch Ballspielen beschädigt werden. Gegen 21 Uhr im Winter und 22 Uhr im Sommer wurden die Haustüren geschlossen. Wer keinen Haustürschlüssel dabei hatte, mußte den Hausmeister herausläuten, was Geld („Sperrsechserl") kostete. Im Winter konnten wir dem Hausmeister beim Gehsteigreinigen helfen, wofür man von seiner Frau ein Glas Tee und ein Schmalzbrot bekam. Um etwas zu verdienen, ging ich auf den Westbahnhof. Dort mußte ich eine Bahnsteigkarte für zehn Groschen kaufen. Die Reisenden wurden von mir gefragt, ob ich die Koffer bis zur Straßenbahnstation tragen dürfte. Da fielen oft dann mal zehn oder im besonderen Fall 20 Groschen Trinkgeld ab. Für zehn Groschen konnte man sich eine Bensdorp-Schokolade kaufen, für 20 Groschen bekam man „Cremeschnittenbruch".

Taschengeld gab es nur bei reichen Kindern. Wenn mein Vater Geld übrig hatte, bekam ich zehn Groschen für die Schuljause, dafür konnte ich beim Pferdefleischer („Ihaha") eine Semmel mit 100 Gramm „Dürrer Wurst" kaufen.

Auch war es zu dieser Zeit in Wien üblich, „Bettgeher" aufzunehmen, da es sehr viele Personen ohne festen Wohnsitz gab. Hatte in einer Familie der Vater Nachtschicht, wurde eine Tafel an die Eingangstür gehängt mit der Aufschrift „Bettgeher gesucht". Es konnte sich dann eine fremde Person das Bett für diese Nacht für 50 Groschen oder einen Schilling „mieten".

Was die Kleidung anging, waren wir nicht verwöhnt. Im Sommer trug ich kurze Hose, offene Sandalen sowie eine Glatze, die mir Onkel Joschi geschnitten hat. Im Winter kamen dann Wollstrümpfe am Strumpfbandgürtel zur kurzen Hose dazu. Meinen ersten Anzug bekam ich bei der Konfirmation 1941.

Ein besonderes Erlebnis für uns Kinder war, wenn zu uns in den Gemeindebau Straßensänger oder Musiker kamen. Sie unterhielten mit ihren Darbietungen die Leute für ein paar Groschen, welche ihnen – in Zeitungspapier gewickelt – zugeworfen wurden. Wir Kinder waren dann eifrig beim Aufheben behilflich.

Der 1. Mai war immer ein besonderes Erlebnis. Wir wurden bereits zeitig am Morgen von einem mit roten Bändern und Fahnen geschmückten, von Pferden gezogenen Leiterwagen abgeholt zum Aufmarsch der sozialistischen Partei am Ring. Was wußten wir

Knirpse schon von Parteien und Politik? Aus den Wohnungsfenstern hingen die roten Fahnen der Sozialisten mit den drei nach links unten zeigenden Pfeilen. Als Bewohner für die Gemeindehäuser der Stadt Wien kam man nur in Frage, nachdem die Erlaubnis der Sozialistischen Partei eingeholt worden war.

Gefallen hat mir an diesem Tag der Kontakt zu den Pferden und den Kutschern. Bis ungefähr 1936 wurden fast alle Waren mit Pferdefuhrwerken befördert.

Da wir evangelisch waren, kam ich eines Tages zum evangelischen Knabenchor Wien Neubau. Leiter war Prof. Hans Winslöw, der beruflich als Englischhornbläser in der Volksoper Wien tätig war. Wir waren etwa 30 Buben, die jeden Sonntag zum Gottesdienst gesungen haben. Jedes Jahr fuhren wir mit dem Bus in evangelische Gemeinden in Österreich, wo wir jeweils zwei bis drei Tage blieben, um ein weltliches oder kirchliches Konzert zu geben. Außer uns Sängern waren eine Klavierbegleiterin und eine Organistin dabei.

Wir kamen bei diesen Reisen nach Steyr, Leoben und bis ins Lesachtal. Unser Autobus war oft das einzige Fahrzeug auf den Straßen. Wir Kinder hatten keine Ahnung von einer Landesgrenze. Unser Chorleiter wollte uns diese zeigen am Plöckenpaß. Doch bei einer Steigung von 30 Prozent und Sandstraße mußten wir aussteigen, da der Bus den Anstieg nicht schaffte.

Wegen meiner körperlichen Schwäche und Unterernährung schickte mich das evangelische Kinderheim nach „Salzerbad" (Kleinzell, NÖ) auf Erholung.Wir Buben schliefen auf mitgebrachten Decken auf Stroh in einem großen Raum. Diese drei Wochen verbrachten wir mit Ausflügen, Baden im Teich und sonstigem Unfug.

Durch einen arbeitslosen Vetter bekam ich Verbindung mit einer Jugendgruppe der in Östereich in der Illegalität aktiven Hitler-Jugend, die mit Heimatabenden und Sommerlagern unsere Lebensweise stark beeinflußte und veränderte. So näherte sich das Jahr 1938 mit dem Einmarsch der Wehrmacht am 12. März in Linz und am 13. März in Wien. An diesem Tag hatten wir schulfrei. Es war herrliches Wetter. Alles lief auf die Mariahilfer Straße, wo der Militärkonvoi und Hitler im schwarzen Mercedes vorbeifuhren.

Bald danach war die Arbeitslosigkeit beseitigt. Der Freund meiner ältesten Schwester kam in die Flugzeugwerke Blohm & Voss nach Nordenham an der Weser. Er bekam dort eine Werkswohnung und meine Schwester konnte nachziehen.

1940 kam mein Schulabschluß. Danach folgte durch meine berufliche Perspektive ein „Landjahr“ bei einem Bauern im Landkreis Butjadingen (Halbinsel) an der Nordsee. Dort war ich von Juni 1940 bis Juni 1941. Dieser Landwirt hatte, wie so viele, keine Maschinen oder Traktoren. Als der Bauer eingezogen wurde, mußte ich mit der Bäuerin, die zwei Kinder hatte, und einem französischen Kriegsgefangenen den Hof mit vielen Kühen, Pferden usw. ganz allein bewirtschaften.

Nach dem Ende meines „Landjahres“ 1941 kam ich durch Vermittlung meiner Schwester Maria als kaufmännischer Lehrling zur Firma „Steirische Gußstahlwerke“ in Judenburg / Mur.

Es war im März 1943 bei einem Heimabend der Hitler-Jugend (HJ), da hörten wir, daß eine SS-Division aus lauter HJ-Freiwilligen aufgestellt werden sollte. Nun wurde auch ich in unserem Bann angesprochen und meldete mich als Freiwilliger zur Waffen-SS. Aus diesem Grund konnte ich bei meiner Firma die bevorzugte Lehrlingsabschlußprüfung beantragen, und mir wurde wegen meiner Musterung das dritte Lehrjahr erlassen. Somit konnte ich nach zwei Lehrjahren meine Industriekaufmannsgehilfenprüfung ablegen.

Die Tauglichkeitsprüfung fand noch im März 1943 statt. Die Einberufung bekam ich für den 21. August 1943 nach München-Freimann. Mit Kribbeln im Bauch wurden die notwendigen Vorbereitungen getroffen, und ab ging es mit der Bahn von Wien nach München, wo ich am 21. August morgens ankam. Ich hatte noch eine kleine Galgenfrist, denn ich mußte erst um 14 Uhr in der Kaserne sein. So ging ich in eine Wirtschaft, um meine karge Marschverpflegung aufzubessern. Mit einer Tasse „Blümchenkaffee“ gestärkt, zog ich durch den Englischen Garten, wo ich noch zu einem Glas Bier kam. Mit der Straßenbahn ging es zur Kaserne.

Es strömten mehrere Milchgesichter wie ich durchs Tor der Kaserne. Von dort hörte man schon aus weiter Entfernung laute Kommandos. An der Wache zeigte man mir den Weg, das Gittertor schloß sich hinter mir, und im nächsten Moment hieß es schon „Hinlegen, Ihr Schlappschwänze!“, wodurch wir gleich auf den richtigen Ton eingestimmt wurden.

Danach ging es auf die Stuben, es folgte die Betten-Einteilung, das Abtasten mit den Stubenkameraden. In jeder Stube waren 20 Mann untergebracht. Somit war ich ohne mein Zutun bei einer

Flak-Abteilung gelandet. Im Laufschritt ging es dann zur Kleiderkammer. Ich glaube, es waren acht Etagen, die wir rauf- und runterlaufen mußten. In jeder Etage gab es die verschiedensten Klamotten und Ausrüstungsgegenstände. Das alles ohne Anprobe, versteht sich. Mit Müh und Not hielten wir alles in den Händen und strömten in unsere Stube zurück. Dort begann die große Tauschaktion mit den Kameraden. Die Zivilsachen wurden eingepackt und nach Hause geschickt. Von nun an waren wir Soldaten. Es folgte eine kurze Vorstellung der nächsten Vorgesetzten und die Bekanntgabe des Dienstplanes.

Am 22. August begann die Grundausbildung, die insgesamt sechs Monate lang dauerte. Sie war, weiß Gott, hart genug. In deutlicher Erinnerung blieb dabei das Scharfschießen mit dem Karabiner 98 k. Ein beeindruckendes Erlebnis. Zuerst war ich Soldat bei der 8,8-cm-Flak und dann bei der leichten 3,7-cm-Flak. Unschöne Begleiterscheinung war, daß es während dieser Zeit keinen Ausgang und damit keine Möglichkeit gab, die Münchner Mädels kennenzulernen, was wir als junge Burschen sehr bedauerten.

Die erwähnte mehrstöckige Bekleidungskammer in der Kaserne München-Freimann

Flak-Kanoniere beim Üben des Präsentiergriffes.
Die Ausbildungsuniform der Kanoniere: schwarzer Drillich und genagelte Schnürschuhe.

Die Kameraden Veit, Kumm und Baier in der Freizeit beim Kartenspielen

Blick über den Kasernenhof in München-Freimann

Zur Hygiene in der Kaserne: Wenn einer beim Stubendurchgang im Bett mit schmutzigen Füßen (zwischen den Zehen) angetroffen wurde, mußte die ganze Stube in den Waschraum. Das bekam der vom UvD Beanstandete dann zu spüren. Beim Ausgang mußte ein sauberes Taschentuch sowie ein Kamm mit reinen Zinken vorgewiesen werden, sonst kam man trotz Ausgangsschein nicht raus. So streng waren die Bräuche, aber rückblickend gesehen gab es fast keine Krankheiten.

Wenn dann die Truppe auf einen Bahntransport kam, wußte der kleine Landser ja nicht, wo es hinging. So war es auch, als wir feldmarschmäßig von der Kaserne in Freimann mit Musik durch München marschierten und verladen wurden. Und ab ging es Ende September 1943 im Transportzug nach Westen. Nach rund drei Tagen Fahrt erreichten wir Anfang Oktober 1943 den Truppenübungsplatz Beverloo in Belgien.

Die Division umfaßte rund 15.000 blutjunge Soldaten. Die älteren Unterführer und Führer wurden von der „Leibstandarte" zur Ausbildung abgestellt. Dann kam die Aufteilung auf die verschiedenen Kasernenteile, immer 20 Mann in eine Stube,

Gustav Hoffmann 1943 in Beverloo in der Ausbildung, links mit Präsentiergriff

und ich war ohne mein Zutun bei einer Flak-Abteilung gelandet. Die Ausbildung war kriegsnah und hart. Sie dauerte etwa sechs Monate bis März 1944. Für zwei meiner Kameraden war der Druck zu groß, sie haben sich in der Stube mit dem Gewehr erschossen.

Eines Tages im Frühjahr 1944 mußten wir antreten, da für die neuaufgestellte Division Spezialisten gesucht wurden: Kanoniere, Funker, Sanis, Schreibstuben- und Küchenpersonal, Kraftfahrer usw. Es wurde uns freigestellt, daraus die passende Tätigkeit zu wählen. Ich meldete mich zu den Kraftfahrern mit dem Hintergedanken, den Krieg als Pkw-Fahrer eines Offiziers zu beenden. Natürlich dachte ich daran, auch einmal in ferner Zukunft ein eigenes Auto zu fahren. So fuhren wir rund 30 Mann dann acht Tage lang per Bahn nach Plock an der Weichsel, zwischen Bromberg und Warschau gelegen, zu einer Kraftfahrschule. In einer alten polnischen Kaserne fand für etwa 6.000 Mann der praktische und theoretische Unterricht für die Kraftfahrer statt. Nach sechs Wochen konnte ich die Prüfung in allen Klassen ablegen.

Links vorn Uscha. Jakob Novak, dahinter Strm. Gerhard Bruss, Hochmut, hinten rechts Gustav Hoffmann, vorne rechts zwei unbekannte Soldaten

Lehrgang für die Nachrichtenmänner der SS-Flakabteilung 12 bei der SS-Nachrichtenabteilung 12 vom 10. November 1943 bis zum 2. Januar 1944 in Turnhout/Belgien

Soldaten der 4. Batterie. Funker und Kraftfahrer; stehend von links: Unverzagt, Gleich, Ellmaier, Baier, Kumm; liegend von links: Klauer, Zengel, Veit

Angehörige vom II. Zug/4. Batterie

Kameraden 1943 in der Ausbildung in Beverloo, die „Elite" der 3. Batterie, von links Buchholz, Eckert, Erich Wagner, Reinhardt, Hühn

Zur Einheit zurückgekommen, war es dann nichts mit Pkw-Fahren, sondern ich wurde mit einer nagelneuen Zugmaschine, einem Halbkettenfahrzeug von Krauss Maffei mit Maybach-Motor, ausgestattet. Das Fahrzeug kam aus Metz-Bahnhof. Wir mußten noch die 3,7-cm-Kanone darauf montieren – und nun waren wir wirklich einsatzbereit. Man befahl uns, das Kupferwerk in Olen/Belgien gegen feindliche Luftangriffe schützen. Dann ging es weiter nach Dreux bei Paris, um den dortigen Flugplatz gegen Tiefflieger zu verteidigen.

Das Halbkettenfahrzeug Sd.Kfz. 7 von Gustav Hoffmann, 1944. Es handelte sich um das dritte Geschütz des II. Zuges. Erster Geschützführer war Uscha. Huth, ihm folgte später nach der Neuaufstellung Uscha. Wedler, der von der Luftwaffe kam; weitere Kameraden auf diesem Geschütz waren Rolf Hähner, Toni Breit, E-Messer K5 ist leider unbekannt, K4 Ernst Georg Samson, K3 Hermann Widmann

Meine Feuertaufe am 26. Mai 1944

Die Seine-Brücken von Paris bis Le Havre waren ständigen feindlichen Bombenangriffen ausgesetzt. Wir bezogen daher sofort bei Vernon/Seine unsere Stellung an der Brücke, ziemlich nahe am Ufer. Der erste Befehl lautete, die Fahrzeuge so tief einzugraben, daß Räder und Motor vor den Splittern feindlicher Bomben geschützt sind. Der zweite Befehl ordnete an, jeder Mann hat sich ein

Schützenloch zu graben. Das darauffolgende Spiel „Fliegeralarm! – Alles an das Geschütz! – Volle Deckung! – Alle in die Löcher!" machte ich natürlich nicht mit, denn ich war ja Kraftfahrer und kein Kanonier. So pflegte ich täglich meine Maschine und sah immer zu, wenn Jabos sich auf die Brücke stürzten und von der leichten Flak am zielgerechten Bombenausklinken gehindert wurden. Bis eines Tages ein Pulk von drei mal zwölf Flugzeugen vom Typ „Marauder" in einer für die 3,7-cm-Flak unerreichbaren Höhe daherkamen. Unser Flugmelder schrie „Bomben!", und unser Zugführer befahl „Volle Deckung!". Außer einer kleinen Erhöhung durch den Stahlhelm sah man keinen Mann im Freien, nur ich selbst wußte nicht, wohin ich schlüpfen sollte. Inzwischen hörte man schon die Bomben herunterpfeifen, mein Magen kam in Bewegung und endlich kam der Geistesblitz: unter die Zugmaschine kriechen! Da lag ich nun auf dem Bauch mit klopfendem Herzen, hörte die Einschläge ringsherum, spürte, wie der aufgeworfene Erdwall um das Fahrzeug zu rieseln begann und dachte, wenn eine Bombe direkt auf das Fahrzeug kracht, dann ist es mit einem Schlag aus. Obwohl die Hose nicht voll war, weiß ich noch, daß mir in Bruchteilen von Sekunden alles Mögliche durch den Kopf

Die bereits durch Bomben beschädigte Brücke über die Seine bei Vernon im Mai 1944

ging, praktisch die ganzen ersten 18 Jahre meines Lebens spulten sich vor mir ab. Seit diesem Tag war ich beim Stellungswechsel immer einer der ersten beim Ausheben des „Schützenloches".

Auf dem Rückzug – Spätsommer 1944

Bei der Verteidigung des Flugplatzes Carpiquet und der „Höhe 112" hatten wir hohe Verluste, hinzu kam ein Rohrkrepierer, da der Geschützlauf nicht gewechselt worden war. Wir waren dann dem Kessel von Falaise gerade so entkommen und auf dem Weg in die Heimat zur Auffrischung. In der Nähe von Lüttich sammelten wir bei dem Schloß Dhuy. Durch die vielen Ausfälle, technische und personelle, war ein Verbleiben an der Front ausgeschlossen. Als personeller Ersatz kam – teilweise von der Luftwaffe als „Hermann-Göring-Spende" – zu mir als neuer Geschützführer Uscha. Wedler und ein neuer Kamerad aus Brunn bei Wien, Toni Breit.

Lediglich meine Selbstfahrlafette war voll einsatzbereit. Es war von höherer Stelle befohlen worden, den uns zugeteilten Divisionsgefechtsstand unbedingt gegen Luftangriffe zu schützen. Es ging also wieder vor an die zurückweichende Front. In einem kleinen Dorf bezogen wir Quartier, standen mit unserem Fahrzeug neben der Dorfkirche. Unser Uscha. befahl uns, die Waffen zu reinigen. Die Vierlings-Flak wurde auseinandergenommen, alle Teile eingeölt. Ich als Kraftfahrer habe den Motorraum abgedeckt und wollte gerade mit der Nachschau beginnen, als bei strahlend blauem Himmel, ziemlich hoch über uns, sechs „Ligthning"-Jäger auf der Suche nach lohnenden Zielen waren. Und da hatten sie uns auch schon entdeckt und stießen im Sturzflug herunter. Wir waren mit zerlegter Waffe nicht einsatzfähig. Vielleicht hatten sie unser vom Waffenöl glänzendes Geschütz erblickt. Wir ließen uns gerade noch rechtzeitig vom Fahrzeug herunterfallen und hasteten in die Diele eines in der Nähe stehenden Bauernhofes. Dort harrten wir aus, bis der Zauber vorbei war.

Natürlich haben uns die „Lightnings" so lange bearbeitet, bis die Zugmaschine zu rauchen und brennen begann. Nachdem die Maschinen abgeflogen waren, rannten wir raus aus der Diele, schnappten uns dabei die dort stehenden vollen Milchkannen und schütteten den Inhalt über die brennenden Fahrzeuge, bargen schnell die Mun-Kästen und erstickten die Flammen mit Decken.

Uscha. Wedler machte beim Stab die Meldung, daß wir nicht mehr einsatzfähig waren, worauf wir den Marschbefehl Richtung Heimat bekamen, wo sich bereits die anderen Teile der Flak-Abteilung in der Gegend Jagsttal-Möckmühl in Ruhestellung befanden. Nun versuchte ich, die Karre wieder in Gang zu bringen, was mir, einem Wunder gleich, gelang. Obwohl die Panzerung des Führerhauses völlig durchlöchert wie ein Sieb und mein darin hängendes Kochgeschirr (gefüllt mit guten Zigarren) zerschossen war, so daß ich nun den feinsten Pfeifentabak hatte, konnte ich an den wichtigsten Stellen des Motors (Ölwanne, Kühler) keinen Einschuß feststellen. Die abgebrannten Kabel habe ich mit Isolierband geflickt, nur die plattgeschossenen Reifen konnte ich nicht ersetzen.

So begann also die Odyssee meines Rückzuges. Wir fuhren wegen der Tiefflieger erst nach Einbruch der Dunkelheit los, zuerst auf den platten Reifen, die sich durch die Reibung bald erhitzten und zu stinken begannen. Außerdem war die Lenkung kaum zu bewegen. Daher haben wir dann im Schutz eines Waldes die Reifen samt Vorderachse ausgebaut. Das Ergebnis war, daß ich nun wie ein Panzerfahrer nur mit den Kettenbremsen lenken konnte. Da wir das auf der Fahrschule nicht gelernt hatten, glich meine

Eine Staffel amerikanischer „Lightning"-Jagdbomber

Fahrweise anfangs mehr einem „Zick-Zack-Kurs", denn die Lenkbremse griff erst, wenn das Lenkrad um 15 Grad gedreht wurde. So gesehen war ich die ganze Zeit am „Kurbeln". Aber als Landser hat man sich ja immer schnell an neue Situationen gewöhnen müssen.

Bald stellten sich neue Probleme ein. Erstens brauchten wir immer wieder Sprit, denn mein gutes Fahrzeug schluckte 100 Liter Benzin auf 100 Kilometern Fahrt, und zweitens benötigten wir Verpflegung. Daher war eine Hälfte der Mannschaft immer unterwegs, um Sprit zu organisieren, das heißt entweder von Kameraden zu erbetteln oder heimlich mit Schlauch und Kanister von anderen Fahrzeugen abzuzapfen. Die andere Hälfte besorgte Verpflegung, was doch etwas einfacher war.

Für mich als Kraftfahrer war es mühsam, abseits guter Straßen und immer nur nachts zu fahren. Am besten kann ich mich noch daran erinnern, daß wir in der Stadt Prüm in der Eifel Rast gemacht haben und im dortigen Kloster, das in ein Krankenhaus verwandelt worden war, verpflegt wurden und endlich wieder auch einmal baden konnten.

Dort befand sich eine Frau aus Essen mit ihrer etwa achtjährigen Tochter, die wegen der Bombenangriffe auf die Industriestädte im Ruhrgebiet in die Eifel evakuiert worden war. Diese Frau bat uns dann auch inständig, sie mit zurückzunehmen. Da dies aber auf einem Gefechtsfahrzeug strengstens verboten war, wandten wir einen Trick an. Mutter und Tochter bekamen Uniformteile angezogen und hockten sich ins Führerhaus zwischen den Geschützführer und mich. Alles ging gut, und bei Kontrollen wurden unsere Passagiere nicht entdeckt.

Wir zuckelten mit kaum mehr als 40 km/h nach Osten. Da hatte mein Geschützführer Uscha. Wedler eine Idee. Statt direkt zur Einheit zurückzufahren, machten wir einen Umweg über Bochum, wo er und auch der Kanonier Frings zu Hause waren. Natürlich fand das unsere Zustimmung, ohne weiter über die Folgen dieses Entschlusses nachzudenken.

Wir kamen über den Rhein-Ruhr-Schnellweg nach Köln, bettelten am Flughafen bei der Luftwaffe um Sprit, opferten dafür etliche Fleischkonserven, um endlich in Bochum anzukommen. Wedler hatte schnell alle Nachbarn zusammengeholt, die uns in ihren Privatquartieren unterbrachten. Als Mitbringsel hatten wir nur unsere Läuse dabei.

Am ersten Abend ging ich mit einem Kameraden in die Stadt, wo wir ein Lokal ausfindig machten, das noch Bier ausschenkte. Kaum aber waren wir drinnen, als es auch schon Fliegeralarm gab. Das Licht ging aus, ein Durcheinander entstand, ein Teil der Leute wollte in den Keller, der andere Teil aus dem Lokal heraus.

Wir zogen es vor, nach Hause zu laufen. Es krachte über und neben uns, die Ziegel fielen von den Dächern und endlich waren wir im Quartier. Nie wieder in einer Stadt einen Bombenangriff mitmachen, war unsere Meinung. Da waren wir im freien Feld an der Front besser dran, sagten wir uns.

Das Ende ist schnell erzählt. Die Feldgendarmerie bekam spitz, daß da ein Geschützfahrzeug in einem Bauernschuppen stand und daß die Mannschaft scheinbar fahnenflüchtig war. Fast hätte man uns wegen unerlaubten Entfernens von der Truppe vor ein Feldgericht gebracht, weil wir uns drei Tage in Bochum aufgehalten hatten. Eine Verhaftung konnte abgewendet werden, indem Wedler erklärte, er habe gedacht, daß hier in Bochum Sprit für die Weiterfahrt aufgetrieben werden könnte. Doch man konnte uns nicht helfen. Dafür schleppte man meine Zugmaschine mangels Benzins mit einem Traktor zur Bahn. Wir wurden verladen, kamen nach Möckmühl in die Ruhestellung, und mußten dort die Zugmaschine im Mannschaftszug vom Waggon wuchten. Die I-Staffel hat dann mit viel Mühe die Ersatzteile aufgetrieben und mein schönes Fahrzeug wieder zusammengeflickt, so daß es wieder einsatzbereit war.

Die Waffenwerkstatt in Herentals 1944

Die Waffenwerkstatt der SS-Flak-Abteilung 12 ist in Beverloo aufgestellt worden und lag während der Sicherung der Oolener Kupferhütte in Herentals. Sie bestand aus einem Uscha. und Soldaten aus den verschiedenen Batterien. Wir sollten in der Waffenwerkstatt zum Werkzeugmeistergehilfen ausgebildet werden, um kleinere Reparaturen selbständig ausführen zu können. Eines Tages hatten wir in der Waffenwerkstatt einen Unfall. Beim Unfugmachen mit einer Waffe wurde Karl Beck aus Pforzheim tödlich verwundet. Karl Beck ist in den Verlustmeldungen der SS-Flak-Abteilung 12 nicht verzeichnet.

Hans Metzger

Die möglichst zügige Wiederherstellung der Einsatzfähigkeit des Geräts gehörte zu den Aufgaben der Waffenwerkstatt.

Gruppenfoto vor der Waffenwerkstatt in Herentals in Belgien, Frühjahr 1944. Waffenwerkstatt der Flak-Abteilung 12 der 12. SS-Panzer-Division „Hitlerjugend". Stehend v.l.n.r.: Kanonier Hans Metzger (4. Batterie), Kanonier Bausch, Kanonier Reinhold Held, Kanonier Kempf, unbekannter Unterscharführer; Sturmmann Rolf Hähner (4. Batterie), Sturmmann Hans Kammering (2. Zug, 4. Batterie), Kanonier Steglitz. Sitzend v.l.n.r.: Kanonier Helmut Geiger (2. Zug, 4. Batterie), Kanonier Elsner, Kanonier Walter Seitz (2. Zug, 4. Batterire)

Bei der 4. Batterie

Erinnerungen von Hans Krieg, K5 an Geschütz 3/III. Zug 1944

Bereits fünfmal hatten wir die Einheit gewechselt. Für mich sollte es allerdings das letzte Mal gewesen sein.

Wir wurden auf die drei Geschützzüge verteilt, je drei Entfernungs(E)-Messer auf einen Zug. Die überzähligen Kameraden wurden für neue Aufgaben eingeteilt. Ich kam zum III. Zug der 4. Batterie, an das dritte Geschütz. In dieser Gruppe blieb ich bis zum Kriegsende. Der Zugführer des III. Zuges war der Haupt-

E-Messer vor der mehrstöckigen Unterkunft der 1. und 3. Batterie

scharführer Kurt Mange, ein alter Haudegen von der Flak-Abteilung der LAH. Die Geschützbedienung für die 3,7-cm-Kanone bestand damals noch aus einem Geschützführer und sieben Mann. Wir vom 3. Geschütz wurden während der Ausbildung meistens vom Zugführer mit betreut, weil unser Geschützführer noch bei einer Sondereinheit tätig war.

Beim Übungsschießen am 25. Janaur 1944 wurde unsere Geschützbedienung vom Schießplatz fortgeholt. Den Grund wußten wir nicht. Später erfuhren wir von Kameraden der anderen Batterien, mit denen wir auf den Lkw verladen wurden, daß wir scharfe Munition für unsere Geschütze holen sollten.

Mit dem Lkw fuhren wir zu einem im Wald gelegenen Munitionsdepot. An der dortigen Wache teilte man uns mit, daß wir die Munition in Herentals von Eisenbahnwaggons auf unseren Lkw umladen müßten. Es war schon gegen Abend, als wir mit dem Entladen begannen. Es handelte sich um 8,8-cm-, 3,7-cm- und 2-cm-Flak-Munition. Als das Fahrzeug beladen war, fuhr die eine Hälfte von uns mit zurück, der Rest blieb in Herentals. Am anderen Morgen erfuhren wir, daß die Munition in Bunker der Flakstellungen gebracht worden war.

Nach einem ersten Fehlalarm kam dann am 15. Februar 1944 der endgültige Verlade- und Abmarschbefehl. Jetzt wurde es ernst. Alle Geräte und Waffen wurden noch einmal gereinigt und dann sorgfältig verpackt.

Aus einem Munitionsbunker auf dem Übungsgelände mußte 3,7-cm-Munition geholt und zur Unterkunft gebracht werden. Bei der Länge des Weges war das eine Knochenarbeit, die uns ganz schön mitnahm. Im Mannschaftszug, weil kein Sprit zur Verfügung stand, wurden die beladenen Fahrzeuge und Geschütze zum Verladebahnhof des Truppenübungsplatzes Leopoldsburg-Beverloo gebracht. Dort wurde auf die Eisenbahnwaggons verladen und festgezurrt. Wir verbrachten eine Nacht im Güterwaggon, bevor wir am 17. Februar im 30 Kilometer entfernten Herentals entladen wurden. Von dort ging es dann zum etwa drei Kilometer entfernten St. Jozef-Olen. Nun wurde die vereint transportierte Batterie geteilt, denn jeder der drei Geschützzüge kam in eine andere Stellung.

Wir vom III. Zug wurden in eine ehemalige 7,5-cm-Flakstellung eingewiesen. Die Geschütze wurden in die vorbereiteten Stellungen gebracht. Die Bedienungen wurden auf einzelne, etwa zwölf

Zwei Züge bei der Geschützausbildung, im Vordergrund die Gleise der Schmalspurbahn des Truppenübungsplatzes

Quadratmeter große Baracken verteilt. Nur der Zugführer hatte eine Baracke für sich allein. In den restlichen Gebäuden waren Teile der 2. Batterie untergebracht, deren Gefechtsstand sich zu der Zeit auf dem Schießplatz bei Harderwijk befand. Unsere Zugfahrzeuge – italienische Beutefahrzeuge der Firma SPA – waren etwas größer und kräftiger als der VW-Kübel des Zugführers. Sie wurden in Boxen untergestellt. Diese SPA-Fahrzeuge waren für die 3,7-cm-Flak viel zu klein, es mußten ja mit dem Fahrer acht Mann untergebracht werden. Für persönliche Sachen, Munition und Ersatzrohre war extra ein Lkw pro Zug vorgesehen.

Unsere Aufgabe war, für den Schutz des Kupferbergwerkes in Olen zu sorgen. Trotz der Einsatzbereitschaft wurde die Ausbildung in allen Bereichen auf Zugebene weiterbetrieben. Unser Zugführer liebte es, nachts Alarm zu schlagen und alle an die Geschütze zu jagen. Wenn dann der erste Schuß zu lange auf sich warten ließ oder andere Dinge nicht so klappten, wie er sich das vorgestellt hatte, dann war am folgenden Tag Geschützexerzieren angesagt. Am dritten Geschütz hatten wir in der Zwischenzeit ei-

Die Kupferhütte in Olen, St. Jozef im Februar 1944

Geschützausbildung hinter den Unterkünften an der 3,7-cm-Flak 37, II. Zug

nen Unterführer-Anwärter zugeteilt bekommen. Dieser wurde später von dem aus einer Sondereinheit versetzten Uscha. Ernst Scup abgelöst, blieb aber als z.b.V. bei uns.

Da die sanitären Gegebenheiten in der Stellung sehr schlecht waren, durften je Geschütz immer drei Mann in das etwa zwei Kilometer entfernte Kupferwerk zum Duschen gehen. Das brachte immer etwas Abwechslung in unseren eintönigen Kommißbetrieb.

Am St. Josefstag, den 19. März 1944, war wieder einmal Stellungswechsel fällig. Der III. Zug verlegte in ein Wäldchen gegenüber dem Werk bei Herentals, durch das ein Weg und ein Nebenkanal des Albert-Kanals verliefen. Hier waren auch die Funker der 4. Batterie untergebracht. Der kuriose Einfall eines unserer Vorgesetzten, die 1,6 Tonnen schweren 3,7-cm-Geschütze auf die dort stehenden sechs Meter hohen Gittertürme der Funker aufzubauen, ließ sich ohne Kran nicht verwirklichen.

Nachdem die Geschütze außerhalb des Wäldchens in Stellung gebracht, die Fahrzeuge im Wäldchen eingegraben worden waren, ging es nach zehn Tagen wieder zurück in die alte Stellung.

9. April 1944. Ostersonntag kam für uns der Verlegungsbefehl. Im Mot-Marsch ging es in das nahegelegene Mol, wo wir auf Eisenbahnwaggons verladen wurden. Einzelne Geschütze übernahmen den Flakschutz, der Rest wurde festgezurrt und mit Planen abgedeckt.

Auf der Fahrt durch Belgien und Nordfrankreich durchquerten wir Lille, Arras, Amiens und Rouen.

11. April 1944. Gegen Abend luden wir in Ivry la Bataille aus. In diesem Raum war 1942 die Flak-Abteilung der LAH untergebracht, deren Männer zur dortigen Bevölkerung gute Kontakte geknüpft hatten. Als wir im Juni 1988 auf unserer Frankreichfahrt die alten Quartiere aufsuchten, wurden wir dort sehr freundlich aufgenommen.

Nach dem Ausladen in Ivry la Bataille ging es gleich weiter. Wir kamen mit unserem SPA aber nicht weit, denn plötzlich war unser Sprit alle. Unser Zugführer sagte: „Geht weg von der Straße und verlaßt das Fahrzeug und das Geschütz nicht! Wartet, bis wir Euch nachholen.“ Das war gut gesagt, denn die Nacht war kühl, unsere Mäntel waren auf dem anderen Lkw zusammen mit unseren anderen Klamotten.

Wir waren sehr froh, als es langsam hell wurde und die Sonne hochkam. Obwohl erst Anfang April, so wärmten ihre Strahlen uns doch etwas durch.

So gegen 10 Uhr tauchte dann endlich unser Zug-Lkw auf, der uns zum Ziel außerhalb der Stadt Dreux brachte. Auf einer Anhöhe, etwas außerhalb, war ein Flugplatz. Hier starteten bei Nacht ab und zu Kampfflugzeuge vom Typ Messerschmitt Me 410 zu Störflügen nach England. Wir konnten den Flugplatz selbst aber

Eine provisorische Feldstellung bei Dreux, II. Zug; unter den Bäumen sind die Unterkünfte aus Dreieck-Zeltbahnen erkennbar.

nicht einsehen. Nur wenn wir die Maschinen starten hörten, wußten wir, daß sie wieder einen Einsatz flogen.

Bei dem Ort Garnay, 1,5 Kilometer vom Flugplatz entfernt, ging unser III. Zug in Stellung. Jetzt waren alle drei Geschütze wieder vereint. Geschütze und Fahrzeuge wurden eingegraben. Wir schliefen in Zelten. Acht Mann knüpften ihre Zeltbahnen zusammen – und fertig war das Achtmannzelt. In einem kleinen Rinnsal, das unten durch eine Wiese floß, wuschen wir uns notdürftig. Den ganzen Tag lang hatten sich die Bedienungen in der Nähe der Geschütze und Fahrzeuge aufzuhalten. Bei Nacht ging aber jeweils nur ein Mann Wache.

Nachdem die Stellung so weit ausgebaut war – selbst der Donnerbalken fehlte nicht –, wurde es etwas ruhiger. Im mannshohen Zelt des Zugführers spielte dieser mit den drei Geschützführern Karten, dadurch hatten wir etwas mehr Freiheit.

25. April 1944. Nun war das schöne Lotterleben vorbei, denn es wurde mal wieder Stellungswechsel befohlen. Etwa einen Kilo-

In einer ehemaligen Flakstellung der II. Zug mit der 3,7 cm 37. Ansicht von hinten. Zwölf Schuß in zwei Rahmen liegen auf. Rechts die Räder der Seiten- und Höhenverstellung, darüber das Zielgerät. Hinten Mitte ein Seil zur Beseitigung von Hülsenklemmern durch Zurückziehen des Verschlusses, von rechts: Widmann und Hahnenstein

meter näher zur Stadt, wieder auf einer Anhöhe, gruben wir uns ein. Von den Geschützen wurden die Kanoniere 6 und 7 abgezogen und zum Troß beordert, wo sie eine andere Aufgabe bekamen.

Von unserer neuen Stellung sahen wir direkt nach Dreux hinein. Besonders der Bahnhof fand unser Interesse, denn es herrschte reger Zugverkehr. Schnelle Eil-Züge transportierten Menschen von und nach Paris. Der Personenverkehr verlief zu der Zeit noch nahezu reibungslos. Die alliierten Bombergeschwader waren mehr damit beschäftigt, die Verbindungen zwischen dem Reich und der Kanalküste weiter im Hinterland zu zerstören. Östlich von Paris wurde fast jeder größere Bahnhof zerbombt.

Trotz Ausbau der neuen Stellung durften je drei Mann vom Zug in die Stadt, um sich mal wieder die Haare schneiden zu lassen. Als wir drei die Prozedur hinter uns hatten und weil bis zur Rückkehr zur Stellung noch etwas Zeit blieb, bummelten wir ein wenig durch die Stadt. Ein Besuch in einem „bestimmten Haus" war uns strengstens verboten worden, obwohl wir dort schon gerne mal reingeschaut hätten.

In der Nacht zum 1. Mai 1944 waren wir mit einigen Kameraden auf Abteilungswache in der Stadt. Mit zwei Mann waren wir die ganze Nacht beim Krankenrevier. Am anderen Tag bekamen wir Verstärkung, der Funktrupp hatte sich eingefunden, es waren die Kameraden Paul Baier, Otto Kumm und Karl Veit.

6. Mai 1944. Das Geschütz vom Uscha. W.G. bekam eine leichtgepanzerte Selbstfahrlafette vom Typ Sd.Kfz. 7/2 mit acht Tonnen Gewicht, worauf die 3,7-cm-Flak montiert war.

Außer den hochfliegenden Bomberpulks bekamen wir jetzt auch häufiger Jabos zu sehen. Wir kamen aber leider nicht zum Schuß, die Entfernungen waren zu groß. Anders die 8,8-cm-Geschütze bei der 2. Batterie. Sie hatten einige Lagen gen Himmel geschickt.

10. Mai 1944. Wieder einmal hieß es Stellungswechsel vorbereiten. Als wir alles verstaut hatten und auf den Abmarschbefehl warteten, kam der Widerruf: Wir blieben noch eine Nacht am Ort. Am Abend mußten wir unsere Zelte wieder aufbauen, die Fahrzeuge blieben gepackt.

11. Mai 1944. In der Frühe ging es dann endlich los. Wir sammelten uns an der Straße nach Garnay, bis alles beisammen war. Unseren SPA mußten wir abgeben, dafür stand uns ein Lkw zur Verfügung. In Abständen ging es dann einzeln los, mit unbekanntem Ziel. Am Nachmittag erreichten wir die Stadt Vernon/Seine, wo

uns ein Kradmelder an den Stadtrand leitete. Auf einer Wiese ging unser Zug in Stellung. Es wurde gesagt, daß es unsere Aufgabe sei, die etwa einen Kilometer entfernte Straßenbrücke über die Seine gegen Luftangriffe zu schützen. Zwei Tage zuvor war in der Nähe eine Eisenbahnbrücke von Jabos zerstört worden. Wir gruben auch hier, zum wiederholten Mal, unsere Geschütze ein. Bei der Selbstfahrlafette (Sfl.) packten alle mit an, denn das Riesending brachte natürlich Mehrarbeit mit sich.

Abwechselnd gingen wir an einer günstigen Stelle zum Baden in die nicht weit entfernte Seine. In der Stellung gab es kein Wasser, darum waren wir über diese Bademöglichkeit sehr froh. In einer nahen Kaserne konnten wir auch duschen. Dort gab es auch warmes Wasser, es war eine Wohltat, den alten Dreck mal abzuwaschen.

20. Mai 1944. Für uns war eine Acht-Tonnen-Sfl. eingetroffen, wir fuhren mit unserem Geschütz zum Güterbahnhof von Vernon. Auf einer Verladerampe konnten wir bequem unsere 3,7-cm-Kanone aufbauen. Für den Geschütz-Anhänger fanden wir noch brauchbares Material, um darauf ein Munition-Abdeckgestell und Son-

Die Kameraden auf der Selbstfahrlafette (Sd.Kfz. 7/2). Von links: Jäger, Megow, Deml, Scharrer, Fiedler, Erich Hofmann (Fahrer), am Geschütz lehnend: Fritz Vogt

stiges zu laden. Wir fuhren in unsere Stellung zurück, mußten natürlich die Sfl. eingraben, waren aber mächtig stolz darauf, jetzt auch so ein tolles Fahrzeug zu haben.

Um es gleich vorwegzunehmen: Der I. und II. Zug waren schon mit je drei dieser Sd.Kfz. 7/2 ausgerüstet. Von diesem Fahrzeugtyp wurden nur insgesamt 123 Stück gebaut. Von diesen bekam die 4. Batterie acht Stück, ein neuntes wurde nie ausgeliefert. Für unser drittes Geschütz wurde der Zug-Lkw verwendet.

Man durfte schon damals nicht mehr allein in die Stadt, um ins Soldatenheim oder ins Kino zu gehen, denn die Gefahr, von Angehörigen der Resistance umgelegt zu werden, war sehr groß.

26. Mai 1944, Freitag. Am Nachmittag heulten in der Stadt die Sirenen, es gab Fliegeralarm. Wir waren sofort gefechtsbereit, als ein größerer Verband hochfliegender Bomber vom Typ B 26 „Marauder“ aus 30 Grad auf die Stadt zuflog. Wir sahen aus den Bombenschächten die tödliche Last herausfallen. Zum Schießen war die Entfernung zu groß, so blieben wir vorsichtshalber in unseren Deckungslöchern. Über der Stadt, Richtung Brücke, ging der Bombenteppich nieder. Wir dachten an die Kameraden vom II. Zug und den Männern von der 2-cm-Flak von der 14. Kompanie/Regiment 26. Ihre Stellungen lagen direkt im Angriffsbereich der Bomber.

Von der Batteriebefehlsstelle (B.Bs.), wo unser Meß-Kamerad H.Z. tätig war, erfuhren wir von der Zerstörung der Brücke und der angrenzenden Stadtteile.

Es galt für uns erhöhte Wachsamkeit gegenüber der Bevölkerung, die Übergriffe des Widerstands nahmen ständig zu. Beim I. Zug unserer Batterie, der zum Schutz der Seine-Brücken bei Elbeuf eingesetzt war, waren nach und nach alle Geschütze durch Frühkrepierer ausgefallen.

27. Mai 1944, Pfingstsamstag. Wir erhielten tagsüber einen Verlegungsbefehl, aber ohne genaue Angaben. Am Abend wurde aus einem versprengten Verband „Marauder“ eine Maschine beschossen, die dann abstürzte. Ein Kradmelder wurde losgeschickt, um eventuell Unterlagen an der Absturzstelle zu bergen. Für uns kam erneut ein Verlegungsbefehl, mit unbekanntem Ziel und Auftrag. In der Nacht brachen wir auf.

28. Mai 1944. Bei Tagesanbruch erreichten wir die etwa 25 Kilometer entfernte Seine-Brücke in der Nähe von Gaillon. Nach der obligaten Einweisung fuhren wir über die Brücke weiter zum Ort

„Marauder"-Bomber im Anflug kurz vor der Invasion

Courcelles. Am Ortsrand rechter Hand, an einem Weg ungefähr 200 Meter von der Brücke entfernt, ging der III. Zug in Stellung: ein Geschütz am Wegrand, zum abfallenden Seine-Ufer hin, die beiden Sfl. auseinandergezogen im Gelände. Der Zug bildete, mit der Spitze zur Seine, ein Dreieck. Wir waren dem Ort am nächsten. Bis wir unsere Sfl. eingegraben hatten, standen sie gedeckt zwischen den Bäumen. Gegen Mittag gab es Alarm. Eine einzelne B 26 kam im Tiefflug auf die Brücke zu. Der II. Zug, an der anderen Seite des Ortes in Stellung, und wir eröffneten das Feuer und erzielten Trefferwirkung. Die B 26 stürzte in einiger Entfernung ab. Am späten Abend wurden die beiden Sfl. in die Deckungslöcher gefahren. Die Geschütze standen nun fast ebenerdig. Der Aushub war gleichzeitig Splitterschutz, was sich später dann bewährte. Weitere Deckungslöcher wurden gegraben und mit frischem Buschwerk vom Seine-Ufer getarnt. Die Störtätigkeit der gegnerischen Luftwaffe nahm täglich zu, an jedem Tag gab es Alarm. Aus der Sonne kamen sie mit 16 bis 20 „Thunderbolts“ auf die Brücke zu. Sie warfen Bomben und feuerten aus allen Rohren auf uns, den II. Zug und die Brücke. Wir hielten mit unseren 3,7-cm-Geschützen dazwischen, so daß die Jabos abgedrängt wurden und der Ort am meisten abbekam.

Die 2. Batterie war am 31. Mai in etwa einem Kilometer Entfernung hinter uns in Stellung gegangen. Die 8,8-cm- und 2-cm-Kanonen trugen mit dazu bei, daß die Brücke unzerstört blieb.

3. Juni 1944. Generalfeldmarschall Erwin Rommel kam an unserer Stellung vorbei. Er hielt beim Geschütz an der Straße und erkundigte sich nach der Lage. Beim Abschied sagte er: „Jungs, haltet mir die Brücke, das ist die einzig intakte noch zwischen Rouen und Paris!“

4. Juni 1944. Ein schöner sonniger Tag. Die Jabos waren wieder einmal in der Gegend und warfen Bomben und schossen mit ihren Bordwaffen auf alles, was sie ins Visier bekamen. Uns ließen sie aber diesmal in Ruhe, vielleicht hatten ihnen unsere Geschütze ja doch etwas Respekt beigebracht. Am Spätnachmittag hörten wir auf einmal schnell lauter werdendes Motorbrummen. Aus nordwestlicher Richtung näherten sich hochfliegende B 26-Bomber in zwei Wellen. Die 2. Batterie eröffnete das Feuer sofort auf den anfliegenden Bomberverband. Für uns war die Entfernung zu groß, so standen wir an den Geschützen und beobachteten das Schauspiel dort am Himmel. Der erste Verband ließ seine tödliche

Fracht fallen, der zweite folgte etwas später. Unser Geschützführer Uscha. E. Czub befahl „Volle Deckung“. Schon ging der erste Bombenteppich an der Brücke nieder, weit genug entfernt, um uns nicht zu schaden. Die Bomben des zweiten Verbands lagen schon erheblich näher bei uns. Auf einmal ertönten ein Zischen, Dröhnen und Krachen. Erde prasselt auf mich im Deckungsloch nieder. Als ich die Augen wieder aufschlug, war es dunkel um mich herum, als ich meinen Kopf bewegte, kam weitere Erde auf mich herunter. Nach einigen kurzen Schocksekunden rief ich, um mich bemerkbar zu machen. Dann hörte ich Stimmen: „Bleib ruhig, wir holen Euch gleich da raus!“ Ich hörte danach die Stimmen nur noch aus der Ferne, die forderten: „Ruft, damit wir Euch finden können!“ Man konnte hören, wie gegraben wurde, dann wurde es plötzlich hell, ich konnte den Himmel sehen. Selbst konnte ich mich aber noch nicht aus dem Deckungsloch befreien, erst mußte noch die Erde beseitigt werden, damit ich meine Arme freibekam. Mit vereinten Kräften zogen mich die Kameraden dann aus dem Erdloch. Zwei weitere Kameraden waren auch bald ausgegraben, und wir konnten uns den Schaden besehen. Neben unseren Deckungslöchern war ein Krater von ungefähr 13 Metern Durchmesser und sechs Metern Tiefe entstanden. Die Sfl. waren schön zugedeckt mit Sand und Erde. Was hatten wir für ein Glück gehabt, daß wir so glimpflich davongekommen waren. Unsere Verpflegung, die wir in einem Deckungsloch aufbewahrt hatten, war natürlich futsch, denn zwei Deckungslöcher waren im Bombentrichter verschwunden. Als erstes wurden die Sfl. freigeschaufelt, damit wir wieder einsatzbereit waren. In der Frühe des 5. Juni war auch das geschafft und der Zugführer konnte uns wieder einsatzfähig melden. An diesem Tag erfolgte kein Angriff mehr.

6. Juni 1944. Es war noch finstere Nacht und sehr frisch, als ein Kradmelder den Befehl zum sofortigen Stellungswechsel überbrachte. Am Ortsausgang sollten wir in Deckung gehen und weitere Befehle abwarten. Es sickerte durch, daß die Alliierten an der Kanalküste gelandet seien. Schnell wurde alles verpackt, die Geschützführer konnten dem Zugführer Marschbereitschaft melden. Wir waren zwar auch fertig, hatten aber keinen Fahrer für die Sfl. Der Zugführer K. Mange setzte sich dafür ans Lenkrad und fuhr, so gut es ging, den anderen hinterher zum Ortsausgang Richtung Les Andeleys, wo die anderen Züge der 4. Batterie an einer Hecke

auf uns warteten. Als alle versammelt waren, setzte sich der Konvoi in Bewegung. Wir fuhren der Batterie hinterher.

Kurz vor Les Andeleys gingen wir in Deckung. Wir vom III. Zug näherten uns der in der Nähe befindlichen Fähre und gingen dort in Stellung. Aus der Deckung heraus fuhren die Fahrzeuge zur Fähre und setzten über, der II. Zug ging auf der anderen Seite in Luftzielstellung. Von jedem Geschütz ging ein Soldat los, um Tarnmaterial zu besorgen. Sie fanden es reichlich an der Uferböschung. Dabei machten wir einen interessanten Fund. In einem Käfig fanden wir eine Brieftaube, die mit einem Fallschirm abgeworfen worden war. Es befanden sich französische Franc und ein Zettel im Käfig. Wir konnten entziffern, daß der Gegner wissen wollte, wo und was sich bei uns abspielte, welche Truppenbewegungen es gab. Besonderen Wert legte man dabei auf Zeitangaben. Wir schickten die Taube mit vielen Grüßen von „Kamerad Pimpelmus" nach drüben zurück. Aus dem kleinen Fallschirm machten wir uns schöne Halstücher. Es wurde gleich noch eine Suchaktion gestartet, ob es weitere Tauben im Käfig gab. Das blieb aber ohne Erfolg.

Wir waren fast den ganzen Tag in dieser Stellung, ab und zu sah man Jabos herumstreichen, aber die Fähre entdeckten sie nicht. Am späten Nachmittag setzten auch wir über, wir hatten das Glück, daß wir nicht gesehen wurden. Einzelne Jabos umkreisten unsere frühere Stellung und den Ort, sie konnten aber wohl nichts mehr finden.

Nach kurzem Halt fuhren wir weiter. Kurz vor Sonnenuntergang erreichten wir Lisieux. Oberhalb des Ortes, in einem Obstgarten, zogen wir unter, um für die anderen Truppenteile die Vormarschstraße freizumachen. Nachts regnete es leicht. Um Mitternacht wurde die Stadt von einem Bomberverband angegriffen. Der Feind kannte die Verkehrsknotenpunkte und bombte darauf los nach dem Motto: „Irgendwas trifft man immer." Kurz nach dem Angriff verließen wir unseren Obstgarten Richtung Caen, mußten aber wieder umkehren, denn es war kein Durchkommen.

7. Juni 1944. Gegen 8 Uhr rollten wir als erste aus dem Obstgarten – unsere Sfl. mit dem Geschützführer am Steuer – wieder heraus. Ein britischer Jagdbomber vom Typ „Typhoon", der seitlich vorbeiflog, wurde nicht weiter beachtet. Auf einmal war die Maschine wieder da und raste im Tiefflug die Straße, die von Lisieux heraufführte, entlang. Ich stand auf der Deichsel des Geschütz-

anhängers, der voll mit Munition, Zelten, der Geschützplane und den Ersatzteilen beladen war. Plötzlich sah ich links und rechts aus den Tragflächen das Mündungsfeuer der Bordwaffen aufblitzen. Mit einem Salto landete ich im Straßengraben, wo schon mehrere Kameraden unserer Einheit Deckung gesucht hatten. So schnell er gekommen war, war der Spuk auch wieder vorbei. Die Bilanz dieses Angriffes war ein Gefallener, ein Schwerverwundeter und zwei Leichtverwundete.

Die Fahrzeuge kamen glimpflich davon. Der Kühler und die vorderen Reifen unserer Sfl. waren zerschossen, sonst gab es nur Blechschaden und Durchschüsse. Nur ein vor uns fahrendes Fahrzeug hatte es richtig erwischt, aber ohne Ausfälle. Die brennende Munition wurde sofort in den Graben geworfen und mit Erde bedeckt. Die Kameraden der anderen beiden Geschütze halfen uns beim Aufräumen. Die Verwundeten wurden umgehend in das nächste Lazarett gebracht. Der gefallene Kamerad, unser K4 Sepp Klotzbücher, wurde zum Troß gebracht. Unsere Sfl. wurde noch in den Obstgarten zurückgezogen, dann zog die Batterie weiter Richtung Caen. Der Geschützführer und ich standen nun allein da mit der durchlöcherten Sfl. und warteten auf Monteure, die sie wieder flottmachen sollten. Um die Mittagszeit kamen zwei Mann von der I-Staffel, um gemeinsam die zerschossenen Teile auszubauen. Den Kühler und die Räder nahmen die Männer mit zurück zum Stützpunkt, um sie dort zu reparieren. Der Geschützführer und ich blieben zurück, wir bewachten abwechselnd die Sfl.

8. Juni 1944. Als die Männer der I-Staffel zurückkamen, brachten sie als dritten Mann einen Fahrer mit. Die Räder waren repariert, der Kühler war geflickt und nur noch halb so groß wie vorher. Die Teile waren bald montiert, gegen 20 Uhr fuhren wir los. Jabo-Gefahr drohte uns zu dieser Zeit nicht mehr, die waren längst zu ihren Stützpunkten in England zurückgekehrt. Eine Gefahr ging jetzt aber von den Partisanen aus, die die Dunkelheit der Nacht zu hinterhältigen Überfällen nutzten. So mußten auch wir unterwegs wegen Partisanentätigkeit anhalten. Ein Untersturmführer gab uns die nötigen Informationen, von wo er beschossen worden war. Mit zwei Rahmen unserer Dreisieben machten wir dem Spuk schnell ein Ende, danach konnte die Kolonne ungehindert weiterfahren. Vor St. Pierre stand eine, mit Bordraketen eines Jabos zusammengeschossene Sfl. vom II. Zug. Es hatte mehrere Tote und Verwundete gegeben.

Der erste Divisionskommandeur, Brigadeführer und Generalmajor der Waffen-SS Fritz Witt, gefallen am 14. Juni 1944 in Venoix/Caen

9. Juni 1944. Gegen 14 Uhr erreichten wir in einem Obstgarten, zwischen Verson und Monen an der Straße N-175, die Sfl. und das vom Zug-Lkw gezogene Geschütz unseres III. Zuges. Unsere Sfl. wurde in einer Heckenreihe, im Abstand von drei Metern von der Straße, eingewiesen. Im Garten eines in der Nähe stehenden Einzelhauses biwakierten wir im Geräteschuppen.

14. Juni 1944. An diesem Tag kam die Nachricht durch, daß unser Divisionskommandeur, SS-Brigadeführer Fritz Witt, vor seinem Gefechtsstand in Vernoix gefallen war. Er hatte bei einem Artillerieüberfall zuerst

Das Grab von Brigadeführer Fritz Witt im Park des Château de la Guillerie in Tillières-sur-Avre im Juni 1944

an seine Soldaten gedacht und sie in die Deckungslöcher gescheucht. Als er selbst in Deckung gehen wollte, schlug eine Granate vor ihm ein und tötete ihn auf der Stelle.

Bis zum 26. Juni blieben wir in dieser Stellung und bekämpften hauptsächlich Tiefflieger, die in Staffeln zu je vier Maschinen, mit Raketen bestückt, die Gegend unsicher machten. Auf der N-175, die im Abwehrbereich unserer Geschütze lag, wurde trotz regem Verkehr kein Fahrzeug zusammengeschossen. Wir hielten den Himmel sauber. Der Verbrauch an Munition, der täglich zwischen 60 bis 90 Schuß je Geschütz betrug, war enorm.

20. Juni 1944. Vom wolkenverhangenen Himmel kamen „Marauder“ und bombardierten die am Flugplatz Carpiquet stehende 8,8-cm-Batterie. Wir ballerten los, plötzlich ein Krachen, stechender Schmerz im Gesicht und ein Stück vom Geschützrohr lag fünf Meter hinter uns: Rohrkrepierer. Wir hatten dabei Glück gehabt, daß niemand verletzt wurde, denn Frühkrepierer gab es öfter und nicht jeder lief so glimpflich ab.

26. Juni 1944. Wir verlegten zum Flugplatzrand. Unser Zugführer wurde beim Troß verwundet. Die neue Stellung lag den ganzen Tag unter Ari-Feuer, besonders das Gebäude der Flugleitung wurde immer wieder beharkt. Auch das Kloster Ardenne lag unter Dauerfeuer.

28. Juni 1944. In der Nacht wurde Stellungswechsel befohlen. Auf der Straße hinter Verson kamen uns Panzerverbände der 21. Panzer-Division entgegen. Über die Eisenbahnbrücke bei Caen überquerten wir die Orne.

29. Juni bis 8. Juli 1944. Im Flakschutzeinsatz am Stadtrand von Caen, Fleury und May sur Orne, am Schulhofrand, oberhalb der Orne. Den Großangriff der Bomber auf Caen, der zur Aufgabe der Stadt führte, erlebten wir an der N-162. Wir jagten den vor uns zum Abflug wendenden „Halifax“- und „Lancaster“-Bombern 293 Schuß entgegen, erzielten damit manchen Treffer. Einige Feindmaschinen sahen wir danach abstürzen. Die Verbände wendeten hinter uns und beschossen uns auf dem Rückflug noch mit ihren Bordwaffen.

9. Juli 1944. Am Morgen stellten wir fest, daß unser Waffengehäuse einen Sprung hatte. Bei der hohen Schußfolge wäre es unbedingt erforderlich gewesen, unser Ersatzrohr zu verwenden. Wir gaben die restliche Munition an die anderen Geschütze ab, die – bedingt durch den enormen Verbrauch – kaum noch Munition

Zufahrt zum Gutshof des ehemaligen Klosters Ardenne nordwestlich von Caen im Juni/Juli 1944: Ein getarnter Volkswagen passiert den Posten, auf dem rechten Kotflügel das Divisionserkennungszeichen, neben dem linken der Tarnscheinwerfer.

hatten. Wir kehrten mit unserer Sfl. zum Troß zurück, der auf einem Gehöft in Bretteville sur Laize untergezogen war. Für mich war das eine Erleichterung, denn ich hatte schon seit Tagen einen taubeneigroßen Abszeß am Kopf, der mir große Schmerzen verursachte.

12. Juli 1944. Da es in der Gefechtsbatterie Ausfälle gegeben hatte, fuhr ich mit dem Verpflegungswagen wieder nach vorne. Ich kam zur Sfl. von Uscha. Gerth vom III. Zug. Auf den Anhöhen bei Bourguèbres waren die verlustgeschwächten Züge unserer Batterie auseinandergezogen in Stellung gegangen. Schon nach wenigen Tagen verlegte man uns Richtung Vimont–Moult. Bei Airan le Ruel–Cesny aux Vignes waren unsere Einheiten zur Abwehr der in Massen auftretenden Jabos eingesetzt. Die Bomberverbände bombten zur gleichen Zeit die HKL zusammen. Jede Bereitstellung wurde mit einem Bombenhagel eingedeckt. Bewegungen auf den Straßen zogen sofort einen Schwarm Jabos an, die dann mit Raketen, Bomben und Bordwaffen alles plattmachten. Wir hatten

dabei Glück, daß wir ungeschoren davonkamen, denn die Ari beharkte ständig die in der Nähe liegenden Gefechtsstände und uns natürlich auch. Wenn die Ari farbige Rauchzeichen schoß, dann kamen die Jabos aus allen Richtungen, um sich auf ihre Opfer zu stürzen. Wir bereiteten ihnen aber immer einen heißen Empfang und schossen nicht wenige von ihnen ab.

Ende Juli verlegten wir über Fierville–St. Silvain an die Bahnlinie bei Grainville. In den ersten Augusttagen versuchten die Engländer mit allen Kräften, die Front zum Einsturz zu bringen. Mit einem nicht endenwollenden Trommelfeuer aller Waffen und mit Bombenangriffen aus der Luft wollten sie die deutschen Verteidiger niederwalzen. Bei Nacht war die vor uns liegende Front eine glühende Wand, tagsüber erstickten Jabos und Bomber jede Truppenbewegung im Keim.

Auch wir mußten weiter zurück. Der Druck des Feindes verstärkte sich von Tag zu Tag. Viel zu lange, als vom alliierten Oberkommando geplant, lagen die englischen und kanadischen Verbände in diesem Raum fest. Es gelang ihnen nicht, den Verteidigungsriegel der deutschen Verbände zu durchbrechen. Zwischen Soumont-Saint-Quentin und Olendon wurde unser letzter Zugführer, Ustuf. Cernyk, verwundet. Wir blieben vorläufig in unserer Stellung und brauchten nicht nach vorne zu fahren. Wie wir erfahren mußten, bestand die Batterie nur noch aus vier einsatzfähigen Sfl.

16. August 1944. An diesem Tag wurde unser Verpflegungswagen bei Barou en Auge von den Kanadiern geschnappt. Er war wohl bei dem Durcheinander zwischen die Fronten geraten. Wir lagen zwischen Damblainville und Beaumais, als wir erfuhren, daß wir vermutlich eingeschlossen waren. Es ging weiter zurück, Richtung Südosten. Der Gegner hatte den Kessel fast geschlossen, nur noch wenige Lücken blieben uns, der Gefangenschaft zu entkommen.

18. August 1944. Wir lagen auf einem Höhengelände, vor uns kämpfte die Infanterie. Die Ari haute mächtig in deren Stellungen, auch die Jabos waren besonders giftig. Abends kam der Absetzbefehl. Bei Nacht verließen wir unsere Höhenstellung und befanden uns wenig später südöstlich von Trun. Während einer Pause stießen wir auf eine Kolonne, besser gesagt, auf das, was von ihr noch übrig war, sie war entweder von Jabos oder Ari zusammengeschossen worden. Ein Anblick des Grauens und für uns ein Vorgeschmack auf das, was uns noch bevorstand.

19. August 1944. Wir kamen auf die Straße Trun–Chambois. Ein trostloses Bild bot sich uns, Fahrzeug an Fahrzeug, Geschütze, dazwischen die Leiber toter Pferde, die Bäuche von der Hitze aufgedunsen. Ein fürchterlicher Gestank von verbrannten Fahrzeugen und Fleisch lag über dieser Stätte. Und immer wieder schlugen Granaten in dieses Chaos ein. Die apokalyptischen Reiter waren hier über das Schlachtfeld gerast, die Geschichtsschreiber nannten es später den Korridor des Todes. Vor Moissy, einer Häusergruppe zwischen Lampert sur Dive und Chambois, verließen wir die Straße in südöstlicher Richtung und fuhren querfeldein. Auf dieser Fahrt wurden unsere vier Sfl. angehalten und erhielten den Befehl, in einer Senke in einer Gebüschgruppe in Deckung zu gehen. Die Bedienungen mußten absitzen und einen Infanterieangriff abwehren. Als Pistolenträger kam ich nicht zum Einsatz. Es ist mir heute noch ein Rätsel, warum die Dreisieben nicht in den Kampf eingriffen. Vermutlich, damit die Engländer nicht Luftunterstützung anfordern und den ganzen Verband zusammenbomben konnten. Bei diesem Abwehrkampf wurde ein Kamerad durch einen Hodenschuß verwundet. Er hatte fürchterliche Schmerzen, aber ein Lazarett oder Verbandplatz war in diesem Hexenkessel nicht zu finden.

Wir fuhren weiter und stießen nach etwa 500 Metern Strecke auf den Abteilungs-Kommandeur unserer Flak-Abteilung, Sturmbannführer Rudolf Fend. Sein Adjutant, ein Untersturmführer, stieg zu uns ins gepanzerte Fahrerhaus. Fend befahl: „Fertigmachen zum Nahkampf!" Die zwei Kameraden S. und P. befanden sich hinter dem Schutzschild auf dem Kotflügel, der Geschützführer G. auf dem Richtsitz. Der Adjutant machte Zielanweisung und ich den Ladekanonier. Nach sechs oder sieben Rahmen hatten wir einen Hülsenklemmer. In der Ausbildung hatten wir gelernt, daß man mit zwei Mann und dem Seil den Verschluß zurückziehen sollte. Allein bringt man den Verschluß kaum zurück. Ich versuchte es trotzdem. Ich setzte mich auf das Rohrgehäuse, stemmte mich mit dem Rücken gegen den Schutzschild und drückte so den Verschluß zurück, die Hülse fiel heraus. Sofort wurde weitergeschossen. Mein Jackenärmel hatte mehrere Durchschüsse. Ich blieb vorsichtshalber in gedeckter Stellung. Auf der Straße, es dürfte die D-16 von Chambois nach Vimoutiers gewesen sein, haute die Ari pausenlos in die zurückflutenden Verbände hinein. Bespannte schwere Ari-Batterien, die Geschütze wurden von sechs Pferden gezogen, wurden ohne Erbarmen zusammengeschossen. Man hatte den Eindruck, der Gegner hatte dieses Schlupfloch gelassen, um uns so besser dezimieren zu können. Ein toter deutscher Soldat war in den Augen des Gegners eben mehr wert als ein Gefangener.

Wie schon erwähnt, hatten wir mit unserer geländegängigen Sfl. die Straße verlassen. Nachdem wir den Beschuß eingestellt hatten, laut Adjutant sollten wir Fahrzeuge in Brand geschossen haben, kletterten unsere Landser auf unsere Sfl. Natürlich konnten wir nur einen Teil von ihnen mitnehmen, denn die Feuerbereitschaft mußte auf jeden Fall erhalten bleiben.

Auf der Weiterfahrt stießen wir auf eine weitere Sfl. mit Dreisieben und meinten schon, es wäre eine von unseren. Es stellte sich aber heraus, daß es deutsche Fallschirmjäger waren. Gemeinsam beschossen wir eine „Spitfire", die Aufklärung flog.

Wir erreichten wieder die Straße D-16, die in Richtung Mont Ormel stark anstieg. Auf der Anhöhe angekommen, mußten wir vor der Weiterfahrt erst den Motor abkühlen lassen. Wir warteten auf unsere anderen Sfl., aber es kam keine mehr. Nur unsere SPAs mit der 2-cm-Kanone von der 14. Kompanie/Regiment 26 stießen noch zu uns.

Auf der Straße, 200 Meter von uns entfernt, stand ein brennendes Fahrzeug, an dem man nicht vorbeikam. Wir versuchten, nachdem keine Nachzügler mehr gekommen waren, unterhalb der Straße durch eine Tannenschonung einen Weg zu finden. Da die Tannen nur etwa 80 Zentimeter hoch waren, mußten wir mit den geländegängigen Fahrzeugen doch durchkommen. Mit Abstand wurde losgefahren, zuerst die Fallschirmjäger-Sfl., dann wir und am Ende die drei SPAs mit der 2-cm-Kanone.

Auf der Höhe des brennenden Fahrzeuges wurden wir durch Panzer oder Pak beschossen, deren Geschosse uns aber zum Glück nicht trafen. Wir lenkten die Fahrzeuge, nachdem wir das Hindernis umfahren hatten, zurück auf die Straße. Wir passierten einige Gehöfte, wahrscheinlich die Ortschaft La Bruyere-Fresnay. Hier ergab sich die Möglichkeit, unseren Verwundeten Kameraden Uher den Fallschirmjägern zu übergeben, die ihn zum Verbandplatz bringen wollten. Wir wollten auf die anderen Sfl. warten, die wir vor der Anhöhe bei Mont Ormel verloren hatten. Wir warteten bis zum Abend, aber es gab kaum Verkehr auf der Straße und so fuhren wir bei Dunkelheit weiter Richtung Seine.

In Fresnay le Samson – wir fuhren auf der D-242 – trafen wir auf 8,8-cm-Geschütze und Fahrzeuge unserer Flak-Abteilung. Abwechselnd postierten wir uns auf den Kotflügeln, um unseren Fahrer, den Kameraden Else, einzuweisen, damit wir nicht den Anschluß an die Kolonne verpaßten. Beim Hellwerden kamen wir durch Orbec und Bernay, erreichten ohne Störungen am 20. August den Troß in Louviers. Hier schloß sich der Kreis, denn nur 30 Kilometer von Louviers entfernt, in Vernon, hatte unser Kriegsabenteuer begonnen.

Beim Troß herrschte eine gedrückte Stimmung, zu viele Kameraden waren nicht aus den Kämpfen an der Invasionsfront zurückgekommen. Manch einer stellte sich die Frage im Geheimen, ob wir diesen Krieg noch gewinnen konnten. Wie groß die Übermacht der Alliierten war, hatten wir ja gerade erfahren müssen. Noch lag die Seine vor uns und wir erinnerten uns an die Worte von Generalfeldmarschall Rommel, wie wichtig die Seine-Brücken für uns seien.

Hatten wir bis dahin nur an den Nachschub, von Ost nach West, gedacht, so stellte sich jetzt die Frage, wie kommen wir hinüber, von West nach Ost? Die Pioniere hatten mehrere Pontonbrücken über den Fluß gebaut. Bei Nacht rollte der Verkehr. Am Tag wurden die Mittelteile der Brücke ausgeschwommen. So konnten die Jabos diesen wichtigen Rückzugsweg nicht zerstören.

Am 22. August sollten wir die Pontonbrücke überqueren. Vorher mußten wir in anderthalbstündiger harter Arbeit einen auf der Auffahrtsrampe liegenden Generalsbus entfernen. Mit Seilwinden und Hubzug machten wir die blockierte Auffahrt wieder frei. Inzwischen hatte sich auf der westlichen Seite eine kilometerlange Fahrzeugschlange gebildet. Hätten die Fahrzeuge nicht bis zum Morgengrauen die Seine überquert, wären sie bei Tagesanbruch ein Opfer der Jabos geworden.

Durch das nordöstliche Frankreich, vorbei an altbekannten Kriegsschauplätzen des Ersten Weltkriegs, erreichten wir die belgische Grenze. Unterwegs wurden von Angehörigen der Batterie (I-Staffel) oder anderen zwei 2-cm-Vierling- und eine 3,7-cm-Flak vereinnahmt. Ein Vierling war auf einem Sd.Kfz. 7/2 montiert, es handelte sich vermutlich vorher um eine 3,7-cm-Sfl. Die anderen beiden Geschütze waren auf Anhängerfahrgestelle installiert.

1. September 1944. Bei Philippeville durchfuhren wir ein Waldgebiet. Es bot uns ein wenig Schutz vor den überall herumschwirrenden Jabos. Das erste Fahrzeug unserer Kolonne, ein Lkw, der

unter anderem mit 2-cm-Munition beladen war, hatte den Küchenanhänger im Schlepp. Auf ihm befand sich ein französisches Ehepaar mit Tochter. Diese Familie hatte bei den notwendigen Haltepausen für unser leibliches Wohl gesorgt. Als der Lkw mit dem Küchenanhänger nun als erster den schützenden Wald verließ, wurde er sofort von den Jabos erspäht. Gleich mehrere von ihnen stürzten sich auf das Gespann und schossen es zusammen. Der Rest der Batterie war zu diesem Zeitpunkt noch im Schutz der Bäume und mußte hilflos mitansehen, wie die Kameraden in Deckung sprangen. Etwa 120 Meter von uns entfernt entdeckte ich einen Feldflugplatz mit abgestellten Me 109 vom Jagdgeschwader 6 „Horst Wessel". Wir gaben dem Wachtposten Bescheid und baten um die Versorgung unserer Verwundeten durch das flugplatzeigene Sanitätspersonal. Die Sanis erschienen auch bald darauf und versorgten die Verwundeten. Die gefallenen Kameraden wurden in einem nahegelegenen Schloßgarten beigesetzt. Die Batterie zog am Nachmittag weiter. Mit fünf Mann blieben wir am Ortsrand mit der Dreisieben zurück, für die kein Zugfahrzeug vorhanden war. Am anderen Tag sollten wir nachgeholt werden.

2. September 1944. Am Vormittag kam dann der Lkw, mit dabei der Schirrmeister Novak und Renneberg. Wir hängten die Dreisieben an und fuhren zu einem ausgebrannten Lkw. Dort bauten wir die Hinterachse und noch weitere gute Teile aus und verluden sie auf unser Fahrzeug. Unbelästigt von Jabos trafen wir bei der Batterie ein, die im Wasserschloß Dhuy untergezogen war. Wir übernachteten im Schloß, hatten zwar ein Dach über dem Kopf, mußten aber auf dem Fußboden schlafen, Betten standen für uns nicht zur Verfügung.

3. September 1944. Am anderen Morgen bekamen wir vom Batteriechef den Befehl, unsere drei 3,7-cm-Sfl. für einen neuen Einsatz bei einer Kampfgruppe klarzumachen. Das war auch bald gemacht und dem Chef wurde Einsatzbereitschaft gemeldet. Die Dreisieben von Gustav Hoffmann war defekt, und so fuhr er mit der Sfl. zu einem Güterbahnhof, um auf einer Verladerampe das 3,7-cm-Geschütz gegen eine erbeutete 2-cm-Vierlingflak zu tauschen. Zu diesem Zeitpunkt war der Uscha. Helmut Wedler Geschützführer, die Kameraden Frings, Keck und Breit Geschützbedienung, die anderen Namen sind leider nicht mehr festzustellen. Mit dieser Besatzung ging er dann in den Einsatz.

Panzergrenadiere mit 2-cm-Flak marschieren ins Gelände.

Scharfschießen des 2-cm-Flakzuges

Unsere drei Sfl. kamen nicht zum Einsatz und blieben weiter bei der Batterie. Die Fahrt ging durch Naumur. Mit schußbereitem Karabiner achteten wir besonders auf Dächer und Dachluken, um gegen Überraschungen durch Heckenschützen gewappnet zu sein. Aber wir kamen ohne Belästigung durch die Stadt.

Auf einem Gutshof kurz hinter Naumur zogen wir unter. In den Fahrpausen wurde die nähere Umgebung erkundet, denn warum sollte man dem nachfolgenden Gegner etwas überlassen, was man auch selbst gebrauchen konnte. So entdeckten Batterie-Kameraden auf dem Güterbahnhof in Namur unter anderem eine große Anzahl Pistolen, die sie für uns natürlich mitgehen ließen. Nachdem dies bekannt geworden war, traten die neuen Uschas, die von der Luftwaffe zu uns gekommen waren, in Aktion und konfiszierten die schönen Waffen. Nach einem weiteren Stellungswechsel ins belgisch-deutsche Grenzgebiet trafen wir auch auf die Reste unsere Flak-Abteilung.

7. September 1944. Bei einem Stellungswechsel am Abend bekamen wir eine 8,8-cm-Flak angehängt, und weiter ging es Richtung Aachen. Es blieb nicht aus, daß wir mit unserem überladenen Gespann – Fahrer war Helmut Gerhard – das Schlußlicht der Batterie machten.

8. September 1944. Bei Tagesanbruch suchten wir im zerbombten und wie ausgestorben wirkenden Aachen die Ausfahrt nach Stolberg. Über Eschweiler, Düren und Euskirchen fuhren wir tiefer ins Reichsgebiet. Auf der Fahrt durch die Orte sahen die Bewohner uns Flaksoldaten vorwurfsvoll an. „Seid ihr nicht dafür da, uns die Feindbomber vom Leib zu halten?“, konnte man in ihren Gesichtern lesen. Man konnte ihnen diese stummen Vorwürfe nicht einmal übelnehmen, denn von ihrem Standpunkt aus hatten sie recht. Anders die Kinder, sie winkten uns freundlich zu, was unsere Stimmung wieder etwas anhob. Wir warfen den Kindern Bonbons zu, die wir in einem zur Räumung freigegebenen Verpflegungslager in größeren Dosen organisiert hatten. Für die Kinder war das ein freudiges Ereignis, denn im fünften Kriegsjahr waren Süßigkeiten Mangelware, und viele Kinder hatte wohl schon lange keine süßen Leckereien mehr gesehen.

In Euskirchen war Fliegeralarm. Die Gespanne zogen auseinander und gingen in Deckung. Nach der Entwarnung ging es über den Rheinsbach weiter. Hinter dem Ort, beiderseits der Straße, standen getarnt einige Stukas vom Typ Junkers Ju 87. Die Straße diente der Luftwaffe wohl als Start- und Landebahn. Am Abend zogen wir in einem Bauerngasthaus bei Altendorf unter. Natürlich nachdem wir unsere Fahrzeuge gut getarnt hatten.

9. September 1944. Wir waren am frühen Morgen gerade dabei, unsere im Versteck getarnten Gespanne zusammenzustellen, als es Fliegeralarm gab. Von unserem Standort konnten wir beobachten, wie Jabos den Feldflugplatz an der Straße zwischen Rheinsbach und Altendorf und die dort stehenden Ju 87 angriffen und zusammenbombten. Der Spuk dauerte nur wenige Minuten, und schon hatte die deutsche Luftwaffe eine Anzahl Maschinen weniger. Nach der Entwarnung fuhren wir weiter ins Ahrtal. In Löhndorf gaben wir die Achtacht ab. Wir fuhren weiter nach Sinzig am Rhein. Von dort ging es hoch zu dem kleinen Ort Koisdorf. Wir erreichten den Ort an einem sonnigen Samstag bei herrlichem Spätsommerwetter.

Von den umstehenden Kameraden erfuhren wir Näheres. Der UvD wollte uns die Schule als Quartier zuweisen, aber ich war schneller und hatte mir bei Bauer Ockenfeld schon ein Privatquartier besorgt. Als der UvD dort auftauchte, um mich wieder auszuquartieren, fertigte ihn der Bauer kurzerhand ab. Am nächsten Tag, ein Sonntag, gingen unsere drei Sfl. oberhalb vom Ort zwischen Obstbäumen in Stellung. Einige Male bekamen wir auch Feuererlaubnis auf Jabos, die sich in der Nähe herumtummelten. Erfolg konnten wir keinen beobachten.

Bei Nacht mußten wir ab und zu Telefonwache in einer Flugmeldebaracke der Reichsluftverteidigung schieben. Es war sehr interessant, wenn Luftwarnmeldungen über einfliegende Bomberströme durchgegeben wurden, und wir bekamen mit, wo der Bombentod in dieser Nacht seine Opfer suchte. Von unseren Geschützen aus konnten wir beobachten, wenn von der anderen Rheinseite, im Siebengebirge, wieder eine V2-Rakete abgefeuert wurde. Uns überkam dann ein Gefühl der Genugtuung, es den Gegnern einmal mit gleicher Münze heimzahlen zu können. Aber dieser sehr spärliche Beschuß konnte nicht dieselbe Wirkung haben wie die dauernden Luftbombardements der Feinde.

20. September 1944. Wir brachen unsere Zelte auf der Anhöhe über Koisdorf ab und verluden am anderen Tag in Sinzig mit unbekanntem Ziel. Der Rhein wurde überquert, wir hielten in Arnsberg/Westfalen ohne auszuladen. Dann ging die Fahrt weiter in den süddeutschen Raum.

25. September 1944. Da die dringend notwendige Auffrischung der Division „Hitlerjugend“ im französisch/belgischen Grenzgebiet infolge des schnellen Vormarsches der Alliierten nicht mehr möglich war, wurden die Einheiten vorerst auf deutsches Gebiet zurückverlegt. Bevor eine endgültige Entscheidung getroffen wurde, lag die Flak-Abteilung im schwäbischen Unterland. Wir lagen in Möckmühl und in Leibenstadt.

27. September bis 30. September 1944. Ich konnte mit Wilhelm Alt eine Dienstreise nach Hause machen. Nach unserer Rückkehr nach Leibenstadt mußten wir am 30. September, ein Samstag, in den kleinen Nebenort Korb umquartieren. Hier war die Gefechtsbatterie mit 23 Mann und der einzigen Dreisieben auf Sonderanhänger untergebracht. Mit Bruno Welisch war ich zu der Zeit im selben Zimmer untergebracht. Morgens war kein großer Dienstbetrieb, mittags half man dem Hausherrn bei der Kartoffel- oder Obsternte. Wir wurden von ihm für die Hilfe gut mit Naturalien entschädigt.

7. und 8. Oktober 1944. Verlegung nach Seckach zur Verladung auf die Eisenbahn. Der Vierling und die Dreisieben übernahmen den Flakschutz, kamen aber nicht zum Einsatz. Großes Rätselraten, wohin die Reise wohl gehen würde. Was wir einfachen Soldaten nicht wußten: Die Division sollte im Raum westliches Niedersachsen, südliches Oldenburg und nördliches Westfalen neu aufgestellt werden.

11. Oktober 1944. Im Fußmarsch erreichten wir unser neues Quartier. In dem weit zerstreuten Bauerndorf Rathlosen zogen wir unter. Nach und nach kam Ersatz, teils ältere Luftwaffensoldaten aus der „Hermann-Göring-Spende“, teils junge Burschen, gerade aus der Schule entlassen.

Langsam bekamen wir wieder Gefechtsstärke. Die Batterie wurde auf vier Züge erweitert. Da die Züge weit auseinandergezogen untergebracht waren, bekam man vorerst wenig Kontakt untereinander. Ich gehörte weiterhin zum III. Zug als einziger E-Messer. Wir waren auf dem Dachboden der Schule untergebracht.

Auch in dieser Zeit mußte ich mich wieder mit Abszessen herumplagen und machte darum öfter Innendienst. Dem leicht erregbaren Spieß Hauptscharführer Mielke – einer aus der „Hermann-Göring-Spende“ – war das natürlich ein Dorn im Auge und er versuchte, mich mit Spezialaufträgen zu beschäftigen. Aber nicht nur ich zog mir die Aufmerksamkeit des Spießes zu.

Er machte allen Soldaten das Leben schwerer, als es hätte sein müssen. Er war eben kein „Eigengewächs“, kam aus der Luftwaffe, und wußte nichts von der moderneren Menschenführung bei der Waffen-SS, die auf Fürsorge, Vertrauen und Einsicht ins Notwendige baute. Es war bezeichnend, daß er bei Kriegsende nicht mit der Batterie in Gefangenschaft geriet. Er war einfach verschwunden.

Die Ausbildung wurde ohne Geschütze betrieben und war, wie man heute sagen würde, auf Kondition ausgerichtet. Mit anderen Worten, wir wurden mal wieder ständig auf Trab gehalten.

9./10. November 1944. Wir wurden in Barnsdorf auf einen Transportzug verladen. Als Zielort wurde der Raum Neuß–Köln gehandelt. Aber nichts Genaues wußte man nicht.

12. November 1944. Ausladen in Quadrath-Ichendorf. Es wurde eine Feldstellung auf einer Anhöhe zwischen der Bahn und der Straße vom Bahnhof Quadrath und Bergheim bezogen. Hinter der Bahn stand eine kleine Fabrik, seitlich hinter uns lag das Braunkohlerevier Fortuna.

13. November 1944. Wir erhielten neue 3,7-cm-Geschütze, Modell 43. Kleiner und leichter waren die neuen Waffen. Als Zugfahrzeuge bekamen wir neue Ford-V8-Gleiskettenfahrzeuge („Maultier“), die aber noch irgendwo bei der Abteilung standen und uns später zugeführt werden sollten. Von irgendwoher wurden auf Loren Barackenteile angeliefert, die wir auf den Schultern an ihren Aufstellungsort brachten und zum Bau einer weiteren Unterkunft für den III. Zug zusammensetzten.

Die Geschütze hatten jederzeit feuerbereit zu sein und waren im Flakschutz eingesetzt, denn die Front war nur 30 Kilometer entfernt. Wir hörten Tag und Nacht das Wummern der Ari, in der Nacht blitzte es fortwährend am Horizont.

30. November 1944. Erneute Verlegung, diesmal nach Stommeln. Der III. Zug kam in einem großen Gutshof an der Bahnlinie unter. Oberhalb des Gutshofes, auf einer Anhöhe, lagen unsere Dreisieben in Stellung. Auch hier gabs wieder Einsatz gegen Flieger. An klaren Tagen sah man mit dem Fernglas den Kölner Dom.

14. Dezember 1944. Abends Stellungswechsel bei Regen, der in der Nacht in Schnee überging. Am Morgen, als wir zwischen Billig und Euskirchen in Stellung gegangen waren, war der Boden leicht gefroren. Am Spätnachmittag, kurz vor einem erneuten Stellungswechsel, griffen uns P 38 „Lightnings“, alte Bekannte von der

*Fahrzeug Sd.Kfz. 7/2 hier nochmals von der Seite,
von links: Adam Jäger, Megow*

*Uscha H. Scharrer vom II. Zug mit seiner Geschützbedienung
und Fahrer des Sd.Kfz. 7/2 mit aufgebauter 3,7-cm-Flak 37
am Flugplatz von Dreux*

Eine 2-cm-Flak 38 in Stellung

Ein Mittlerer Zugkraftwagen 5 t (Sd.Kfz. 6/2) mit 3,7-cm-Flak 36

Invasionsfront, mit Bomben und Bordwaffen an. Eine 3,7-cm-Flak 43 von unserem III. Zug ging dabei zu Bruch, zum Glück ohne Verluste. Abends ging es weiter mit unbekanntem Ziel.

15. Dezember 1944. In Nettersheim / Eifel, in der Nähe eines Klosters in einem gedeckten Weg, gingen wir mit den Geschützen und Fahrzeugen des III. Zuges von der Straße. Wir übernachteten auf den „Mulis". Am anderen Morgen waren wir alle ganz steifgefroren von der Kälte.

16. Dezember 1944. Vom Chef wurde der Batterie der Aufruf zur Ardennenoffensive verlesen. In dieser Nacht durften wir im Kloster auf dem Boden übernachten, Hauptsache ein Dach über dem Kopf.

17. Dezember 1944. Am Morgen zogen wir los in eine oberhalb von Nettersheim liegende verlassene Flakstellung zum Flakschutz für die auf Stroh in die Bereitstellungsräume fahrenden Fahrzeuge. Wir schliefen mit je vier Mann in den Erdbunkern.

18. Dezember 1944. Wir fuhren zum Einsatz, aber schon nach kurzer Zeit ging es nur mehr im Schritttempo oder auch gar nicht weiter. Es war ein Glück, daß das Wetter keine Jabo-Tätigkeit zuließ. Die Straßen waren völlig verstopft, wir wären eine leichte Beute für jeden Jabo-Angriff gewesen, aber an diesem Tag war der Wettergott mal auf der deutschen Seite. Wir gingen oft seitwärts der Straße in Stellung, um angreifende Jabos abwehren zu können.

24. Dezember 1944. Noch in der Nacht verließen wir unsere Stellungen an der Straße Honsfeld / Belgien. Es war sehr kalt unter einem sternenklaren Himmel. Auf den Feldern links und rechts der Straße lag Schnee. Wir kamen zügig voran und gingen oberhalb von Deidenberg / Belgien auf einer Anhöhe in Stellung. Die Batterie war mit den Zügen weitflächig auseinandergezogen. Bei diesem Flugwetter bleib es nicht aus, daß die Jabos in Schwärmen auftauchten und meinten, alles nachholen zu müssen, was sie bei Schlechtwetter versäumt hatten. Den ganzen Tag waren schwere Bomberverbände in der Luft, die ihre tödliche Fracht mal in der Nähe mal in der Heimat abluden. Dem Abwehrfeuer nach war hier die gesamte Flak-Abteilung 12 im Einsatz. Als die Sonne untergegangen war und es dämmerte – die Jabos hatten längst den Heimflug angetreten –, fingen wir an, in den hartgefrorenen Boden mit Picken kleine Gruben auszuheben, um dort die Heilige Nacht zu verbringen. Auf Holzstangen aufgesteckter Klee sollte dann als Unterlage und auch als Abdeckung dienen. Plötzlich kam ein Kradmelder und holte uns zu einem Bauernhof am Ortsrand,

wo wir unterziehen konnten. Geschütze und Fahrzeuge wurden gut getarnt untergestellt. An diesem Abend gab es die obligate Sonderzuteilung an Marketenderware. Mit mehreren Kameraden machten wir es uns in einer Futterkrippe im Kuhstall bequem. Wenn ich in den Jahren nach dem Krieg die Worte „Krippe und Stall" hörte, dachte ich noch oft an Heiligabend 1944 im stinkenden, aber warmen Kuhstall in Deidenberg / Belgien.

Das Frühjahr 1945 in Ungarn

Nach anfänglichen Erfolgen und dem späteren Abbruch der Ardennenoffensive verlegten Anfang Februar 1945 Teile der 6. Panzerarmee vom westlichen Kriegsschauplatz nach Ungarn. Das I. SS-Panzerkorps, bestehend aus 1. SS-Panzer-Division „Leibstandarte Adolf Hitler" und 12. SS-Panzer-Division „Hitlerjugend", verlegte vom 17. bis 24. Februar 1945 in den Südostraum. Die 4. Batterie war dort zur Luftabwehr eingesetzt und lernte zum ersten Mal die russischen Schlachtflugzeuge vom Typ Iljuschin Il 2 kennen. Zur Bereitstellung der Plattenseeoffensive (Unternehmen „Frühlingserwachen") verlegten Teile der 4. Batterie per Eisenbahntransport von Gran über Komoron in den Raum um Papa, erreichten am 1. März Dáka und wurden in Privatquartieren untergebracht. Hier folgten die Entlausung der Männer und die Instandsetzung von Fahrzeugen und Waffen.

4. März. Abmarsch der Batterie. Unser „Muli" blieb bei Papa-Koviszi wieder stehen. Wurde repariert, danach Weiterfahrt auf einer guten Straße am Plattensee entlang zur Batterie, die schon in Polgárdi war. Es war bei unserer Abfahrt kalt. Mit der Batterie dann Weiterfahrt bis Kisláng.

7. März. Luftzielstellung

9. März. Weiterfahrt in Richtung Dég. Bei einem Gehöft an der Straße in Luftzielstellung gegangen. Um 15 Uhr griffen uns Il 2 an. Durch kurzes gezieltes Feuer wurden die Feindflieger abgedrängt, luden Bomben zwischen den Geschützen ab, beschossen uns mit Bord-MGs. Es gab einige leichte Beschädigungen an Fahrzeugen und einen oder zwei Verwundete. Die Geschütze blieben unversehrt. Wieder Stellungswechsel und Weiterfahrt an brennenden Feindpanzern vom Typ T 34 vorbei nach Dég. Einer oder zwei Lkw fuhren auf Minen und mußten abgeschleppt werden. In Dég

in einem Haus am Boden geschlafen. War erheblich reinlicher hier als in Pápateszér und Dáka.

10. März. Außerhalb Dég die Geschütze eingegraben und Löcher gebuddelt. Wie leicht es dort ging mit dem Eingraben…

11. März. Von den einzelnen Geschützen wurden Kanoniere abgezogen – bei uns traf es Otto Pukat – und gingen mit einer 3,7-cm-Sfl. und erbeuteten Ami-Jeeps zu einem Einsatz. Sie vertrieben im Ort festsitzende Russen und wurden von der ungarischen Bevölkerung herzlich empfangen. Es waren auch Männer von anderen Batterien der Abteilung dabei. Russische Bomber aus US-Produktion vom Typ „Boston" belegten die Stellungen vor Dég.

12. März. Wir verließen Dég und gingen einige Kilometer zurück, um eine Igelstellung auszubauen. Es wurden Geschütze eingegraben, Zugfahrzeuge mit Splitterschutz versehen, mit Maisstroh gut getarnt und Gräben ausgehoben. Von hier aus erlebten wir zum ersten Mal einen eigenen Jabo-Angriff von etwa 30–40 Maschinen vom Typ Focke-Wulf Fw 190 auf einen Höhenzug einige Kilometer vor uns am Sio-Kanal bei der Stadt Simontornya.

16. März. Am Abend wurde überraschend Abmarsch befohlen. Wir fuhren kurz vor Mitternacht weg und kamen in Richtung Stuhlweißenburg gut voran. Doch bald bildeten sich wieder kilometerlange Kolonnen.

17. März. Wir trafen bis zur Dämmerung nach und nach auf einem Flugplatz bei Seregélyes ein. Die Geschütze gingen in Stellung, die Fahrzeuge wurden in Flugzeugboxen untergebracht. Einige von uns schliefen in Splittergräben. Der Iwan feuerte mit Ari auf den Flugplatz.

18. März. Wir verließen am Morgen den Flugplatz und gingen ein paar Kilometer zurück zu einer kleinen Erhebung, gruben die Geschütze am Vorderhang, die Fahrzeuge am Hinterhang ein, bauten gute Sicherungen auf, aber es kamen nur wenige von uns zum Schlafen. Mein Bruder hatte heute Konfirmation, daher dachte ich an zu Hause. Außer Kampflärm war in der Nacht nichts los.

19. März. Am Vormittag kam der Absetzbefehl. Wir fuhren auf Nebenwegen zur Straße, die nach Várpalota führte und gut ausgebaut war. Unterwegs mußten wir kurz von der Straße. Mehrere Il 2 griffen die Kolonnen mit Bomben und Bordwaffen an. Die Amis und Tommys flogen immer die Straße entlang, der Iwan aber quer, hat somit nur geringe Treffererfolge. Kurz vor Várpalota gingen wir von der Hauptstraße runter und durch eine Panzerbereit-

stellung in Obstgärten Richtung Szápár. Es ging sehr langsam voran. Vor uns sollte eine 25 Kilometer lange Fahrzeugkolonne unterwegs sein. Gegen Abend, kurz vor Szápár auf einer Anhöhe, gingen wir in Stellung. An der Straße stand ein Schafstall. Für ein paar Stunden kam der größte Teil von uns hier zum Schlafen. Der Rest lag bei den Fahrzeugen und Geschützen.

20. März. Die Geschütze wurden eingegraben. Die Fahrzeuge des III. Zuges (Ford „Muli") wurden im nahen Weinberg mit Splitterschutz versehen und natürlich so gut wie möglich getarnt. Hinter uns lag eine 8,8-cm-Batterie der Flak-Abteilung. Unter und hinter uns verlief die Straße. Vor den Geschützen erstreckte sich eine leicht abfallende Senke mit einem schwach bewaldeten Anstieg mit einem Höhenzug, der nach rechts in die Weinberge überging. Auf der anderen Seite war es so ähnlich wie auf unserer Seite. Hinter dem vor uns liegenden Höhenzug standen Häuser. Um die Mittagszeit wurden von den wenigen Geschützen die meisten Männer abgezogen. Wir waren gerade dabei, unsere Sachen für den Infanterieeinsatz bereitzulegen, als ein Verband Il 2 unsere beiden Geschütze angreift. Die wenige Munition erlaubte es nicht, auf die Tiefflieger zu feuern. Die hinter uns liegende 8,8-cm-Flak allerdings jagte ein paar Salven in den Verband. Die Il 2 entledigten sich schnell der Bomben und feuerten mit Bord-MGs dazwischen und verschwanden so schnell wie möglich wieder. Den Geschützen und der verbliebenen Mannschaft passierte nichts. Wir selbst nahmen unseren Karabiner 98 k, sonst hatten wir ja nichts, ein paar Spaten und eine oder zwei Panzerfäuste und zogen los. Wir waren 13 bis 15 Mann und ein Unterscharführer. Auf dem Scheitelpunkt der Anhöhe, etwa 500 Meter vor den Geschützen, gruben wir uns ein. Otto Kumm war bei mir. Nachts blieb es ruhig bei uns.

21. März. Am Morgen war Verpflegung gekommen und so gingen wir zu den Geschützen zurück, nahmen unsere Verpflegung zu uns, legten unsere Mäntel ab, denn am Tage wurde es sehr schnell warm. Die Russen mußten über Nacht die oberhalb der Straße liegende Anhöhe besetzt haben. Wir gingen dann, durch ein paar Männer verstärkt, wieder vor. Der Iwan hatte in der Zwischenzeit den anderen Teil der Anhöhe besetzt. Wir versuchten, die Iwans ganz von der Anhöhe zu vertreiben, was leider nicht gelang. Eine Panzerbüchse und einige Gewehre fielen uns in die Hände. Beim weiteren Vorgehen waren einige Verwundete und Gefallene zu beklagen. Unsere

Geschütze konnten uns nicht unterstützen, schossen aber auf die gegenüberliegende Anhöhe, von wo wir starkes Feuer bekamen. Dort waren in Höhe unserer Geschütze oberhalb der Straße zwei Sturmgeschütze aufgefahren, die unter starkem Pak-Beschuß standen, der von den Häusern kam. Die Sturmgeschütze wichen dem Feuer aber geschickt aus und brachten die Pak schnell zum Schweigen. Um die Mittagszeit wurden wir von einem Zug Grenadiere verstärkt, die den Angriff mit uns auch nicht weiter fortsetzten. Am späten Mittag kam eine 3,7-cm-Sfl., die einen kleinen Feuerschlag auf die Iwans losließ, damit wir unsere Gefallenen bergen konnten. Wir selbst wurden dann zurückbeordert zum Stellungswechsel mit unseren Geschützen, und bei Anbruch der Nacht erfolgte der Abmarsch nach Dudar.

22. März. Vor Dudar bauten wir unsere Geschütze an der Straße auf. Am späten Nachmittag gingen wir zurück, vor Zirc gingen wir auf einer kleinen Anhöhe kurz in Stellung und beobachteten das Gelände. Da sahen wir die Iwans, die zu Hunderten unbekümmert rechts von uns in etwa zwei Kilometern Entfernung vorbeigingen. Als es dämmrig wurde, machten wir Stellungswechsel. Hinter Zirc bei Putri Major links der Straße, rund 100 Meter vor einem Wald hinter einer kleinen Erhebung, stießen wir auf 8,8-cm-Flak unserer Abteilung. Ich glaube, es war die 2. Batterie, die dort in Stellung stand. Seitwärts von diesen Geschützen gingen wir in Stellung. In der Zwischenzeit fanden wir ein MG 42 ohne Zweibein. Ich kann es an einer guten Stelle zwischen Steinen in Stellung bringen, denn auf unserem „Muli" haben wir zwei Kästen MG-Munition. In der Nacht waren im Leuchtkugelschein vor uns einige Iwans. Ich hielt mit dem MG dazwischen.

23. März. Die Iwans griffen um 9 Uhr rechts vom Ort an. Unsere beiden Sturmgeschütze zogen vor und deckten die Straße. Über offenes Gelände eröffneten 8,8- und 3,7-cm-Flak das Feuer, wir unterstützten mit MG und Gewehren. Der Iwan blieb liegen und kam nicht weiter. Bald hatten wir unsere 3,7-cm-Munition verschossen. Die Achtacht dagegen verfügte offenbar über größere Vorräte an Munition. Für uns wurde kurz darauf Stellungswechsel befohlen. Wir protzten unsere 3,7-cm-Flak auf und unsere beiden „Mulis" holten uns ab. Wir fuhren die rund 70 Meter zum Waldrand und bogen dort auf die Straße ab, die in den Wald führte. Im Wald wurden wir von einem Ustuf. angehalten und alle außer Fahrer und Geschützführer mußten absitzen. Angehörige der 4. Batterie und

der Flak (vermutlich von der 2. Batterie) warteten schon auf uns. Hinter dem Wald standen Nebel-Werfer, die in die Richtung schossen, aus der wir gekommen waren.

Mit dem Ustuf. zogen wir, mit unseren Karabinern ausgerüstet, seitwärts durch den Wald. Mit einer kleinen Gruppe klärten wir auf, ob auf einer Anhöhe bei einem Bauerngehöft der Iwan saß. Nach vorsichtigem Vorgehen stellten wir fest, daß das Bauerngehöft leer war. Ich fand dort eine deutsche Winterjacke, die ich sofort anzog. Diese Jacke begleitete mich bis zur Entlassung aus der Gefangenschaft. Nach der Feststellung, daß Anhöhe und Bauerngehöft – vermutlich Tündérmajor – feindfrei waren, gingen wir zurück, um die anderen nachzuholen. Einige blieben in Sichtweite des Gehöfts. Wir wurden mit eigenem Ari-Feuer eingedeckt. Die zurückgebliebenen Kameraden entdeckten einen Vorgeschobenen Beobachter, der dann sofort das Feuer einstellen ließ. Der Rest kam nach und wurde um das Bauerngehöft herum in Stellung gebracht. Keiner von uns hatte einen Spaten oder sonstiges zum Eingraben. Unsere Bewaffnung bestand nur aus K 98, für das MG 42 war keine Munition mehr da und so ließ ich es auf dem „Muli".

Am Abend griff der Iwan mit gewaltigem Urääähh-Geschrei dort an, wo wir am Morgen noch in Stellung gelegen hatten. Wir selbst merkten bei uns von dem Angriff nichts. Nach kurzer Zeit erschienen bei uns zwei Sturmgeschütze des Heeres, die uns mitnahmen. Wir kamen ins brennende Penzeskút. In einem noch unversehrten Haus sammelten wir uns und dösten vor uns hin.

24. März. Es dürfte schon nach Mitternacht gewesen sein, als es weiterging. Hinter dem brennenden Ort ging es über Felder bergan zu einem steil ansteigenden Wald. Hier wurden Wachen aufgestellt, der Rest konnte sich schlafen legen. Am Morgen wurden wir auf eine kleine Anhöhe hinter der Ortschaft Penzeskút verlegt, wo inzwischen der Iwan lag. Es ist mir noch in Erinnerung, daß dort auch 8,8- und 3,7-cm-Geschütze im Einsatz waren. Es dürfte um die Mittagszeit gewesen sein, als wir zum Waldrand zurückverlegt wurden. Hier bekam Albert Herzer neben mir von einem Geschoß einen Schlag auf den Brustkorb. Albert hatte Glück, denn es verletzte ihn nicht. Am Waldrand neben der Straße ging man wieder in Stellung. Beim Zurückgehen von der dem Wald vorgelagerten Anhöhe begegnete mir Wilhelm Alt, der vom Wald herkam und wieder auf die Anhöhe wollte. Ich führte mit Wilhelm ein kurzes Gespräch, das das letzte mit ihm sein sollte. Wilhelms

Vater war mein Lehrgeselle während der Berufsausbildung gewesen. Er besuchte mich gleich in den ersten Wochen nach Kriegsende, als ich in Gefangenschaft in Augsburg-Göggingen war. Er glaubte, daß wir von der 4. Batterie alle hier in Gefangenschaft waren. Ich konnte nur von der Verwundung seines Sohnes am Waldrand und von seinem Abtransport in ein Lazarett berichten.

Mit den anderen Kameraden ging ich dann weiter bis kurz vor der aus Zenzeskút kommenden Straße. Dort am Waldrand gingen wir in Deckung. Angeblich sollte auf der anderen Straßenseite unser Sfl. stehen. Ich ging nach Absprache auf die andere Seite, um unsere Sfl. zu suchen, fand aber nichts. Beim Rückweg zu den Unseren wurde ich von einem Oberleutnant einer Ari-Einheit angehalten. Alle meine Einwendungen, daß ich zu meiner Einheit, die auf der anderen Straßenseite etwa 100 Meter weit weg lag, zurückwill, halfen nichts. Er sagte mir, er wisse jetzt, was jenseits der Straße sei, aber ich solle mit noch zwei Mann den rechten Nachbarn suchen, dann dürfe ich wieder zu meiner Einheit zurück.

Mit einem Unteroffizier und noch zwei Mann zogen wir in die angegebene Richtung los. Nach einigen hundert Metern standen wir kurz vor dem Iwan. Ein Sturmmann holte uns zurück, wir waren schon vor der Divisions-Begleit-Kompanie. Dem Ustuf. mußte ich erklären, wie ich zu der Heereseinheit gekommen war. Die drei Heeres-Kameraden wurden zurückgeschickt, und ich blieb vorerst bei der Begleit-Kompanie.

Hinter uns ging ein paarmal der Segen von „Stalinorgeln“ nieder. Wir gingen am Abend gemeinsam zurück in den Vorderhang. Der Iwan war aber schon auf der Straße bei uns vorbei, denn vor uns brannten einige eigene Panzer oder Sturmgeschütze. Wir zogen uns zurück in einen Ort namens Bakonybél. Hier stieß ich auf Angehörige meines III. Zuges: Uscha. Wenninger, Albert Herzer, Jupp Hölscher und andere. Mit denen ging ich mit, um noch auf mehr von uns zu stoßen. Ich war überglücklich, wieder bei den eigenen Kameraden zu sein. Der Iwan war anscheinend in den Ort eingedrungen. Eine leichte Ari-Sfl. kam daher und nahm uns bis hinter dem Ort mit. Hier mußten wir absitzen. Sie sollte uns den Rücken etwas freihalten.

25. März. Wir zogen auf der Straße weiter – auf der öfters Fahrzeuge standen –, um nach längerem Fußmarsch auf den eigenen Haufen zu stoßen. Hier bekamen wir nach langer Zeit wieder warmes Essen. Aufgrund des vollen Bauches und der Wärme in der

Küche war ich auf dem Feuerholz eingeschlafen. Wie lange, weiß ich nicht, denn ich wurde hellwach, als die Küche Beschuß erhielt. Nichts wie raus, dachte ich, und als ich gerade aus der Tür wollte, wurde sie aufgerissen und Karl Veit hineingeschoben. Als ich fragte, was los sei, sagte man mir, der Spuk sei vorbei und ich solle mich um Karl kümmern.

Ich kümmerte mich um Karl, zog ihm den Schuh unter Schmerzen aus. Der Strumpf war voller Blut. Ich zog ihm auch den Strumpf aus und sah die Bescherung: Durchschuß! Ich nahm sein Verbandpäckchen und versorgte die in meinen Augen nicht sehr schlimme Wunde. Beim ersten Zusammentreffen mit ihm 1962 in Bad Kissingen erfuhr ich, wie schwer die Verwundung wirklich gewesen war.

Als die Kolonne wieder zum Stillstand kam, stieg ich aus, um wieder zu den Geschützen zu gehen und erfuhr folgendes: Bei der Durchfahrt durch Koppány war die Kolonne beschossen worden. Durch Gegenangriff wurde der Iwan vertrieben und der Ort erneut besetzt. Auf dem Geschütz lag ein toter Kamerad, ich glaube es war Vulpius, den wir am Abend bei einem Halt auf einem Bauerngehöft beerdigten. Hinter Pápa wurden die Kolonnen von einer Rotte Il 2 angegriffen, wobei einige Männer verwundet wurden. Auf dem Bauernhof kam Ritscher wieder zurück, er hat Karl Veit weggebracht. Weiter ging es über einen Kanal oder Fluß, nicht besonders breit, wo gerade Pioniere die Brücke zum Sprengen vorbereiteten. Die waren jedenfalls ziemlich überrascht, auf uns zu treffen. Damit waren wir aus dem großen Schlamassel der letzten Tage heraus, der sich im Bakony-Waldgebiet abgespielt hatte. Munition hatten wir bis jetzt auch nicht bekommen.

26. bis 28. März. Wir kamen nach Szil und blieben vorerst dort. Hier konnten wir uns Zusatzverpflegung aus einem verlassenen Weinkeller organisieren. Ein Ungar aus dem Ort – der auch ein bißchen vom Vorrat aus dem Weinkeller getrunken hatte – hatte beim Anblick unserer paar Dreisieben gemeint, damit könnte man den Iwan wieder nach Hause jagen. Am anderen Tag ging es abends weiter, um tagsüber wieder unterzuziehen.

29. und 30. März. Vor Sopron wurden am Abend vor der angetretenen Batterie wieder Kameraden zu Kampfgruppen herausgezogen, von denen einige nicht mehr zur Batterie zurückkamen. In dieser Nacht wurde Sopron bombardiert. Abends wurde Stellungswechsel über Sopron zur Reichsgrenze gemacht. An einer

Zuckerfabrik in Klingenbach ging es vorbei nach Siegendorf, wo wir in die mit Panzergräben befestigte Reichsschutzstellung einrücken sollten. Wir blieben zwei Tage in Siegendorf, wo wir uns wieder mal waschen und unsere Klamotten flicken konnten. In Richtung Eisenstadt befand sich ein Flugplatz, wo ich eine Henschel Hs 129 aufsteigen sah. Die Familie, bei der wir einquartiert waren, wollte – wenn wir wegmüßten – mit uns gehen, was wir leider nicht gestatten durften. In der Nacht war Stellungswechsel und die Batterie ging einem neuen Ziel entgegen.

1. April, Ostern. Bei Tag kamen wir in Eisenstadt an und warteten auf unsere Munition. Der größte Teil der Batterie lag in Kleinhöflein. Kurz vor der Mittagszeit waren wir gerade beim Munifassen, als der Iwan in Eisenstadt eindrang. Wir hängten noch einen vollgeladenen Lkw an und fuhren Richtung Wiener Neustadt. So ziemlich am Ende der Stadt wurden wir angehalten und mußten umdrehen, was gar nicht so einfach war mit angehängtem Lkw und unserer 3,7-cm-Flak. Von den Grenadieren und der Feldgendarmerie erfuhren wir, daß der Russe die Straße Richtung Wiener Neustadt bereits abgeriegelt hatte. Nur die einzige Straße über das Leitha-Gebirge war noch frei. Wir fuhren in diese Richtung los. Volkssturm und HJ waren dabei, die vorbereiteten Panzersperren zu schließen, was aber den Iwan nicht lange aufhalten konnte. Die anderen Fahrzeuge waren schon vor uns, wir waren mit unserem Gespann ziemlich langsam.

Bald hinter Eisenstadt führte der Weg über Serpentinen hinauf nach Stotzing und Loretto. Wir waren abgesessen und schoben unser Gespann. An einer Kehre stand eine 7,5-cm-Pak in Feuerstellung. Dort erfuhren wir, daß der Iwan nicht mehr weit weg war. Am höchsten Punkt angekommen, war der „Muli"-Motor im Eimer. Die anderen Fahrzeuge der Batterie waren längst unten in Stotzing angekommen. Eine dort befindliche Zugmaschine zu holen, hätte zu lange gedauert. Eine Gruppe ungarischer Soldaten kam vorbei, die dabei half, den hinter dem „Muli" angehängten Lkw hervorzubringen. Nachdem das geschafft war und er gesteuert ins Tal rollte, kümmerten wir uns um das „Muli". Mit Stangen, Anschieben usw. ging es Zentimeter um Zentimeter vorwärts, bis es möglich war, das Geschütz anzuhängen und mit ein paar richtigen Schubsern ins Tal zu befördern. Mir selbst gelang es nicht, rechtzeitig aufzuspringen und ich mußte ins Tal nach Stotzing hinterhermarschieren. Bei den anderen wieder angekommen, nahm uns eine Zugmaschine und den Lkw ein anderes „Muli" in Schlepp. Nach einer Rast wurden einige Kameraden vom Batteriechef befördert.

2. bis 3. April. Nach einer Nachtfahrt kamen wir durch Vororte von Wien. Bei einem Sägewerk in Gaaden zogen wir unter. Hier machten wir uns mit der I-Staffel daran, unseren „Muli"-Motor auszubauen und zu zerlegen. Mit Schmirgelleinwand wurden Kurbelwelle und Lagerungen bearbeitet, die Lager ausgeschabt und wieder eingebaut, der Motor wieder zusammengebaut. Der Motor lief wieder, wir waren froh. Aber es war ja nur vorläufig, wie sich später zeigen sollte.

4. April. Wir fuhren weiter durch den Wienerwald. Die 3,7-cm-Sfl. bildete den Schluß, dahinter folgte uns der Iwan. Die Straße hinter dem letzten Fahrzeug wurde durch Fällen der Bäume gesperrt. Immer wieder mußte die am Schluß fahrende Sfl. den nachdrängenden Iwan bekämpfen. Es ging über Heiligenkreuz, Alland ins Triestingtal nach Pottenstein. Die einzelnen Geschütze wurden in die für sie vorgesehenen Kampfräume geschickt. Da ich keinem Geschütz fest zugeteilt und Zug-E-Messer war, blieb ich meistens beim Geschütz 2, weil hier Kameraden dienten, die von Anfang an dabei waren. Wir fuhren von Pottenstein den Waldweg in Richtung Bad Vöslau. Am Friedhof vorbei gingen wir an einer Waldschneise am Schwarzen Kreuz, mit Blick auf St. Veit und Leobersdorf – wo auch reger russischer Fahrzeugverkehr herrschte –, am Straßenrand in Stellung.

Von einem dort stehenden Sturmgeschütz und ein paar Mann wurden wir in unsere Aufgabe eingewiesen. Wir sollen mit unserer 3,7-cm-Kanone einen Feuerschlag auf die Stellung der Iwans machen, die links vom Wasserbehälter von St. Veit/Triesting lagen, dann sollten unsere Grenadiere die Iwans aus den Stellungen werfen. Bald darauf wurden die Feindstellungen mit 3,7-cm-Sprenggranaten beschossen. Die Grenadiere warfen die Iwans aus den Stellungen und nisteten sich selbst dort ein. Unser Batteriechef begutachtete am anderen Tag unsere Trefferwirkung. Zwischen dieser Stellung und den nahe gelegenen Haidlhof war vermutlich kein Feind mehr. Das Sturmgeschütz fuhr weg, vermutlich zu dem zwei Kilometer entfernten Haidlhof. Hier war unsere einzige 3,7-cm-Sfl. in Stellung.

5. April. Wir bekamen eine 8,8-cm-Flak des Heeres zur Verstärkung, die in einem Waldausschnitt – mit Blick auf das etwa 400

Meter entfernte St. Veit und in das Hinterland – rund 20 Meter von uns entfernt am Straßenrand in Stellung ging und im Erdkampfeinsatz gegnerische Ziele in Richtung Hirtenberg unter Feuer nahm. Durch meine ständige Beobachtung mit dem E-Meßgerät lieferte ich wertvolle Angaben.

Es war allerhand los beim Iwan. Eisenbahn und Fahrzeuge waren den ganzen Tag zu sehen. Wir selbst kamen mit unserer Dreisieben nicht zum Schuß. Am späten Mittag erhielten wir die Meldung, daß der Iwan sich oberhalb von Pottenstein eingenistet hatte. Ich bekam den Auftrag, mit weiteren vier Mann hinter unserem Geschütz eine Sicherung aufzubauen. Wir hatten seit den Ardennen im III. Zug nur noch zwei Geschütze, aber die überzähligen Männer an den zwei Geschützen verteilt und noch zwei Versprengte aufgenommen. Am Übergang vom Niedrig- auf Hochwald, rund 200 Meter über dem Geschütz, gingen wir in Stellung. Von hier aus hatten wir eine gute Sicht in den leicht abfallenden Hochwald und über Pottenstein. Unsere Ausrüstung bestand nur aus Karabinern k 98. Es war ruhig in der Nacht. Am Tag blieben zwei Männer ständig dort, und ein Kamerad pendelte regelmäßig zwischen Geschütz und Stellung.

6. April. Die Achtacht kam zurück. Sie hatte am Abend noch bei Berndorf einen Feindpanzer abgeschossen und nahm wieder Ziele unter Feuer. In der Nähe beim Wasserbehälter bei St. Veit stand noch ein 2-cm-Vierling von der 4. Batterie. Hier hielten sich auch die Kanoniere auf, die ihre 2-cm-Sfl. auf einer Brücke in Leobersdorf verloren haben. Der Iwan hatte nun die Achtacht entdeckt und beschoß uns mit Pak oder Panzer. Die Achtacht machte Stellungswechsel in den schützenden Wald, wo die Zugmaschine und unser „Muli" an der Straße standen. Auf einmal sahen wir auch noch Il 2 kommen, die aber ihre tödliche Fracht weitab bei Berndorf abluden. Der Beschuß ging ununterbrochen auf die Waldlichtung weiter. Unsere Dreisieben stand gut getarnt am Waldrand, nur das Rohr schaute heraus. Ein Melder brachte die Nachricht, daß wir kurz vor Einbruch der Nacht in Pottenstein sein sollten. Die Achtacht fuhr ab. Zwischen den Einschlägen bereiteten wir den Stellungswechsel vor. Im Liegen protzten wir das Geschütz auf den Anhänger, warteten den nächsten Einschlag ab und rannten zum schützenden Wald. Das „Muli" wartete mit laufendem Motor bereits, wir hängten an und fuhren in den Wald. Der Iwan hatte nichts bemerkt und schoß weiter. Wir beobachteten in ge-

schützter Lage weiter. Die oberhalb liegende Sicherung kam auch zurück. Bei aufkommender Dunkelheit fuhren wir nach Pottenstein. Rechts am Hang, bevor wir nach Pottenstein abbogen, bemerkten wir auch noch Flak. Am Ortsrand mußten wir so lange zwischen den Häusern warten, um erst dann loszufahren, wenn die in geschützter Stellung stehenden Geschütze oberhalb Pottenstein befindliche Iwans unter Feuer nahmen. Wir kamen gut durch und gingen hinter Pottenstein neben der Straße in Stellung.

7. bis 9. April. Wir fuhren weiter zur Batterie über Weißenbach/Triesting und Kaumberg. Dort trafen wir das andere Geschütz unseres III. Zuges, das irgendwo anders im Einsatz gewesen war. Am Abend erhielten wir den neuen Einsatzbefehl und brachen auf. Unser Zugführer Oscha. Wagner war mit dabei. Kurz vor unserem Einsatzort übernachteten wir in einem einzelnen Gasthof an der Straße. Wir hatten Glück, daß die Verlegung etwas länger dauerte.

10. April. Vom Triesting-Tal kommend, erreichten wir über Glashütte und Wöllersdorf den Ort Laaben. Hier wurden wir eingewiesen, und unser Zugführer Oscha. Wagner erhielt den Auftrag, Stellung zu beziehen. Wir fuhren aus dem Dorf heraus, rechts leicht ansteigend, später etwas steiler, Richtung Forsthof, in weiterer Straßenfolge zur nächsten Ortschaft Klausen-Leopoldsdorf. Nach etwa 1,5 Kilometern bogen wir links in einen kleinen Feldweg ein. Wir mußten ein paarmal zurückstoßen, um auf den Weg zum Sattel zu kommen, den wir nach 150 Metern erreichten. Bis zu dem dort liegenden Bauerngehöft waren es dann noch ungefähr 50 Meter. Erst bei meinem Besuch 1983 erfuhr ich die Namen der Bewohner und des Gehöftes: Es war der Stephof. Vor den Gebäuden, feindwärts, befand sich ein großer Nußbaum, unter dem ein 8,8-cm-Flakgeschütz der 2. Batterie getarnt stand, das kurz vor uns in Stellung gebracht worden war. Links unter unserer Stellung und nach rechts verlaufend befand sich ein ansteigender Wald. Unten im Tal lag ein kleiner Ort mit mehrheitlich Bauerngehöften an einer Straße, die von Laaben nach Altlengbach weiterführte. Der Ort Innermanzing-Neustift lag in einer kleinen Senke und konnte vom Stephof nur teilweise eingesehen werden.

Von unserer 4. Batterie kamen noch acht bis zehn Männer, hauptsächlich vom Vierlingszug, zu uns. Erich Wagner war auch dabei, er war E-Messer wie ich und von Anfang an bei den Vierlingen. Erich hatte ich seit der Neuaufstellung in Rathlosen bei Suhlingen nicht mehr gesehen. Diese Gruppe grub sich unterhalb unserer

Stellung, etwa 200 Meter entfernt, als Infanteriesicherung ein. Die Bewaffnung bestand nur aus Karabinern 98 k. Nachdem wir unsere beiden 3,7-cm-Geschütze in Stellung gebracht hatten, nahm ich mein E-Meßgerät. Von der Achtacht bekam ich, auf einem Stativ, ein Flakfernrohr, mit dem man sehr weit sehen konnte und nahm meine Beobachtungen auf. Wir einfachen Soldaten wußten ja nicht, was unsere Aufgabe war, auch nicht, wo der Iwan oder die eigenen Truppen lagen.

Bei meinen Beobachtungen stellte ich bald fest, daß vor Innermanzing-Neustift, links dem Wald zu, ein deutscher Soldat lag und winkte. Es handelte sich um einen Verwundeten. Ich informierte den Zugführer, der den Ustuf. von der Achtacht benachrichtigte, um selbst durchs Flakfernrohr zu sehen. Der Mann lag gemessene 2.300 Meter Luftlinie entfernt von uns. Der Ustuf. und Oscha. Wagner versuchten, die Sicherungsgruppe zu erreichen, damit sie den Mann retten konnten. In der Zwischenzeit war es einem anderen Soldaten aus Innermanzing-Neustift gelungen, dem Iwan zu entkommen. Er nahm den Kameraden auf die Schulter und versuchte, die deutschen Linien zu erreichen. Nach etwa 20 Metern stürzten beide, vermutlich durch Beschuß. Einer konnte sich noch zehn Meter weiterarbeiten, beide lebten noch, denn sie winkten. Die Kameraden der Sicherungsgruppe waren noch nicht vor Ort, als ein Soldat aus dem linken Waldstück kam und auf Innermanzing-Neustift zuging. Seine MPi hatte er umgehängt. Ich erkannte in ihm einen Russen, was die beiden Verwundeten augenscheinlich nicht bemerkt hatten. Der Russe ging auf die beiden zu, gab ihnen Fußtritte und mit zwei Feuerstößen aus seiner Waffe beendete er das Leben unserer verwundeten Kameraden.

Hilflos, ohne eingreifen zu können, mußten wir diesen Mord mit ansehen. In aller Ruhe durchsuchte er die Toten, bevor er weiter seines Weges ging.

Wir wußten jetzt, wo sich der Iwan befand. Wir feuerten ein paar Schuß aus unseren Dreisieben und Achtacht auf den Dorfrand. Die Achtacht schoß mit hochgezogenem Zünder. Ob eine Wirkung erzielt wurde, war nicht zu erkennen. Das Feuer wurde schließlich eingestellt, um eigene Truppen bei der unübersichtlichen Lage nicht zu gefährden.

In den Abendstunden wurde von den rechten Anhöhen, aus den unterhalb des Forsthofes gelegenen Wäldern, russische Verstärkung herangeführt. Sofort nahm die Achtacht den Gegner unter

Feuer. Eine russische Granatwerfergruppe, die in einer Mulde in Stellung ging, wurde im direkten Beschuß vernichtet.

11. April. Trotz unserer Abwehr hatte der Gegner in der Nacht Verstärkung erhalten, denn wir erhielten jetzt Pak-Feuer. Durch intensive Beobachtung wurden die beiden Feind-Geschütze ausgemacht. Eines lag versteckt in einer Buschreihe, hinter Neustift, das andere im Ort hinter einer Hausecke an der Straße. Ein bis zwei Schuß direkt und einer mit hochgezogenem Zünder – und schon war der Spuk vorüber, der Beschuß hörte auf. Beim Treffer in der zweiten Pak konnte man die Geschütztrümmer fliegen sehen.

Um die Mittagszeit ging ein russisches Schützenbataillon auf der Höhe, wo heute die Autobahn verläuft, schön gegliedert Richtung Westen vor. Die Entfernung wurde mit 7.500 Metern ausgemessen. Die Kameraden von der Achtacht warteten so lange, bis die Einheit sich im deckungslosen Gelände befand, dann ging ein Feuerwerk mit hochgezogenen Zündern von Phosphorgranaten nieder. Kaum war der letzte Schuß gefallen, hörte man plötzlich Motorbrummen und wir glaubten schon an einen feindlichen Angriff aus der Luft. Die Kanoniere richteten sofort die Rohre Richtung Motorgebrumm, als in 30 Metern Flughöhe eine deutsche Fw 190 erschien. Die Achtacht gab sofort einen Schuß auf das vorher bekämpfte Ziel ab, aber die Fw 190 reagierte nicht darauf. Vielleicht hatte sie sich verschossen oder kaum noch Sprit, um den Fliegerhorst zu erreichen.

Den letzten Einsatz von etwa 30 Maschinen als Jabos hatten wir in Ungarn am Sio-Kanal beobachtet. Aber seitdem hatte sich viel geändert. Es ging schon auf den Abend zu, als wir in 6.500 Metern Entfernung eine russische Ari-Batterie in Stellung gehen sahen. Die Fahrzeuge fuhren zu einem Bauerngehöft hinter einem kleinen Wald in Deckung. Es handelte sich um vier Geschütze auf Speziallafetten.

Die Kanoniere der Achtacht konnten es kaum erwarten, bis ihnen die Feuererlaubnis erteilt wurde, denn solche Ziele kamen ihnen nicht oft vor die Rohre. Mit Phosphorsprenggranaten wurde die Batterie zusammengeschossen. Anschließend waren die Fahrzeuge an der Reihe und wurden einer nach dem anderen unter Feuer genommen. Durch den lichten Wald sah man sie brennen, eine aufsteigende tiefschwarze Rauchwolke kündete vom Ende dieser Einheit. Das war für den Mord an unseren verwundeten Kameraden, dachten wir erbittert.

12. April. Heute herrschte diesiges Wetter, unterhalb unserer Stellung war keine Kampftätigkeit auszumachen. Trotzdem lagen wir ständig auf der Lauer, um sofort eingreifen zu können. Es war gegen Mittag, als rechts von uns Gefechtslärm aufbrauste. Wir konnten das Gelände nicht einsehen, entdeckten aber Rauchwolken von einem brennenden Gehöft, dessen eine Ecke wir gerade noch erkennen konnten. Von der vor uns liegenden infanteristischen Sicherungsgruppe bekamen wir die schlimme Nachricht, daß ein Granatwerfer durch Volltreffer ausgefallen war. Es gab etliche Verwundete. Die Gruppe wurde herausgelöst und die Verwundeten nach Laaben abtransportiert. Die drei Geschütze erhielten den Befehl zum Stellungswechsel. Die Achtacht baute als erste ab. Mit noch einem Kameraden bekamen wir den Auftrag, den Grenadieren zu melden, daß die Geschütze im Laufe der nächsten halben Stunde verlegt werden sollten. Wir zogen los und stießen gleich in dem rechts von uns liegenden bis ins Tal reichenden Waldstück auf einen Ostuf., der mit seinen Grenadieren gerade von der Talsohle heraufkam. Er sollte mit seinen Männern am übersichtlichen Waldrand eine neue Stellung beziehen. Seine Enttäuschung war offensichtlich, als er von uns erfuhr, daß er keine schweren Waffen mehr hinter sich hatte.

Es wurde bereits dämmrig, als wir uns nun auch nach Laaben absetzten. Wir übernachteten auf der Bühne im Laabner Schulhaus. Zum Schutz der Geschütze, Fahrzeuge und Mannschaften wurden Posten aufgestellt.

Beim Besuch mit den Kameraden auf dem Stephof am 12. Mai 1983 gesellte sich auch die Besitzerin des Hofes zu uns. Sie war etwa gleichaltrig mit uns. Sie bestätigte meine Erinnerungen von damals, obwohl ich mich absichtlich etwas abseits hielt. Als sie ihre Erinnerungen geschildert hatte, sah sie mich, kam auf mich zu und sagte in der Anwesenheit der anderen: „Wenn Sie damals dabei waren, dann sind Sie wohl derjenige, der mich ab und zu in das Gerät hineinschauen ließ, wo man alles so genau sehen konnte, und der mir dieses und jenes erklärte.“ Sie meinte mein E-Meßgerät. Und es stimmte: Wir ließen die Bewohner des Stephofes oft durch unsere Ferngläser schauen, besonders gern die gleichaltrige Tochter des Hofes, die Bäuerin von 1983.

13. April. Bei Tagesanbruch wurden wir auf unserer Schulhaus-Bühne unsanft geweckt. Oberhalb von Laaben bei Hinterholz mußten von unserer Batterie weitere 3,7-cm-Geschütze stehen.

Man hörte deutlich die Abschüsse. Durch ein Fenster sahen wir die Leuchtspurschnüre der Dreisieben, die irgendwo einen Angriff unterstützten oder abwehrten. Der III. Zug machte sich sofort abmarschbereit. Wir verlegten nach dem oberhalb von Laaben liegenden Ort Brand (Laaben). Hier war der Troß der 4. Batterie un-

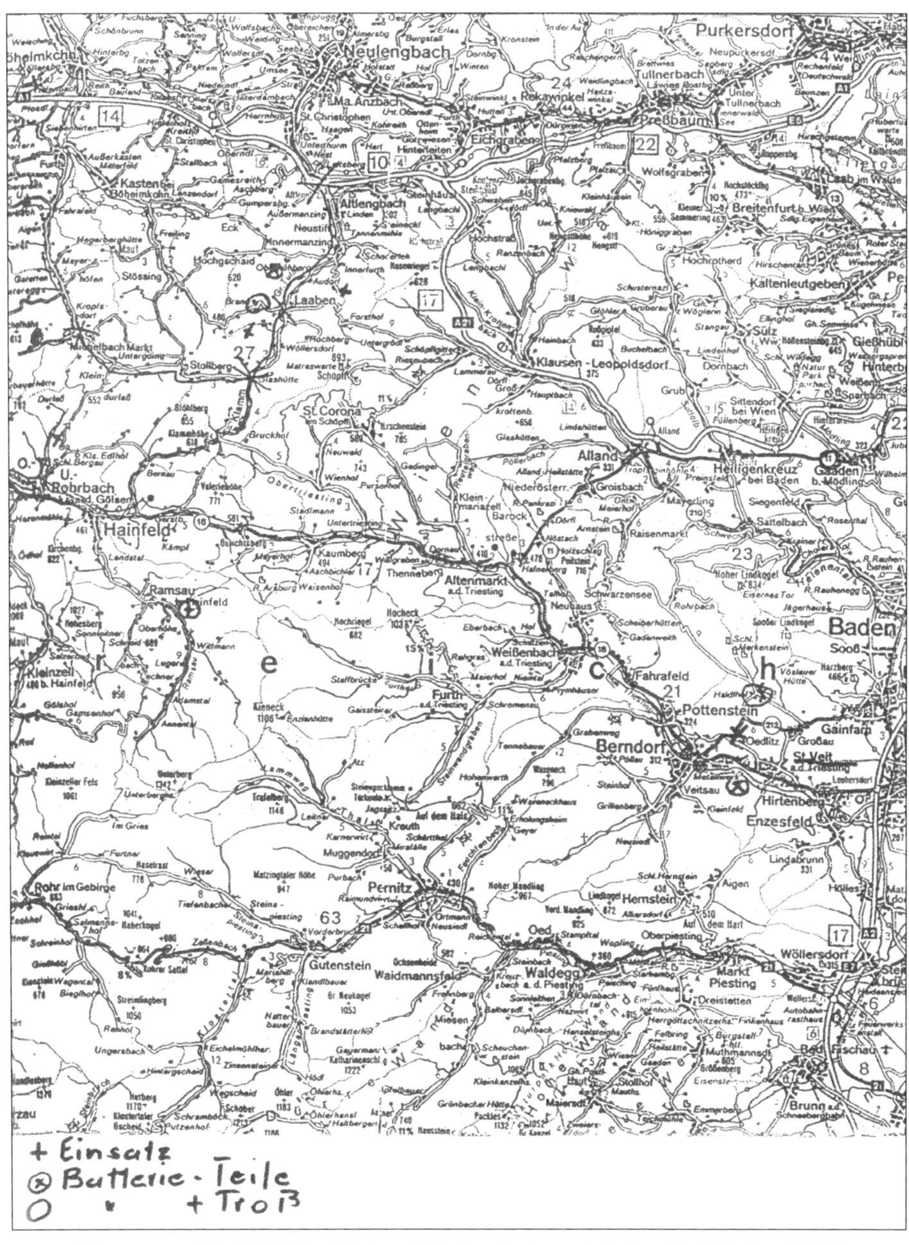

Einsatzgebiet Südöstliches Niederösterreich im Frühjahr 1945

tergezogen. Die Geschütze blieben im Ort. Mit noch einem Kameraden ging ich als Sicherung am Ortsrand, an der Straße nach Laaben, in Stellung. Die anderen Kameraden unseres Zuges wurden an weiteren Punkten als Sicherung eingeteilt. Der Rest blieb als Wachablösung im Ort.

15. April. Der III. Zug verließ mit seinen Fahrzeugen und Geschützen den Batterie-Troß und fuhr über Laaben bis kurz vor Glashütte. Wir bogen rechts auf den Stollberg ab und fuhren über Stössing und Hochgschaid Richtung Eck. Der Ort, obwohl in Sichtweite von Brand, war nur mehr auf diesem Umweg zu erreichen. Unter einer Anhöhe, mit Blick auf Brand, Laaben und die darüber liegenden Anhöhen, gingen wir in Stellung. Die Fahrzeuge wurden etwas abseits, gut getarnt, abgestellt. Die Geschütze wurden in Deckung in Feuerbereitschaft gebracht und gegen Feindeinsicht getarnt. Durch den Granatwerfer-Überfall auf die Sicherungsgruppe waren wir gewarnt und vorsichtiger geworden. Wir gruben uns ein, den Aushub verwendeten wir für den Bau eines Schutzwalls um die Geschütze.

Am Nachmittag kam ein Kradmelder und überbrachte die Nachricht, daß für unseren Gleisketten-Lkw vom Typ „Maultier", im Landserjargon „Muli" genannt, ein neuer Motor gekommen sei. Der Befehl lautete weiter, daß das Fahrzeug mit Geschütz nach Hainfeld fahren sollte, um dort in einer Kfz-Werkstatt den Einbau vornehmen zu lassen. Obwohl ich bei dem zurückgebliebenen Geschütz weiter Dienst hätte machen können, bestand der Zugführer darauf, daß ich mit der Geschützbedienung nach Hainfeld zur Werkstatt fuhr.

Die Reparatur dauerte mehrere Tage, wie lange genau, kann ich nicht mehr sagen. Wir waren in einem kleinen Betrieb, in dem früher Taschenlampenbatterien gefertigt wurden, in der aber nicht mehr gearbeitet wurde. An dem dort vorbeifließenden Flüßchen, der Gölsen, zeigte uns unser Geschützführer Wenninger, wie man den Karabiner halten mußte, um einen Fisch abzuschießen, was ihm auch gelang.

16. April. In einer Gaststätte, wo wir uns bei Freizeit aufhielten, hörten wir im Radio die Verlesung des Tagesbefehls von Adolf Hitler, der in dem Satz gipfelte: „Berlin bleibt deutsch, Wien wird wieder deutsch und Europa wird niemals russisch!" Uns ließ das kalt. Wir waren froh, unsere Haut zu retten und den Russen zu entkommen.

Nach Beendigung der Reparatur wurden wir wieder zum Troß zurückbeordert, der jetzt in Kleinzell lag. Wir waren etwas entfernt vom Troß in einem Bauerngehöft untergezogen. „Muli" und Geschütze standen in der Scheune, wir lagerten in einem Raum daneben. Aus Spritmangel gings nicht weiter. Wo sich die anderen Geschütze unserer Batterie zu dieser Zeit befanden, war uns nicht bekannt. Niemand hatte einen Überblick über die Lage. Einsätze gab es, wie wir später erfuhren, in Oberrohrbach, einem Ortsteil von Rohrbach an der Gölsen. Unsere Selbstfahrlafetten 3,7 cm 43 waren bei Ramsau, 3,5 Kilometer südöstlich von Hainfeld, eingesetzt, die anderen Geschütze sicherlich nicht weit davon entfernt.

25. April. Endlich bekamen wir Sprit und sollten am folgenden Tag zusammen mit dem Troß frühzeitig verlegen.

26. April. Bei trübem Wetter brachen wir auf, später begann es zu regnen. Bei einem Halt in Kleinzell, im Halbachtal, trafen wir auf die anderen Geschütze, die – von Ramsau kommend – an der Einmündung Gütenbach zu uns stießen. Wir setzten die Fahrt fort über Kalte Kuchl, Ochsattel nach Hohenberg. An der Straße oberhalb des Gasthofes Kalte Kuchl sicherte ein Schützenpanzerwagen (SPW) die Straße. Wir blieben eine Nacht in Hohenberg.

Auf der Fahrt ereignete sich bei Adamstal ein tragischer Zwischenfall. Erwin Klingler, ein Kraftfahrer der Abteilung, wurde durch den Sehschlitz seines mit Blech verstärkten Fahrzeugs von einem russischen Scharfschützen, der auf einem Baum saß, tödlich getroffen. Den Leichnam des Gefallenen haben wir bis Kirchberg, das wir am 1. Mai erreichten, mitgenommen und dort bestattet.

27. April. Bei schlechtem Wetter ging es weiter. Über Nebenstraßen erreichten wir Kirchberg / Pielach, wo wir außerhalb des Ortes unsere Viermannzelte aufschlugen und biwakierten. Die Batterie lag in Ruhe. Bei regnerischem Wetter konnten wir sogar das Kino in Kirchberg besuchen. Zur Abteilung kam Ersatz, ich suchte nach eventuell Bekannten. Bei Hainfeld traf ich in einer Grenadier-Kompanie einen Arbeitskollegen, der ein Jahr nach mir die Lehre beendet hatte und nun auch schon Soldat geworden war.

7. Mai. Die Flak-Abteilung erfuhr vom Abteilungskommandeur Dr. Loenicker von der Kapitulation der Wehrmacht. Die im Karree angetretenen Batterien wurden ordnungsgemäß aus dem Verband entlassen.

Einer unserer letzten Gefallenen: Kraftfahrer Erwin Klingler, gefallen am 26. April 1945, durch den Sehschlitz seines verblechten Fahrzeuges von einem russischen Scharfschützen erschossen.

Die Kirche auf dem Friedhof in Kirchberg a.d. Pielach. Hier wurde unser erschossener Sfl-Fahrer Klingler bestattet, später exhumiert und auf dem Soldatenfriedhof in Oberwölbling beigesetzt.

8. Mai. Auf der Fahrt in die Gefangenschaft hatten wir noch einmal Glück gehabt. Die Kraftstoffpumpe unseres „Muli" hatte ihren Geist aufgegeben. Aber Not machte erfinderisch, und so hatten wir mit dem Rest unseres Geheimvorrates an Sprit, mit einem Kochgeschirr vom Fahrerhaus aus, den Anlaßtank gefüllt. Einer füllte das Kochgeschirr immer wieder auf, ein anderer füllte den Sprit in den Tank. So kamen wir gut voran, obwohl es verkehrsbedingt öfter Halt gab. Unsere Batterie und auch andere Einheiten erreichten um die Mittagszeit herum die Ennsbrücke und gingen in US-Gefangenschaft.

Teile der 4. Batterie kamen nach Linz, der größte Teil der Flak-Abteilung wurde bei Asten auf eine Wiese geleitet. Unsere Dreisieben mit Munition war noch immer dabei. Auf unseren Fahrzeugen lagerte noch das persönliche Gepäck, so konnten wir uns mit Zeltplanen und Decken versorgen und uns vor der Witterung schüt-

4. Batterie. Eine Sfl. von hinten mit den Habseligkeiten der Kanoniere. Mitte stehend: Willi Döring. Das Foto wurde kurz vor der Kapitulation aufgenommen.

Eines der beiden verbliebenen Sdkfz. mit 3,7-Flak-43 auf der Fahrt in die Gefangenschaft. Auf der Motorhaube Willi Döring. Der Soldat oben auf der Selbstfahrlafette entfernt die als Fliegerkennung ausgelegte Fahne.

Kurz vor der Kapitulation, zwischen Steinakirchen und Enns aufgenommen. Rechts: Ostuf. Fritz Ritscher übernimmt die weiße Fahne. Auf Verlangen der US-Amerikaner mußte jedes Fahrzeug eine weiße Flagge zeigen.

zen. Nach ein paar Tagen ging es weiter an einen Baggersee. Von der Abteilungsküche wurden wir noch mit vorhandenen Beständen versorgt. Im Baggersee konnten wir uns vom letzten Dreck des Krieges befreien.

Wie überall brodelte die Gerüchteküche. Es schwirrten Parolen herum, zum Beispiel sollten wir bald entlassen werden. Durch Verlegung von Teilen des Lagers kamen wir in eine ehemalige 12,8-cm-Flakstellung bei Linz. Hier wurden wir entlaust. Wir hausten in den Muni-Bunkern der Stellung und waren froh, daß wir ein festes Dach über dem Kopf hatten.

Nach einigen Wochen ging es wieder auf das freie Feld bei Asten. In der Zwischenzeit hatten die dort verbliebenen Kameraden sich einigermaßen häuslich eingerichtet. Man hatte Erdlöcher gegraben und sie mit allerlei Materialien aus den Fahrzeugen abgesichert.

So hatte man ein notdürftiges Dach über dem Kopf, und wenn es auch nur aus einer abmontierten Autotür bestand. Man war der Witterung nicht direkt ausgesetzt.

Ende August 1945 wurde das Lager Asten aufgelöst. Wir kamen in ein Barackenlager bei Linz-Haid. Von hier aus erfolgte Anfang November 1945 die Verlegung nach Bayern. Ich selbst kam durch Zufall als einziger der 4. Batterie nach Augsburg. Hier blieb ich bis Ende Juni 1946, danach wurde ich in das Entlassungslager Bad Aibling verlegt. Mit mir wurde am selben Tag der Kamerad Teufer entlassen. Er war am 16. August 1944 bei Barou-en-Ange in der Normandie in kanadische Gefangenschaft geraten. Andere Angehörige der Flak-Abteilung, die am 8. Mai 1945 nach Linz gekommen waren, wurden später nach Linz-Wegscheid verlegt. Der letzte Stabscharführer der 4. Batterie, Mielke, fertigte im Lager eine Liste mit den Namen aller dort einsitzenden Angehörigen der 4. und 5. Batterie der Flak-Abteilung 12 an. Ein Teil der dort aufgeführten Kameraden traf sich nach Kriegsende regelmäßig im Rahmen der Truppenkameradschaft der 4. Batterie.

Einberufen zur Waffen-SS

Von Erich Wagner, K5 an Geschütz 2 im I. Zug

Als ich am am 29. Juni 1943 von der Arbeit nach Hause kam, lag mein Einberufungsbefehl auf dem Küchentisch. Danach hatte ich mich am Montag, den 5. Juli 1943, bis 15 Uhr beim SS-Panzer-Ausbildungs- und Ersatzregiment in München-Freimann einzufinden.

Am 5. Juli 1943 ging es mit dem Fronturlauberzug nach München und dann mit der Straßenbahn weiter zur Endstation Dan-

Kameraden in der Ausbildungszeit 1943 in Beverloo, vorne Wagner und Zimmermann

ziger Freiheit. Dort traf ich bereits viele junge Männer in der Uniform der Wehrertüchtigungslager beim Bier an, die wie ich auf den Bus nach Freimann warteten. Bei einer Maß und ins Gespräch vertieft, verlief die Zeit sehr rasch.

Um 15 Uhr Ankunft in dem großen Kasernenblock. Meine stille Hoffnung, doch noch zur Flak zu kommen, erhielt durch hereinkommende Rekruten mit 2-cm-Flakgeschützen nur kurzzeitig Auftrieb. Ich wurde zur 13. Batterie von Ostuf. Golling eingeteilt, Zugführer war Oscha. Goldberg. Es folgte das Einkleiden. Alles paßte, mußte passen, ein Umtausch war kaum möglich.

Der Dienstbetrieb kam allmählich ins Laufen. Der Straße entlang nach Schleißheim hoben wir Deckungslöcher aus, um bei Luftangriffen Schutz zu haben. Die ersten Tage waren mit Exerzieren, Unterricht usw. ausgefüllt.

Am Freitag, den 9. Juli, war Impftag. Die in die Brust gegebenen Spritzen verursachten tags darauf beim Einüben des Präsentiergriffs bei manchem Soldaten Schmerzen. Von einer Flakausbildung war vorerst nichts zu merken.

Nach etwa drei Wochen Ausbildungsbetrieb wurde nachgefragt, wer E-Messer werden wolle. Es meldeten sich außer mir noch viele andere. Nach einer Prüfung – auch mit einer 3-D-Brille, bei der ein Glas hellgrün, das andere violett war – galt eine Anzahl Kameraden dafür als tauglich. Mit 1,5 Meter großen E-Meßgeräten wurde öfters in kleinen Gruppen auf einem aufgeschütteten Hügel am hinteren Ausgang in der Nähe der Alarm-Batterie Ausbildung betrieben.

Die Grundausbildung in München war normal, denn man war ja durch die Wehrertüchtigung mit vielem schon vertraut. Die weitere Ausbildung als E-Messer sollte auf einem Lehrgang in der Luftwaffenschule IV Schongau Altenstadt in Oberbayern intensiviert werden, wie man uns mitteilte.

Am 18. August 1943 wurden wir Rekruten in aller Herrgottsfrühe mit Sack und Pack auf Lkw verladen, zum Bahnhof gefahren, und von dort ging es mit dem Zug nach Schongau. Dort blieben wir zur weiteren Ausbildung bis zum 15. Oktober 1943.

Der Zugführer unserer etwa 70 Mann starken Gruppe war ein fronterfahrener Leutnant aus Wien mit dem Deutschen Kreuz in Gold auf der Brust.

Samstags war immer Strafexerzieren angesetzt. Alle Rekruten, die wochentags negativ aufgefallen waren, durften ihre Sünden im Gelände abbüßen. Aber wir waren ja schon mit vielen Gangarten im Gelände vertraut.

Die tagsüber aufgenommenen Daten wurden abends ausgewertet. Die Abschlußprüfung im E-Messen und Flugzeugerkennungsdienst fand vom 3. bis 6. Oktober 1943 statt. Nach bestandener Prüfung durften wir für vom 9. bis 16. Oktober in den Heimaturlaub fahren.

Am Montag, den 18. Oktober, wurden wir am Ende des Morgenappells aufgefordert, uns in der Schreibstube zu melden. Hier bekamen wir den Marschbefehl für den 19. Oktober zur Division „Hitlerjugend“ nach Belgien. Bis dahin wurde Innendienst angeordnet. Am 19. Oktober um die Mittagszeit wurde für uns 30 E-Messer Bereitschaft befohlen, dem kurz darauf der Abtransport zum Hauptbahnhof München folgte. Mit dem Fronturlauberzug, Abfahrt um 16 Uhr, über Ulm–Stuttgart–Köln–Aachen trafen wir morgens in Maastricht in Holland ein. Nach kurzem Aufenthalt ging es über Hasselt zum Ziel in Leopoldsburg, der Bahnstation des Truppenübungsplatzes Beverloo.

Beverloo 1943 – Ankunft am Bahnhof Leopoldsburg

Beverloo 1943: Kasernengelände, Posieren am Geschütz

Im Vordergrund deutlich die Gleise der Schmalspurbahn

Denkmal auf dem Truppenübungsplatz Beverloo

Das Übungsgelände außerhalb des Barackenlagers in Beverloo in den Sanddünen 1943

Oktober 1943 in Beverloo

Der Unterkunftsraum der Stabsbatterie befand sich weitab am Ende des Barackenlagers Beverloo am Übergang zum Übungsgelände. Bei der Stabsbatterie angekommen, kamen je zehn Mann von uns zur 1., 2. und 3. Batterie. Die drei Batterien hatten die FPN 59572 B-D.

Die Unterkünfte der 1. und 3. Batterie lagen in einem mehrstöckigen Backsteingebäude rund 1,5 Kilometer entfernt an der linken Seite des Barackenlagers mit Küchenabteilung. Von dort wurde das Essen täglich für Stabs- und 2. Batterie geholt. Weil Pferde fehlten, zogen und schoben Kanoniere den zweiachsigen Pferdewagen.

Mit zehn E-Messern waren wir jetzt bei der 2. Batterie und setzten dort unsere Ausbildung fort. Die Ausbildung war vielseitig und lehrreich. Man strengte sich aber auch an, daß nicht die kleinste Unregelmäßigkeit auffiel. Fiel man unangenehm auf, gab es Strafen. Ich zum Beispiel mußte mit vollem Gepäck in der Mittagspause zur Uscha-Stube hetzen und mich dort mit Hilfe eines Eimer Wassers

Dieses Foto wurde hinter den Unterkünften der 2. Batterie (8,8 cm) nach der Abnahme am 13.12.1943 aufgenommen, sieben von den zehn E-Messern, hier noch mit Schiffchen.

kurieren lassen. Beim Kommiß gibt es offenbar immer subalterne Vorgesetzte, die an derartigem Treiben Gefallen finden.

Anfang November 1943 war eine weitere Einheit unseres Ausbildungsreviers in Aufstellung begriffen. Eine 3,7-cm-Flak-Batterie mit einer Scheinwerfergruppe – die 4. Batterie. Auf diese Einheit hatten es belgische Bauarbeiter abgesehen. Diese bauten Luftschutzbunker. In der Mittagszeit wurde von den Bauarbeitern Tränengas in die Unterkünfte geworfen. Den Übeltätern allerdings passierte nichts.

Die bis jetzt vorhandenen drei Batterien der Flak-Abteilung 12 waren mit je vier Flakgeschützen vom Kaliber 8,8 cm und einem Flakzug mit drei 2-cm-Flak sowie Meßtrupp ausgerüstet. Nach etwa drei Wochen mußten wir, die bei den drei Batterien verteilten 30 E-Messer, mit einem Meßoffizier auf das Gelände der 1. und 3. Batterie. Dort wurde die Ausbildung mit 1,5 Meter langen Meßgeräten fortgeführt. Zum Abendappell war man wieder bei der 2. Batterie, um dort den Dienst fortzusetzen.

Anfang Dezember fuhren wir mit der Kleinbahn des Truppenübungsplatzes zur Schießbahn, wo die Achtacht gute Ergebnisse beim Erdzielschießen erreichte.

Die Schmalspurbahn, ein wichtiger Bestandteil auf dem riesigen Truppenübungsplatz

Auf italienischen Beutefahrzeugen wurde die Gefechtsbatterie am 13. Dezember 1943 ins Gelände gefahren und demonstrierte vor den Kommandospitzen der Division „Hitlerjugend" ihre Einsatzbereitschaft. Ich war damals als K5 mit E-Meßgerät im leichten Flakzug (2 cm) eingesetzt.

Anschließend wurden wir zehn E-Messer von der 2. Batterie unterkunftsmäßig zur Stabsbatterie versetzt. Der Dienstbetrieb verlief weiter wie bisher. Doch wurde dann einiges geändert. Wir marschierten wie üblich zum E-Messen. Dies war allerdings nach der Abnahme der drei Batterien eingestellt worden, daher gingen wir statt dessen ins Soldatenheim. Für fünf Franc (25 Pfennige) gab es eine Tasse Kaffee und zwei Scheiben Marmeladenbrot, die uns immer Hungrigen half, die Zeit bis zum Abendessen zu überbrücken.

Der Dienstbetrieb der 2. Batterie bestand im Exerzieren mit 8,8- und 2-cm-Flak-Geschützen.

Im IV. Zug der 4. Batterie (Vierlingszug)

Die Dreizehn war meine Glückszahl. An einem 13. geboren, zur 13. Batterie in München eingerückt und am 13. Januar 1944 zur 4. Batterie versetzt. Einige von uns aus der 2. Batterie blieben dort, andere kamen zur 1. und 3. Batterie, der Rest landete in der 4. Batterie. Am 16. Januar 1944 meldeten wir uns beim Stab und der 2. Batterie ab und auf der Schreibstube der 4. Batterie an.

Der IV. Zug war ja seit seiner Aufstellung im wesentlichen außerhalb des Batteriebereiches der 4. Batterie eingesetzt, so daß die meisten anderen Kameraden kaum Kenntnis darüber hatten, daß es sie überhaupt gab.

Die 4. Batterie kam zum Vierlingszug wie die Jungfrau zum Kind. Irgendwie wurden beim Rückmarsch aus der Normandie zwei Vierlinge organisiert. Im Spätjahr 1944 kamen als Auffrischung für die Batterie von der Luftwaffenflak, von uns „Luftwaffenspende" oder „Hermann-Göring-Spende" genannt – neue Kameraden. Plötzlich waren ein Zugführer Hascha. Goldschmidt, zwei Geschützführer Uscha. Wedler und Uscha. Pump und die Bedienungen da. Es fehlten nur E-Messer und Kraftfahrer. Diesem Umstand verdankte ich mein weiteres Schicksal und möglicherweise die Tatsache, daß ich den Krieg überlebt habe. Wann ich zum 4. Zug abkommandiert wurde, weiß ich nicht mehr. Es war vermutlich in Rathlosen, damals kam ich zum 2. Geschütz von Uscha. Pump.

Mitte November 1944 bezogen wir in Quadrath Stellung zwischen dem E-Werk und dem in der Nähe befindlichen Schloß. In diesem Schloß plante zu diesem Zeitpunkt der Oberkommandierende West die Ardennenoffensive.

Vor Beginn der Ardennenoffensive wurden wir dem Divisionsstab zugeteilt und kamen zur Stabskompanie. Die Masse der Fahrzeuge bestand aus großen Büssing-Lkw mit festen Aufbauten wie Funkwagen, Kartenwagen usw. In dieser Kompanie waren deutlich mehr Unterführer, Sturm- und Obersturmführer versammelt als Mannschaftsdienstgrade. Die Hauptaufgaben für die Vierlinge auf Sfl. war Luftschutz. Gerufen wurden wir allerdings meist, um mit unseren Zugmaschinen schwere Fahrzeuge zu bergen und abzuschleppen.

Der Flakzug genoß innerhalb der Stabskompanie Sonderrechte. Beim Essen- und Verpflegungsfassen gab es für uns kein Anstehen. Wir hatten ja für alle den Flakschutz zu übernehmen. Beim Stellungswechsel fuhren wir immer am Kolonnenende mit der Aufgabe, abzuschleppen oder herauszuziehen, was liegen- oder steckenblieb. Zeitweise befand sich Wedlers Geschütz auf Sfl. oder auf Sonderanhänger hinter einem Lkw Ford V8, Pumps Geschütz war immer auf Sfl. und später auf einem amerikanischen Einachsanhänger für Munition.

Am Beginn der Ardennenoffensive (noch vor Weihnachten 1944) hatten wir den Kartenwagen der Division, einen Büssing, der auf einem Feldweg umgekippt und den Abhang hinuntergerutscht war, geborgen. Das ereignete sich am Tag mit klarer Sicht, und „Thunderbolts“ tummelten sich in der Luft. Wedler ging mit seinem Geschütz auf einem Berg in der Nähe in Stellung. Wir vom Geschütz Pump haben dann, seitlich neben dem Weg postiert, mit der Seilwinde der Zugmaschine den Kartenwagen hochgezogen und aufgerichtet. Während der Arbeit schossen wir gleichzeitig nach den Flugzeugen. Abschüsse konnten wir keine beobachten, aber die Feindjabos hatten doch einen mächtigen Respekt vor unseren Vierlingen und blieben auf Distanz.

Um die Weihnachtszeit lagen wir vor einem Wald in Stellung. Unsere Unterkunft war ein in einer Grube eingerichteter Bunker, etwa einen Meter tief, mit Baumstämmen und Reisig überdeckt und als Schutz gegen Granaten etwas Erde darauf. In dieser Gegend verlor der Ami durch uns einige Flugzeuge. Als wir, Hans Krieg und ich mit dem Ia der Division Hubert Meyer, vor der Herausgabe der Kriegsgeschichte unserer Division die Gegend dort und am amerikanischen Ehrenmal in Bastogne besuchten – wo die US-Truppen eingekesselt waren und sich zäh verteidigten – habe ich zu Hans gesagt: „Wenn ich gewußt hätte, daß wir so nahe hinter der HKL an der Spitze der ganzen Offensive liegen, hätte ich wohl nicht so ruhig geschlafen."

1. Januar 1945. Abmarsch nach Hardigny (Raum Bastogne, in der Nähe Rachamps / Belgien).

9. Januar. Ankunft in Borzich; Schneestürme.

13. Januar. Von Borzich nach Deiffelt.

17. Januar. Von Deiffelt nach Mützenich (bei Bleialf).

25. Januar. Abschuß einer „Lightning". Eine weitere „Lightning" und eine „Thunderbolt" fliegen brennend über die HKL zurück.

26. Januar. Abfahrt nach Manderfeld.

28. Januar. Bensberg.

29. / 30. Januar. Ich habe heute im tiefen Schnee einen Marsch von 40 Kilometer Länge gemacht und Uscha. Wedler mit dem 1. Geschütz gesucht. Der Befehl dazu kam von Oscha. Goldschmidt, obwohl ich der einzige E-Messer und außer den Kraftfahrern der einzige der alten Batterie war. Er erteilte mir den Befehl dazu nur mündlich, einen schriftlichen Marschbefehl bekam ich nicht, obwohl es für Goldschmidt leicht gewesen wäre, diesen vom Stabskommandanten ausfüllen zu lassen. So war ich hinter der Front ohne Legitimation unterwegs. Das hätte auch schiefgehen können!

31. Januar. Von Bensberg nach Pulheim.

6. Februar. Von Pulheim nach Brauweiler.

7. Februar. In Horrem auf die Eisenbahn verladen. Wie sich unterwegs herausstellte, ging die Fahrt über das Protektorat nach Ungarn.

8. Februar. Halt wegen Fliegeralarms am Bahnhof Rinteln. Unser IV. Zug befand sich in der Mitte des Transportzuges, am Ende die Eisenbahnflak mit einem Vierling und zwei 2-cm-Einzelgeschütze, so daß insgesamt 14 Rohre à 2 cm auf dem Zug waren. Unterwegs hingen in den Bahnhöfen gelbe Flaggen als Zeichen für das Zugpersonal, daß Fliegeralarm herrschte. Vor dem Bahnhof Rinteln gab es keine Einfahrt. Die Lok blies Dampf ab. Die Landser sprangen aus den Waggons und gingen in Deckung. Über uns kreisten

in etwa 4.000 Metern Höhe vier „Thunderbolts", dann waren es acht und nach ein paar Runden später zwölf Flugzeuge. Sie bildeten zunächst eine Winkelformation, reihten sich dann nacheinander auf und setzten zum Sturzflug an. Unsere Geschütze waren besetzt und bereit zum Empfang. Ich maß die Entfernung 4.000, 3.800, 3.400, 3.200, 3.000 Meter. Dann jagten ihnen aus den 14 Rohren je ein Magazin mit 20 Schuß entgegen, und gleich noch je ein Magazin hinterher. Der entscheidende Vorteil beim Vierling war, daß unmittelbar nach dem ersten Magazin das zweite folgte, also nicht nachgeladen werden mußte. Sofort schlugen beim Gegner Treffer ein. Eine Maschine explodierte in der Luft. Die Formation löste sich auf und die Flieger stoben auseinander. Unsere Vierlinge flößten ihnen Respekt ein. Verständlich, die wollten auch überleben. Sie hatten nicht geschossen und auch keine Bombe geworfen. Langsam kamen die Kameraden wieder aus der Deckung zurück und wir setzten die Fahrt in Richtung Ungarn fort.

9. bis 12. Februar. Fahrt über Leipzig–Dresden–Prag–Kolin–Brünn–Preßburg nach Neuhäusel und hier ausgeladen.

14. Februar. Im motorisierten Marsch von Neuhäusel nach Udvard.

15. Februar. Wiedertreffen mit der Divisionskompanie.

17. Februar. Angriff auf den Gran-Brückenkopf.

28. Februar. Von Udvard nach Neuhäusel zum Verladen. Ich mußte zurück, um auf Uscha. Hüttl zu warten, der auf Ersatzteilbeschaffung in Wien war, um dann dem IV. Zug bzw. der Divisionsstabskompanie in Richtung Plattensee nachzufahren. Mehr war nicht bekannt, und alles geschah nur durch mündlichen Befehl.

3. März. Abfahrt von mir über Komarom nach Veszprem als Mitfahrer mit einem anderen Truppentransportzug. Von Veszprem ging ich zu Fuß zum Plattensee und wieder zurück. Hinter Veszprem fand ich die 4. Batterie und in Balatonkenese den IV. Zug wieder. Hüttl war auch schon da. Auf dieser Tour wurde ich mehrmals von der Feldgendarmerie kontrolliert. Obwohl ich keinen schriftlichen Marschbefehl, sondern nur mein Soldbuch vorweisen konnte, ließ man mich unbehelligt, da ich mich nach vorn zur Front bewegte. Drückeberger gingen in die entgegengesetzte Richtung. Es war also glaubhaft, daß bei mir eine unerlaubte Entfernung von der Truppe nicht vorgelegen hatte. Mit Deserteuren verfuhr man rigoros: Sie wurden mit einem Schild um den Hals

„Ich habe mich unerlaubt von der Truppe entfernt" am nächsten Baum aufgeknüpft. Bei einer Verlegung etwa Mitte März hatten wir einmal die Ehre, Sepp Dietrich mit seinem Pkw aus dem schlammigen Straßengraben herauszuziehen.

4. März. In Veszprem den Zug verlassen. Bis zum Plattensee marschiert und wieder zurück. In einem Ort hinter Veszprem fand ich die 4. Batterie wieder.

5. März. Am Strand des Plattensees, in Balatonkenese, auf den IV. Zug getroffen. Uscha. Hüttl war aus Wien bereits zurück. Weiterfahrt nach Füle.

6. März. Angriff auf Stuhlweißenburg.

7. März. Aufenthalt in Füle.

11. März. Verlegung von Füle nach Dég.

13. März. Fahrt von Füle nach Kapa Bogardi.

15. März. Fahrt von Kapa Bogardi nach Polgardi.

16. März. Wieder in Füle.

19. März. Aufenthalt in Bakonynána, einem deutschen Dorf.

20. März. Alarmmeldung: Die Russen sind durchgebrochen.

21. März. Heute lagen wir zwei Kilometer vor Zirc.

22. März. Auf der Strecke nach Bakonybél eine Iljuschin Il 2 abgeschossen.

23. März. In Bakonybél.

Ende März: Bei einem Stellungswechsel geriet der IV. Zug auf der Strecke Sopron–Eisenstadt in der Nähe des Neusiedler Sees und nicht weit vom Stammschloß des Adelsgeschlechts der Esterhazy in eine Kontrolle. Die Rückzugstraße führte über eine kleine bewaldete Flußinsel. Mitten darauf befand sich ein Posten von Feldjägern des Heeres, um aus Versprengten Kampfgruppen zu bilden. Dabei waren auch einige Herren mit roten Aufschlägen an den Mänteln, breiten roten Biesen an den Hosen und dick geflochtenen Schulterstücken: Generalstäbler und die Blechschild-Träger der Feldgendarmerie. Obwohl wir in der Kolonne als letzte fuhren, wurden wir aus der Stabskompanie herausgenommen. Unsere zwei Vierlinge hatten es den „Kettenhunden" angetan. Hauptscharführer Goldschmidt wollte sich hier nicht verheizen lassen und sagte, daß das eine Geschütz (Wedler) nicht schußfähig sei. Fahrer und Beifahrer durften weiterfahren. Die gesamte Bedienung mußte allerdings vom Lkw absteigen und bei uns bleiben. Goldschmidt rief den Weiterfahrenden nach, sofort darüber Meldung zu machen, daß wir hier einkassiert worden waren.

Goldschmidt schlug den Herren dann listig vor, mit dem verbliebenen Vierling in Luftzielstellung zu gehen und den Flakschutz zu übernehmen. Die Herren waren sofort einverstanden.

Da jedes vorbeikommende Fahrzeug angehalten und kontrolliert wurde, bildete sich schnell eine lange Schlange. Wir gingen hinter der Brücke Richtung Westen in Stellung, und zwar so, daß wir nur die Seitenschilde hochzuklappen brauchten, wenn wir weiterfahren wollten.

Immer wenn neue Fahrzeuge ankamen, gab es Tumult. Niemand wollte sich so einfach vereinnahmen lassen. Solch ein Durcheinander wollten wir zum Abhauen nutzen. Dann war die Gelegenheit günstig. Nach ein paar hundert Metern wurden wir jedoch von zwei Motorrädern mit Beiwagen, darauf je zwei Mann mit der MP und Blechschild, eingeholt, gestoppt und zurückbeordert.

Beim Auffangstab wollte man kurzen Prozeß machen. Goldschmidt stand schon unter einem Baum. Das hätte brenzlig werden können. Doch er hatte Glück, und man ließ von ihm ab. Mit einer Luftzielstellung war jedoch nichts mehr, und wir wurden ins nahe gelegene Schloß geleitet. Am nächsten Tag sollte die Einteilung der Kampftruppe stattfinden. Am Morgen jedoch durfte plötzlich der Flakzug des Divisionsstabes der HJ-Division mit allen Männern zur Division fahren, die anderen Landser blieben aber da. Anfang April wurden wir zur Flak-Abteilung zurückversetzt.

1. April. Abfahrt zum Erdeinsatz gegen sowjetische Infanterie.

2. April. Stellung an einer Brücke schon im Burgenland.

3. April. Nach Getriebedefekt der Selbstfahrlafette (Uscha. Pump) in Leobersdorf bei einem Erdeinsatz vor der Kanalbrücke das Fahrzeug in Brand gesetzt.

4. April. An diesem Tag lagen wir an einem Ortsrand in St. Veit im Triestingtal in Stellung, zusammen mit den zwei Achtacht der 2. Batterie und Wedlers Vierling. Die Kanonen waren zwischen den Häusern postiert. Aufgrund eines Zufallfundes in einem Eisenbahnwaggon hatten die Kameraden genügend 8,8-cm-Munition, alles Brand-Phosphorgranaten. Dies wollten wir nutzen, um auf eine Entfernung von 300–400 Metern statt mit Karabinern mit der Achtacht auf den Iwan zu schießen. Die Wirkung war besser. Wer nichts am Geschütz zu tun hatte, wurde als Beobachter und als Sicherung eingesetzt. Wir lagen auf dem Wasserbehälterhügel und beobachteten die Iwans vor uns. Sie waren nicht mehr weit

weg. Plötzlich bekamen wir von links hinten heftiges Granatfeuer, es kam aus einem Waldrand heraus. Wir nahmen an, der Russe sei durch und räumten schleunigst den Hügel. Zum Glück hatten wir bei diesem Feuerüberfall keine Verluste und Verwundete. Die Achtacht und der Vierling konnten aus der Angriffsrichtung her nicht eingesehen werden. Bei einer Nachkriegsfahrt durch das ehemalige Kampfgebiet hat sich der Vorfall dann aufgeklärt. Nicht die Russen, sondern eigene Truppen hatten uns unter Feuer genommen.

5. April. Kruppwerk Berndorf, seit langem das erste Mal wieder in einem technischen Büro.

10. April. Beim III. Zug als Sicherung, es war nur noch der Vierling von Wedler einsatzbereit, Fahrer hiervon Gustav Hoffmann.

12. April. Wir waren als Sicherung unterhalb einer Bergkuppe eingesetzt, die Geschütze standen bei einem Bauernhof. Hinter einem breiten Steinhaufen lagen die meisten Männer beisammen, während zwei Mann beobachteten. Uscha. Pump schickte mich zur Ablösung. Ich schlich mich zum flachen Beobachtungsloch. Plötzlich gab es einen Knall und mitten zwischen die Kameraden schlug eine Werfergranate ein. Dabei wurden Uscha. Pump, Wellendorf, Forbach und Wölk verwundet. Ich blieb dank Uscha. Pumps Befehl unverletzt.

13. April. In Brand-Laaben.

14. April. In Laaben zur Kampfgruppe Achtacht der 2. Batterie gekommen.

15. April. Auf dem Hegerberg (Michelbach) in der Nähe von Laaben gegen die Russen im Einsatz, dann landeten wir, Wedlers Geschütz auf Sonderanhänger hinter Lkw V8, bei der Kampfgruppe Ribbentrop. Die hatte schon einen Vierling, vermutlich von der Artillerieabteilung. Wir wurden ein paarmal in Stellung beordert, wobei der andere Vierling jeweils die Stellung verließ, wir dafür in Stellung gehen mußten. Es brauchte nur einen Tag bis wir merkten, daß jedesmal kurz darauf die Luft eisenhaltig wurde. Es war offensichtlich, daß wir den Schutz der Absetzbewegung dieser Kampfgruppe zu übernehmen hatten. Am dritten Tag bei der Kampfgruppe Ribbentrop wurden wir in eine Stellung eingewiesen, die mit Sicherheit das Ende des Geschützes Wedler mit allen Männern bedeutet hätte. Nachdem die Einweiser des Stabs Ribbentrop fort waren, packten wir wieder zusammen. Es war ja niemand da, der den Befehl zum Weiter-

kämpfen in dieser Stellung übernommen hätte. Wir fuhren zurück. Nach zirka zwei bis drei Kilometern kamen plötzlich aus einem einzeln stehenden Haus zwei Mann, einer im Scharführer- und einer im Sturmführerrang. Sie kamen auf uns zu und hielten uns auf dem Feldweg an. Sie wollten wissen, wer den Befehl zum Absetzen gegeben habe. Unsere Antwort kam wie aus einem Munde: „Der Absetzmelder ist gekommen!" Sie schauten verdutzt und ließen uns fahren.

16. April. Als E-Messer an Wedlers Geschütz gekommen. Ich hatte zuvor ein E-Meßgerät organisiert, denn meines hatte ich in Leobersdorf verloren.

17. April. Am Hegerberg (655 Meter hoch) im Wienerwald. Uscha. Hüttl hatte mit mir einen Spähtrupp auf den Hegerberg zu machen. Wir sollten erkunden, ob der Iwan den Berg schon besetzt hatte. Wir schlichen in den Wald hinein, suchten eine gute Position, konnten aber nichts feststellen. Unsere größte Sorge war, so kurz vor dem absehbaren Kriegsende vom Iwan kassiert zu werden. Nach vier Stunden Warten kehrten wir um und konnten melden, daß wir keine Russen entdeckt hatten.

Ergänzung durch Gustav Hoffmann

Der an Laaben angrenzende Ort Michelbach war bis 17. April noch von deutschen SS-Einheiten (wahrscheinlich Teile des I. SS-Panzerkorps) besetzt. Daß hier später einmal mein Wohnhaus stehen würde, ahnte ich damals noch nicht. Diese Einheiten hatten sich über den Durlas (Bergrücken mit rund 700 Metern Höhe) Richtung Rohrbach/Gölsen–Hainfeld zurückgezogen.

Am Morgen des 18. April näherten sich russische Truppen mit 38 Panzern an der Spitze aus Richtung Böheimkirchen über Fahrafeld und Berg nach Michelbach. Im Ortsteil Berg konnte noch kurz vorher von SS-Leuten eine Brücke gesprengt werden, um den Vormarsch aufzuhalten. Auch von Pyhra über Perschenegg und Windhag rückten die Iwans vor. Die Stellungen beiderseits des Berges wurden bis dahin von der Kampfgruppe Peiper gehalten. Bei ihrem Rückzug wurde die Finsteregg-Brücke gesprengt. Die Panzer der Russen ließen sich allerdings dadurch nicht aufhalten und umfuhren die zerstörte Brücke durch den Bach.

In Richtung Ortszentrum Michelbach wurden an einer Engstelle bei einem Sägewerk (Ortsteil Kropfsdorf) eine Panzersperre errichtet und ei-

ne Straßenmauer mit einer Sprengladung versehen. Zur Sprengung kam es aber nicht mehr.

An der Jägerbrücke in der Nähe der Ortsmitte hatte ein wagemutiger deutscher Schütze mit einer Panzerfaust einen russischen Panzer in Brand geschossen. Leider hatte er hinter sich die steil aufragende Böschung übersehen und wurde vom rückwärtigen Feuerstoß seiner Waffe getötet.

Richtung Rohrbach wurde die Schwarzwallner-Brücke gesprengt. Dies war eine strategisch sehr wichtige Stelle. Der weit überlegene Feind kam mit 38 Panzern, hat jeden Widerstand schnell gebrochen und erreichte den Stollberg. Hier leistete die Kompanie Großjohann erbitterten Widerstand und konnte die Stellung bis zum 18. April unter erheblichen Feindverlusten gegen alle Angriffe halten. Der hartnäckige Kampf hatte den Russen in Michelbach zirka 50 Mann an Verlusten gebracht. In der örtlichen Michelbacher Bevölkerung waren auch unter Zivilisten Opfer in allen Altersgruppen zu beklagen. Die Gefechte verlagerten sich nach Rohrbach an der Gölsen und Hainfeld. Die Kampfgruppe Ribbentrop setzte sich nach Süden ab, Gefechtsstand war dann Ramsau.

Letzte Flüchtlingstrecks aus Ungarn zogen auf der Hauptstraße von Hainfeld kommend weiter. Bei St. Veit/Gölsen war eine Panzersperre durch das I. SS-Panzerkorps aufgestellt worden. Ein Wagen mit Flüchtlingen (aus Reichenau an der Rax kommend) verunglückte zu dieser Zeit in Innerhalbach. Der Wagen war mit Telefonmasten und anderem Material beladen. Darauf saßen 16 junge Arbeiterinnen aus einem Arbeitslager bei Prein oder Reichenau an der Rax. Die enge Straße war durch den starken Regen aufgeweicht, und das Gefährt stürzte in den hochwasserführenden Halbach. Alle 16 Mädchen sind ertrunken. Der Tischlermeister und spätere Vizebürgermeister von Rohrbach/Gölsen, Anton Hofer, war Augenzeuge dieses Unfalls.

Hofer kam mit einem Kameraden aus der Steiermark von einem befohlenen Einsatz zurück. Sie benutzen dieselbe Straße. Sie konnten aber ihre Einheiten in den Kriegswirren nicht mehr finden und hatten sich nach Hause (Rohrbach/Gölsen) durchgeschlagen. Eines Tages kamen dann die Russen von der Anhöhe durch den Wald zum Dübelbauer Hof herunter. Sie hielten Anton Hofer für einen Soldaten. Aber bevor sie ihn abführen konnten, umringten ihn seine vielen Kinder, weinten, bettelten – und die Russen ließen von ihm ab.

Die Russen vermuteten deutsche Artilleriebeobachter auf dem Kirchturm in Rohrbach. Sie lenkten nun ihrerseits von einer kleinen Anhöhe neben dem Dübelbauer Hof ihr Arifeuer auf den Kirchturm. Der erste

Schuß ging daneben. Beim zweiten Schuß flog das Dach des Kirchturms herunter. Der dritte Schuß zerstörte einen Teil des Wasmerhauses. Es flüchteten Mensch und Tier aus Rohrbach. Sechs Pferde rannten Richtung Bernreith. Drei deutsche Soldaten fielen auf einer Wiese nach Bernreith. Die Kämpfe setzten sich bis nach Rohrbach hinein fort.

19. April. Der Iwan kam über die Klammhöhe (zwischen Klamm bei Laaben und der Bernau Richtung Hainfeld) zurück, der am Abend in Hainfeld eingedrungene Feind konnte zurückgeworfen werden.

21. April. In Hainfeld; die Flak-Abteilung 12 wird in den Raum Ramsau verlegt.

23. April. Kamerad Keck vom IV. Zug verwundet.

27. April. Von Hainfeld nach Ramsau.

30. April. Von Ramsau über Kleinzell nach Kalte Kuchl.

1. Mai. In Kirchberg / Pielach angekommen.

3. Mai. In Kilb. Goldschmidt, Wedler und andere hatten sich im I-Wagen abgesetzt. Seit Ungarn, also von März an, hatten wir auf Befehl von Goldschmidt Benzin organisiert, egal woher. Einmal mußte der Reservekanister aus dem Schwimmwagen des Stabskommandanten dran glauben. Mit diesem Benzinvorrat hatten sie nun genug Reserve, bis zu den US-Amerikanern zu kommen und dort in Gefangenschaft zu gehen.

6. Mai. Luftzielstellung im Raum Amstetten.

7. Mai. Die 6. Armee hat kapituliert, Fertigmachen zur Übergabe in Richtung Linz.

8. Mai. Linz Wirtschaftshof.

13. Mai. Von Linz Wirtschaftshof nach Lager Wegscheid A.

20. Mai. Abmarsch zum Lager Kleinmünchen; hier fand ich 65 Mann der 4. Batterie wieder.

5. Juni. Abmarsch in Fabrikkaserne.

6. Juni. Ich kam durch Zufall in die Lagerküche.

23. August. Von der Fabrikkaserne ging es zurück nach Wegscheid.

4. September. Zur Entlausungskommission.

12. Oktober. Von Linz-Wegscheid nach Burgau.

14. Oktober. In Burgau. Von dort wurde ich an die Franzosen überstellt. Erst 1948 kam ich wieder heim.

Chronologie meines Einsatzes bei der Flak-Abteilung von November 1944 bis 8. Mai 1945

Von Wolfgang Loenicker

17. November bis 12. Dezember 1944. Luftabwehr im Raum Brauweiler bei Köln.

12. Dezember. Abmarsch aus Brauweiler über Lechenich, Euskirchen nach Marmagen (14. Dezember); hier in Luftabwehrstellung.

19. Dezember. Abmarsch in den Raum Losheimer Graben, dort Abschuß von vier feindlichen Flugzeugen innerhalb von zehn Minuten.

24. Dezember. Um 1 Uhr nachts Marsch nach Deidenberg. Eintreffen am Abend. In der Nacht ein feindliches Flugzeug in Brand geschossen, ein weiteres abgeschossen.

25. Dezember. Nachmittags Marsch nach St. Vith. Dort mußten der Adjutant, der Erkundungsoffizier und ich die Zerstörung des Ortes durch zwei Wellen von etwa 200 US-amerikanischen Bombern vom Bahndamm aus hart westlich der Stadt miterleben. Durch Kradmelder hatte ich die Batterien, die uns in größerem Abstand folgten, um St. Vith herumdirigiert. Im Nachtmarsch über Bocholz (26. Dezember) nach Samrée, wo wir am 27. Dezember vormittags eintrafen.

27. Dezember 1944 bis 4. Januar 1945. In Feuerstellung im Raum Samrée. Ständig heftiges Artillerie-Feuer. Am 1. Januar 1945 mehrere Volltreffer in den Gefechtsstand, den wir am 3. Januar wegen des immerwährenden gegnerischen Feuers verlassen mußten. Die Batterien schossen feindliche Aufklärungsflugzeuge ab. Heftiges Schneetreiben. Die Nacht zum 4. Janaur bauten wir einen Ge-

fechtsstand im Wald auf. Am 4. Januar abends kam der Abmarschbefehl nach Hardigny im Raum Bastogne.

5. bis 10. Januar. In Hardigny mehrfacher Einsatz auf Erdziele im direkten Richtverfahren. 10. Januar. Ich übergab den Gefechtsstand an General Hasso von Manteuffel. Abfahrt nach Rachamps, Geilich, Deiffelt und nach Maldingen (11. Januar).

12. und 13. Januar. Feindliche Feuerüberfälle, vor allem nachts. Wir erhielten den Verlegungsbefehl, der aber wegen Spritmangel nicht ausgeführt werden konnte.

14. Januar. Erneut starkes feindliches Artillerie-Feuer. Angriffe von Bombern und Schlachtfliegern, davon wurden von unseren Geschützen eine Maschine abgeschossen und eine in Brand geschossen.

15. Januar. Starke Jabo-Tätigkeit und immer heftigeres Artillerie-Feuer.

16. Januar. Morgens wurde unser Gefechtsstand zusammengeschossen. Wir hatten Verluste, räumten Maldingen und blieben in einer kleinen Sägemühle etwa einen Kilometer ostwärts. Erneut Abmarschbefehl, und um 23 Uhr gings los nach Auw bei Prüm. Der Weg führte über St. Vith und Bleialf bei starker Kälte und schwachem Schneetreiben

17. Januar. Gegen 17 Uhr Eintreffen in Auw.

18. Januar. In Auw. Es setzte ein heftiger Schneesturm ein.

19. Januar. Es war alles verschneit und verweht. In der darauffolgenden Nacht folgte ein erneuter Schneesturm. Wir lagen hier in Reserve und konnten allmählich die im hohen Schnee steckengebliebenen Geschütze nachholen.

23. Januar. Ein heftiger Bombenangriff, wir hatten Verluste.

29. Januar. Am frühen Morgen traf Sprit ein. Um 9.45 Uhr Tieffliegerangriff: Hstuf. Fischer gefallen, Grimm verwundet. Abmarsch nach Oberhausen mit Zwischenaufenthalt in Hellenthal, wo wir um 19 Uhr eintrafen.

30. Januar. Die Batterien waren in einem schweren Schneesturm liegengeblieben und hatten viele Ausfälle durch Jabos gehabt. Am Abend ging es weiter nach Sistig.

31. Januar/1. Februar. Wir lagen in Sistig. Artillerie-Feuer zwang uns zum Rückzug nach Krekelkirch, aber auch dorthin verfolgte uns der feindliche Beschuß.

3. Februar. Am frühen Morgen erhielten wir Sprit. Mittags folgte der Abmarsch nach Lechenich und Gymnich, wo wir am Abend

eintrafen. Hier erhielten wir den Verladebefehl, fuhren nach Quadrath-Ichendorf, wo die Abteilung verladen wurde.

5. bis 9. Februar. Um 6 Uhr Abfahrt der Abteilung von Quadrath-Ichendorf nach Düsseldorf. Da wir unterwegs oft halten mußten, hielten wir unsere leichten Geschütze feuerbereit gegen feindliche Jagdflieger. Weiter gings über Halle–Leipzig (6.2.)–Riesa–Dresden–Bodenbach–Lobositz (7.2.)–Prag–Pardubitz–Zwittau–Brünn–Lundenburg (8.2.)–Preßburg–Hegyeshalom–Raab (9.2.). Hier wurde ausgeladen und im Landmarsch gings nach Gyirmot.

10. Februar. In Raab (Györ) zur Orientierung.

11. Februar. In Pápa und Gic zur Kommandeur-Besprechung.

12. Februar In Gyirmót zur Batterieführer-Besprechung.

13. Februar. In Gyirmót, es schneite.

14. Februar. Besprechung bei der Division in Gic.

15. Februar. Abmarsch aus Gyirmót nach Neuhäusel, wir fuhren über Komárom.

16. Februar. Ankunft in Neuhäusel. Abmarschbefehl für 20 Uhr in den Bereitstellungsraum. Abmarsch nach Semerovo, wo wir um 0 Uhr eintrafen.

17. Februar. Um 6 Uhr kam der Befehl zum Abmarsch nach Csús. Gegen 17 Uhr Weitermarsch nach Vel'ke Ludince (Nagyölved) auf schlechter Straße. In der Nacht gab es viele Bombenangriffe.

18. Februar. Am frühen Morgen Weiterfahrt nach Németszögyéni. Dort bei der Division gingen wir mit zwei feuerbereiten Batterien in Stellung. Am Abend und in der Nacht gab es wieder viele Fliegerangriffe.

19. Februar. Am Mittag erfolgte ein Stellungswechsel nach Kismuszla Puszta. Um 17 Uhr trafen wir dort ein. Am Abend erfolgten wieder Bombenangriffe, unser starkes Abwehrfeuer vertrieb die Feindmaschinen.

20. Februar. Am Mittag kam der Befehl zum Stellungswechsel nach Kural (Kuralány). Um 20 Uhr dort angekommen.

21. Februar. In der Nacht und am Tage starke Bombenangriffe. Befehl zur Vorlage einer Transportanmeldung.

22. Februar. In Kural. Starke Bombenangriffe.

23. Februar. Zur Kommandeur-Besprechung bei der Division.

24. Februar. Hstuf. Freytag traf ein. Mit ihm fuhr ich nach Nagyölved (Vel'ke Ludince). Erneuter Abmarschbefehl.

25. Februar. Abmarsch nach Udvard und Palpuszta.

26. Februar. Palpuszta. Es regnete. Die Batterien wurden entlaust. Die Kettenfahrzeuge wurden verladen.

27. Februar. Palpuszta. Der Regen hat die Straßen grundlos gemacht, kein Fahrzeug kam durch. Wir erhielten den Marschbefehl für den nächsten Tag.

28. Februar. Um 14 Uhr Aufbruch bei größtem Dreck über Neuhäusel–Komárom–Raab (Györ).

1. März. Am frühen Morgen Ankunft in Dáka (bei Pápa). 4. und 5. Batterie und die Stabsbatterie trafen ein.

2. März. Dáka. Kommandeur-Besprechung bei der Division. 1. und 2. Batterie waren noch nicht eingetroffen.

3. März. Dáka. Endlich waren auch die 1. und 2. Batterie eingetroffen. Marschbefehl für 4. und 5. Batterie.

4. März. Besprechung bei der Division. Abmarsch der Abteilung in der Nacht.

5. März. Über Városlöd–Vesprém–Polgárdi nach Kisláng. Dort in Stellung gegangen und Angriffsbereitschaft hergestellt.

6. März. Angriff Richtung Pécs. Artillerie-Duell mit dem Gegner. Bombenangriffe. Ein Pulk russischer Schlachtflieger griff uns an, woraus wir eine Il 2 abschossen.

7. März. Kisláng. Wir unterstützten den Angriff durch unser Feuer. Am Nachmittag Vormarsch nach Polgárdi und Dáka.

8. März. Am Mittag gings wieder zurück nach Kisláng. Im Erdkampfeinsatz gegen russische Infanteriemassen, deren Angriffe blutig abgewiesen wurden.

9. März. Erkundung nach Dég mit den Batterie-Führern und zurück mach Kisláng. Es folgte der Befehl für uns zum Stellungswechsel nach Dég und an die Stabsbatterie nach Kisláng.

10. März. Wir kamen nach und nach in Dég an. Besprechung bei der Division. Fünf Lkw wurden ans 25. Regiment abgestellt. Die Batterien übernahmen die Sicherung von Dég.

11. März. Spähtrupp nach Görz durchgeführt. Am Nachmittag bei der Division gewesen. Befehl zum Abmarsch. Um Mitternacht trafen wir in Mezöszilas ein.

12. März. Erneuter Erdkampfeinsatz gegen Feindkolonnen. Zahlreiche Fahrzeuge des Gegners gingen in Flammen auf.

13. März. Mezöszilas. Wir feuerten wieder gegen Erdziele, konnten die Russen auf Abstand halten.

14. März. Mezöszilas. Auf Erkundung und bei Division gewesen. Die 1. und 5. Batterie machten Stellungswechsel.

15. März. Bis zum Mittag in Mezöszilas. Am frühen Nachmittag erfolgte Stellungswechsel nach Igar. Erdkampfeinsatz gegen nachrückende Sowjets, die große Verluste hatten. Angriff der Division im Sio-Abschnitt. Abbruch des Angriffes.

16. März. Der Feind feuerte wie wild herein, wir erwiderten das Feuer. Abmarschbefehl und Abmarsch nach Seregelyes. Der Ort war völlig zerschossen. Die Front lag unmittelbar davor.

17. März. Seregelyes. Zur Division nach Mezöszilas, zurück nach Dég und wieder nach Seregelyes.

18. März. Die Batterien zogen sich hinter den Bahndamm zurück. Abmarschbefehl.

19. März. Eine furchtbare Nacht und ein furchtbarer Tag. Marsch über Várpalota nach Szápár.

20. März. Szápár. Die 1., 4. und 5. Batterie gingen in Stellung. Ich leitete als Vorgeschobener Beobachter unser Feuer auf Erdziele.

21. März. Großkampftag der Flak-Abteilung. Massenangriff der Russen auf unsere Stellungen. Die 1. und 4. Batterie feuerten im direkten Beschuß auf angreifende Infanterie. Wir schossen mit Spreng- und Aufschlaggranaten, wodurch der Feindangriff zusammenbrach. Ostuf. Ritscher, der Chef der 4. Batterie, nahm mit wenigen Männern im Gegenstoß eine wichtige Höhe und erhielt später dafür das Deutsche Kreuz in Gold verliehen. Für den Einsatz wurde die Abteilung lobend im Armeebefehl erwähnt. Am Abend ging es nach Dudar.

22. März. Russische Schlachtflieger bekämpft und mindestens eine Il 2 abgeschossen. Erneuter erfolgreicher Erdkampfeinsatz. Am Nachmittag erfolgte das Absetzen von Dudar über Zirc nach Putri Major. Die 2. Batterie vernichtete sechs Feindpanzer, die Männer wehrten im infanteristischen Einsatz nachdrängende Sowjets ab.

23. März. Putri Major. Ständige direkte Erdkämpfe mit vordringenden Russen. Die 2. und 4. Batterie wurden infanteristisch eingesetzt.

24. März. In der Nacht nach Pencecut marschiert. Dort wurden die 1.und 5. Batterie eingesetzt. Die 1. Batterie schoß acht Panzer ab. Wir bauten eine neue Widerstandslinie auf. Das Kettenkrad, auf dessen Rücksitz ich saß, stürzte und fuhr mir über Fuß und Unterschenkel. Ich mußte ins Lazarett. Rückzug durch die Bakoni-Schlucht in die Raab-Stellung. Weiter nach Pápa.

26./27. März. Rückmarsch über Lövö–Sopron–Siegendorf. Abschuß von drei Feindpanzern, davon einen mit Nahkampfmitteln erledigt. Ein russisches Sturmgeschütz vernichtet. Rückzug über Leobersdorf und Berndorf in den Wienerwald. Dort gingen der Reste der Abteilung im Rahmen der Kampfgruppe „Gross“ in den Erdkampfeinsatz.

Ergänzung durch Gustav Hoffmann

Im April 1945 im Abwehrkampf im Raum Laaben war am Koglhof die Kampfgruppe „Goldammer“ mit der schweren Panzerjäger-Abteilung 560 stationiert. Diese wurde abgelöst durch die Kampfgruppe „Reitzenstein“ unter SS-Hauptsturmführer Gert Freiherr von Reitzenstein. Am 13. April 1945 traf zur Verstärkung dieses Gebiets SS-Hauptsturmführer Götz Großjohann mit seiner 6. Kompanie vom SS-Panzer-Regiment 12 ein. Ebenfalls war hier die Kampfgruppe „von Ribbentrop“ zum Abwehrkampf eingesetzt. Großjohann konnte mit einem eingetroffenen Panzer IV am 17. April die russische Pak am Stollberg abweisen. Die Kampfgruppe Bremer kam am 19. April mit zwei Spähwagen und vier gepanzerten Mannschaftswagen zur Verstärkung in den Raum Höhe 554. Die Kampfgruppe von SS-Standartenführer Jochen Peiper wurde am 19. April 1945 für die Freikämpfung von Hainfeld eingesetzt.

Kurzbericht über meine Dienstzeit

Von Ralf Hähner

Eingezogen wurde ich am 10. März 1943 nach Arolsen. Zur Grundausbildung ging es nach Wildflecken (Rhön), danach Anfang Juni zum Aufstellungsstab Staudinger nach Bystrice bei Prag.

Mitte Juni, nach zweistündigem Aufenthalt in Freimann, wurden wir von einem Oberführer, dessen Name uns nicht benannt wurde, in einer Münchner Villa zu einem Waffenlehrgang nach Dachau abkommandiert. Wir waren 24 Mann, dieses Kommando hatte einen Rottenführer namens Kurt Brunnengräber, er war ein Thüringer. Es war ein Lehrgang für sämtliche Infanteriewaffen.

Mitte August kamen wir nach Beverloo. Ende Februar 1944 wurde ich zu einem Flak-Sonderlehrgang nach Dachau befohlen, zusammen mit einem Obersturmführer, dessen Name mir entfallen ist. Er mußte aber beim Bataillonsstab gewesen sein. Wir beide waren in der Nacht von 4. auf den 5. Juni 1944 von München aus mit einem D-Zug nach Paris gefahren, wo wir am 5. Juni gegen 23 Uhr ankamen.

In der Frühe des folgenden Tages ging der Obersturmführer zur Frontleitstelle. Gegen 14.30 Uhr wurden wir mit einem Divisionswagen zur ungefähr 80 Kilometer entfernten Kommandozentrale des I. SS-Panzerkorps von Sepp Dietrich gefahren. In der Nacht hatte die Invasion begonnen. Der Stab war in einem Schloß untergebracht. Wir kamen um 0.30 Uhr dort an. Sepp Dietrich war gerade abgefahren. Ich konnte noch zwei Stunden schlafen. Gegen 4.30 Uhr sind wir im Konvoi Richtung Front abgerückt. Ich fuhr als Begleitschutz im Schreibstuben-Omnibus. Die Strecke ging über Dreux-Evreux nach Rouen.

Ungefähr 20 Kilometer vor Rouen sind wir von „Thunderbolt"-Jagdbombern bei der Einfahrt in eine Ortschaft angegriffen worden. Ich spürte einen heftigen Schlag und flog in hohem Bogen in den Straßengraben. Ich mußte wohl bewußtlos gewesen sein, aber als ich mich wieder berappelt hatte, lugte ich über den Grabenrand. Der Bus stand an der rechten Straßenseite völlig durchlöchert, sein Anhänger im spitzen Winkel zum Bus in einer großen Toreinfahrt. Wir bargen unsere Habseligkeiten und zogen zu Fuß weiter. Es waren anstrengende Tage. Ich hatte einen Handwagen organisiert, denn zu meinem Gepäck hatte ich mich auch um das vom Obersturmführer zu kümmern.

Die kommenden Wochen waren angefüllt mit Kämpfen und Stellungswechseln. Über die allgemeine Lage wußten wir nichts. Wir hielten den Feind auf Abstand, brachten ihm Verluste bei und zogen uns zurück. Wir schossen zahlreiche Feindflieger ab, aber der Gegner schien über unerschöpfbare Ressourcen zu verfügen.

Wir wurden bei Trun-Le Bourg abgeschnitten und landeten im Kessel. Wir konnten durchbrechen und schlugen uns in Richtung Seine durch. In Rouen kamen wir an einem verlassenen deutschen Feldflugplatz vorbei mit weitläufigen Hallen und reich mit Technik ausgestattet. Rings um das Flugfeld lagen Bombenstapel, aber es war alles verlassen. Kein Mensch war mehr da, und auch keine Maschine.

Ich erinnere mich an einen Vorfall 1944 in der Nähe von Lüttich. Ich war mit dem Geschütz 3, Fahrer war Gustav Hoffmann, von Uscha. Wedler unterwegs, als wir wegen des zur Reinigung zerlegten Geschützes wehrlos einen feindlichen Luftangriff über uns ergehen lassen mußten. Unsere Zugmaschine wurde demoliert, die Reifen plattgeschossen. Die weitere Fahrt war eine bravouröse Leistung von Gustav Hoffmann, das kann man nicht vergessen. Die drei Tage in einer Bochumer Scheune bei einem großen Bauernhof haben uns geholfen, wieder zu Kräften zu kommen.

Bei unserer Ankunft in Möckmühl erlebten wir das erste Mal Oscha. Goldschmidt. Dieser aus der Luftwaffe übernommene Soldat hielt sich wohl für etwas Besseres, er beschimpfte uns als Dreckschweine und dergleichen mehr. Kameradschaft, wie wir sie in der Waffen-SS gelernt hatten, war für ihn ein Fremdwort.

Später in Ungarn hat mich dieser Drückeberger, der sich dann mit geklautem Sprit nach Westen abgesetzt hat, aus nichtigem Anlaß 24 Stunden zur Strafwache stehen lassen. Hauptscharführer

Reichart von der Stabskompanie hat mich zu sich genommen und von diesem Vorgesetzten befreit.

Im großen und ganzen hatten wir eine sehr gute Kameradschaft, besonders mit dem später vermißt gemeldeten Hans Kammering, mit Reinhold Held und Hans Wellendorf. Wellendorf stammte aus Köln und war von Beruf Orgelbauer. Wir waren in der Zeit vom 19. März bis 21. März 1945 in Bakonynána. In der dortigen Kirche haben wir zusammen die Orgel gestimmt und uns im Kirchenbuch verewigt.

Meine Kriegserlebnisse

Von Willi Prix

Nach der Grundausbildung kam ich von München nach Beverloo. Hier wurde ich der 4. Batterie zugeteilt. Unser Batterieführer wurde SS-Untersturmführer Fritz Ritscher. Aufgrund meiner beruflichen Ausbildung kam ich zu den Kraftfahrern und übernahm die Aufgabe eines Tankwartes. Mit den Geschützen hatte ich nichts zu tun und besaß folglich keine Kenntnisse von der 3,7-cm-Flak. Da ich als Fahrschüler nicht unbedingt einen Karabiner brauchte, mußte ich meinen auf der Waffenkammer abgeben. Es gab 1943/44 nicht mehr für jeden Soldaten einen eigenen Karabiner 98 k. Wenn wir Fahrschüler auf Wache zogen, wurde uns eine Waffe zugeteilt. Zum Kaffeekochen in der Feldküche und in der Fahrschule benötigten wir kein Gewehr.

Eines Tages wurde Waffenappell angeordnet. Das betraf mich nicht, dachte ich, denn ich hatte meinen Karabiner ja auf der Waffenkammer abgegeben. Nun hatte jedes Gewehr eine Nummer, die der Waffenwart mit dem Namen des jeweiligen Besitzers in seinem dicken Buch festhielt. Auch ich war verzeichnet, konnte aber keine Waffe vorweisen. Ich mußte zur Waffenkammer kommen. Ustuf. Ritscher drohte, mich einsperren zu lassen, aber meine Erwiderung, ich habe den Karabiner schon zu Beginn der Fahrschule abgeben müssen, ersparte mir eine Bestrafung.

Wir waren bei der Instandsetzungsstaffel, kurz I-Staffel genannt, für die Reparatur der Kraftfahrzeuge und Motorräder zuständig und hatten für deren Fahrbereitschaft zu sorgen. Der Schirrmeister, Uscha. Novak, war der Vorgesetzte für unseren Haufen. Die Kameraden Renneberg, Hochmuth, Dehling und

Die Instandsetzungsstaffel 1944 – Mitte: mit heller Bluse Waffenwart Rottenführer Heinz Mehl, daneben rechts: Uscha. Novak, vorne sitzend: Willi Prix

Karl Veit, alle beim Troß, mußten kräftig mithelfen, daß kein Fahrzeug ausfiel.

Nach der Ausbildung in Beverloo waren verschiedene Luftziel-Einsätze in Belgien und Frankreich angesagt. Am 6. Juni 1944 begann die Invasion. Unsere Batterie war von Anfang an mit dabei. Die I-Staffel befand sich im Dauereinsatz, denn ständig blieben Fahrzeuge liegen, teils durch Feindeinwirkung, teils durch Überlastung. Es gehörte zu unseren Aufgaben, aus zerschossenen Fahrzeugen noch brauchbare Ersatzteile auszubauen. Fritz Ritscher, er war inzwischen zum Obersturmführer befördert worden, war ständig bemüht, seine Jungs mit heiler Haut aus diesem Schlamassel wieder herauszubekommen und tat alles, sie davor zu bewahren, in einer Kampfgruppe an die Front geschickt zu werden.

Am 7. Juni wurden wir von Jabos angegriffen („Typhoon"), dabei wurde unsere Zugmaschine beschädigt und Kamerad Klotzbücher kam dabei ums Leben. Es gab dabei auch leicht- und schwerverwundete Kameraden, darunter waren Berghalt und Herzer mit Bauchschüssen. Die beiden wurden nach Orbec ins Lazarett gebracht. Ein erneuter Bombenangriff auf Lisieux fand statt. Die Batterie setzte den Marsch fort. Die beschädigte Zugmaschine und wir blieben zurück. Nach notdürftiger Reparatur fuhren wir abends weiter mit dem Kraftfahrer Hochmut. Wir kamen durch Orbec und St. Pierres, dabei wurden wir immer wieder von Jabos angegriffen. Es lief immer so ab. Einer fuhr und die anderen beobachteten den Luftraum. Zeigte sich eine feindliche Maschine, ging es runter von der Straße, möglichst in Deckung eines Wäldchens oder unter Obstbäume. Wir Männer sprangen in den Straßengraben. Meistens ging es gut, aber diese Art der Fortbewegung dauerte sehr lange.

Wir kamen zwei Tage zu spät in den Raum Caen, wo der Landeabschnitt der Briten „Sword" lag. Es roch hier gewaltig nach Pulverdampf. Im Kanal waren Tausende Schiffe aufgefahren. Tag und Nacht trommelten die 32-cm-Schiffsgranaten auf unsere Stellungen nieder und pflügten das ganze Land um. Auch waren ständig Bomber und Tiefflieger über uns, so daß wir kaum aus unseren Erdlöchern kamen. Bei der Verteidigung des Flugplatzes Carpiquet und der Höhe 112 hatten wir hohe Verluste und auch einen Rohrkrepierer, da der Lauf zu spät gewechselt wurde. So sah unsere Feuertaufe aus.

Nach dem Kessel von Falaise, dem wir heil entkommen waren, ging es zurück nach Deutschland. Nach mehreren Stationen kamen wir nach Leibenstadt. Dort wurden Kamerad Karl Veit und ich von Ostuf. Fritz Ritscher mit dem Kriegsverdienstkreuz 2. Klasse ausgezeichnet. Nach der Neuaufstellung in Norddeutsch-

Unser Kamerad Veit erhält das Kriegsverdienstkreuz 2. Klasse.

land wurde die Batterie ins linksrheinische Gebiet westlich von Köln verlegt. Es begannen die Vorbereitungen für die Ardennenoffensive. Schon vor dem Beginn der Offensive herrschte überall Benzinmangel. Auf keinem Fahrzeug durften zusätzliche Reservebenzinkanister sein. Ich hatte in Schmidtheim/Eifel das Glück, durch einen Tausch Brot gegen Benzin mit russischen Hiwis fast 200 Liter organisieren können. Durch diesen Coup stieg mein Ansehen in der Batterie erheblich. Der Sprit wurde in Kanistern auf die einzelnen Fahrzeuge verteilt und durfte nur im äußersten Notfall angebrochen werden.

Eines Tages zerbrach an meinem Ford die Windschutzscheibe, und ich war gerade dabei, aus einem anderen beschädigten Ford die Scheibe auszubauen. Aber der Uscha. Novak verbot es mir und sagte, es ist noch keiner erfroren. Mit einem „Jawohl" wollte ich mich entfernen, als Ritscher, der dieses Gespräch mitbekommen hatte, plötzlich vor mir stand. Er hatte den rechten Fuß etwas erfroren und war mit einem Fellschuh bekleidet. Danach hatte Uscha. Novak keine Einwände mehr, und ich konnte die Windschutzscheibe ausbauen.

Als „Hermann-Göring-Spende" hatten wir auch einen neuen Spieß bekommen. Er war ein unangenehmer Zeitgenosse. Der Spieß Mielke hatte es auf mich besonders abgesehen, wohl weil ich nicht auf den Mund gefallen war. Es war kurz vor dem Essensempfang und Mielke trieb wieder einmal sein Spiel. Er kontrollierte, ob die Finger auch sauber waren. Nun leiden die Autoschlosser ihr Leben lang unter leicht verschmutzten Händen, und wenn man die hygienischen Bedingungen im Einsatz bedenkt, dann war klar, daß meine Hände einer Inspektion des Spieß nicht standhalten konnten. Das wußte Mielke natürlich auch und holte mich aus der Essensholerreihe heraus und schickte mich zum Händewaschen weg. Ich bin direkt darauf zu Ritscher ins Quartier gelaufen und habe ihm von dieser Ungerechtigkeit berichtet. Daraufhin schickte er seinen Fahrer Kamerad Hochmuth mit seinem Kochgeschirr zur Feldküche, und so bekam ich mein Essen trotz verschmutzter Hände.

Nach der abgebrochenen Ardennenoffensive ging es Richtung Osten. Lange blieb das Ziel der Verlegung unbekannt, bis man uns in Ungarn auslud. Es begannen die Gran-Offensive und wenig später der Angriff am Plattensee. Danach ging es nur noch zurück.

Alle überzähligen Männer, die man mangels Fahrzeugen und Waffen nicht mehr benötigte, wurden in St. Christophen in Niederösterreich zu den infanteristischen Kampfgruppen abgestellt.

An einem Morgen – die Einheit die südlich vor uns gelegen hatte, war plötzlich nicht mehr da – kamen die Russen den Berg hoch. Wir wurden völlig überrascht. Auf uns allein gestellt hatten wir keine Chance und zogen uns sofort zurück.

Wir marschierten den ganzen Tag und die Nacht weiter, die Russen hinter uns her. Auf die Hauptstraße wagten wir uns nicht hinunter, denn dort lauerte die Feldgendarmarie, die uns nur fremden Einheiten zugeteilt hätte.

Am nächsten Tag trafen wir endlich einige Kameraden aus unserer Batterie. Plötzlich hielt ein Auto neben uns, es war Ostuf. Ritscher mit seinem Fahrer Hochmuth. Noch ein dritter Mann war im Auto, es war Fritz Kalisch. Wir waren heilfroh, wieder bei der Batterie zu sein. Dies könnte im Raum Brand–Laaben (NÖ) gewesen sein. In dem Ortsteil Brand war zu der Zeit der Troß untergebracht.

Mit meinem Kameraden Hermann Sailer mußte ich bis zu unserer nächsten Unterkunft einen Kutschenwagen lenken. Diese Unterkunft war bei einem Sägewerk, bei Hainfeld (NÖ) im Halbachtal Richtung Kleinzell. Spieß Mielke machte Dienst wie im tiefsten Frieden. Diesmal war mal wieder Kleiderappell angesagt. Welch ein Wahnsinn, in Deutschland brachen alle Dämme, der Feind drang von allen Seiten in unsere Heimat ein, und er hatte nichts Besseres zu tun.

Es ging weiter zurück, nach Kleinzell über den 820 Meter hohen Ochssattel nach Hohenberg, Kirchberg/Pielach und dann weiter nach Kilb.

Am 5. Mai 1945 gab es noch Aufregung, denn Oscha. Goldschmidt, Uscha. Novak, Renneberg und andere waren mit dem Waffenwerkstattwagen abgehauen und hatten dabei fast all unseren Benzinvorrat mitgehen lassen. In den nächsten Tagen suchten wir die Bäume links und rechts der Straße ab, ob sie nicht schon irgendwo baumelten. Aber sie waren entkommen.

Am 8. Mai kam ich mit mehreren Kameraden in US-amerikanische Kriegsgefangenschaft. In unserer Gruppe war auch unser Batteriechef Fritz Ritscher. Ich war mit ihm fast immer im Lager Burgau zusammen. Am 6. April 1946 wurden die niedrigen

Dienstgrade aussortiert und kamen nach Frankreich. Fritz Ritscher kam in das Kriegsverbrecherlager nach Nürnberg. Erst am 14. Oktober 1948 wurde ich von den Franzosen als Zivilarbeiter übernommen, bis zu dem Zeitpunkt war ich Kriegsgefangener (PW) gewesen.

Kriegserinnerungen 1943/44

Von Paul Baier

11. Oktober 1943. An diesem Tag bin ich zusammen mit Horst Smolinski eingerückt, und zwar nach München-Freimann zum Ausbildungs- und Ersatz-Regiment. Batterieführer war SS-Ostuf. Bloth.

12. bis 23. Oktober. Am ersten Tag erfolgte die Einkleidung der Rekruten, dem schlossen sich Diensttauglichkeits-, Vor- und Hauptuntersuchung sowie Impfung an. Wegen der zunehmenden Luftangriffe hoben wir auf dem Kasernengelände Splittergräben aus, um während des Ausbildungsbetriebes bei Bedarf jederzeit in Deckung gehen zu können.

23. Oktober. Die halbe Batterie hatte wegen des guten Ergebnisses bei einer Spendenaktion für das Rote Kreuz Ausgang bekommen.

24. Oktober. Der Ausgang wurde gesperrt wegen eines schrecklichen Unglücksfalls. Beim ersten Ausgang hatten sich einige Angehörige der Batterie von einem Traktor mit Anhänger zur Stadt mitnehmen lassen. Dabei war ein Soldat vom Anhänger gefallen und überfahren worden. Der Name ist mir leider nicht bekannt.

25. Oktober. Blutgruppenfeststellung und -tätowierung.

29. Oktober. Geschlossener Ausgang der Batterie zum Besuch der Großen Deutschen Kunstausstellung 1943 im Haus der Deutschen Kunst.

1. November. Abmarsch zur Bahn mit Musikbegleitung.

2. bis 4. November. Fahrt mit dem Zug nach Westen.

5. November. Ankunft im Bahnhof Leopoldsburg/Belgien. Abmarsch zum Truppenübungsplatz Beverloo.

9. November. Vereidigung in Beverloo. Es ging das Gerücht, daß Himmler zur Vereidigung kommt. Er kam dann aber nicht. Nach der Vereidigung fuhren Funker und Fernsprecher nach Turnhout zum Nachrichtenlehrgang. Kompanieführer in Turnhout war Ustuf. Studier, er war Nachrichten-Lehrgangsleiter und Batteriechef der Stabsbatterie. Die Batterie blieb in Beverloo zur Geschütz-Ausbildung. Batterieführer war Ustuf. Ritscher.

16. November. Erneute Impfung.

9. Dezember. Zur vorbeugenden Entlausung nach Antwerpen. Wir Funker kamen dann zurück nach Beverloo zur Batterie.

24. Dezember. Weihnachtsfeier im Soldatenheim.

Die Weihnachtsfeier 1943 im Soldatenheim von Beverloo. In der hintersten Reihe 4. v.l. Wellendorf, 5. v.l. Karl Veit, in der ersten Reihe ganz rechts Paul Baier

16. Januar 1944. Vom heutigen Sonntag auf Montag habe ich Wache.

22. Januar. Heute fand das erste Schulschießen, liegend aufgelegt, statt.

24. Janaur. Nachts erster Alarm: Alles raus und feldmarschmäßig antreten.

29. Januar. Wir hatten das zweite Schulschießen, diesmal stehend freihändig.

15. Februar. Alle Sachen gepackt und in Beverloo am Bahnhof den Zug bestiegen.

16. Februar. Bahntransport von Beverloo nach Herentals.

17. Februar. In Herentals ausgeladen und Weiterfahrt mit den Fahrzeugen nach Olen. Die Nachrichtenstaffel hatte in einem Wäldchen in Baracken Quartier bezogen. Dieser Ort war vor unserer Ankunft Unterkunftsbereich von Einheiten der Flak-Abteilung der Division „Hitlerjugend" gewesen. Die Geschütze waren zur Luftsicherung der Brücken des Albertkanals und eines wichtigen Kupferwerks eingesetzt.

27. Februar. Funker- und Fernsprecherunterricht in Herentals. Hier lagen auch der Stab sowie einige Gefechtsbatterien.

1. März. Ab heute haben wir zum ersten Mal mit der allgemeinen Verpflegung Zigaretten erhalten. Bis dahin war das Rauchen für Angehörige der Division „Hitlerjugend" verboten gewesen, wir hatten dafür statt Tabakwaren Süßigkeiten bekommen.

13. bis 24. März. Täglich Nachrichten- und Funkunterricht in Herentals.

28. März. An diesem Abend besuchten wir das Varieté in Herentals.

6. April. Von 17 bis 20 Uhr hatte ich Wache beim II. Zug.

8./9. April. In der Nacht hatte ich Wache beim II. Zug.

9. April. Am heutigen Ostersonntag haben wir gepackt, verließen Olen und bestiegen am Bahnhof in Mol den Zug.

10. April. Abfahrt von Mol per Bahn mit unbekanntem Ziel.

11. April. Ankunft in Ivry la Bataille/Frankreich.

12. April. Weiterfahrt mit den Fahrzeugen nach Garnay, ein kleines Dorf bei Dreux, in dessen Nähe sich ein Flugplatz befand. Übernachtung in Zelten. Durch die Nähe des Flugplatzes war mit Fliegerangriffen zu rechnen. Deshalb gruben wir unsere Fahrzeuge ein. Das war eine böse Schinderei, da der Boden aus Kreidefelsen bestand.

Gartenfest beim Troß in Garnay/Dreux. Im Vordergrund H. Dehling, oben rechts Ostuf. Ritscher im Gespräch mit einem Uscha, darüber das Divisionszeichen an einem Fahrzeug

*Gartenfest in Garnay, Frühjahr 1944,
Gruppenfoto im Garten, rechts vorne sitzend: Kamerad Mehl*

24. April 1944: Funker bei der Übung in Garnay. Links: Paul Baier, Mitte: Harry Klauer, rechts: Otto Kumm.

Mitte: im weißen Hemd der Batteriekoch Senn

Die drei Geschützführer vom II. Zug gutgelaunt, von links: Uscha. Scharrer (vom 2. Geschütz), Reinhardt und Huth (Geschützführer am 3. Geschütz von Gustav Hoffmann).

April 1944. Disziplin wurde großgeschrieben: Es gab 14 Tage verschärften Arrest für einen Kameraden, der sich im Dienst betrunken, sich in einer Ortschaft undiszipliniert verhalten und dadurch das Ansehen der Waffen-SS geschädigt hatte. Er war ohne Soldbuch und Urlaubsschein aufgegriffen worden.

25. April. Abends Besuch des Varietés in Dreux.

26. April. In Dreux zum Verpflegungsempfang.

28. April. Umzug zur Batteriebefehlsstelle.

29. April. Aufnahme von Funkverkehr zu den Zügen der Batterie.

1. Mai. Sammler ist defekt, der Funkverkehr wird eingestellt.

2. Mai. Umgezogen zum III. Zug.

3. Mai. Sammler repariert, Funkverkehr aufgenommen.

4. Mai. Versetzung von Kamerad Klauer vom Funktrupp zur LAH.

5. Mai. Ab heute wieder im Zelt geschlafen.

6. Mai. Kamerad Veit kam zum Funktrupp.

10. Mai. Fertiggemacht zum Stellungswechsel.

11. Mai. Der Stellungswechsel hat begonnen. Abfahrt von Garnay und um 17.30 Uhr Ankunft in der neuen Stellung Vernon an der Seine; links der Seine zum Brückenschutz abgestellt.

12. Mai. Umzug zum Troß.

16. Mai. Funkbetrieb aufgenommen.

22. Mai. Impfung.

26. Mai. Bombenangriff durch „Marauder" auf die Seinebrücke in Vernon. Die Brücke wurde schwer getroffen. Einige der im Fluß ankernden Lastkähne waren nach Bombentreffern gesunken. Auch viele Häuser in der Umgebung der Brücke wurden zerstört. Hier war auch das 3. Geschütz des III. Zuges, eine 3,7-cm-Flak unter Zugführer Hascha. Kurt Mange, in Stellung gewesen. Die Geschützbedienung bestand aus dem Geschützführer Uscha. E. Czub, Strm. H. Schreiber, K1 A. Herzer, K2 W. Berghold, K3 W. Hermann, K4 J. Klotzbücher und K5 H. Krieg. Fahrer war Kamerad Busch. Ein Splittergraben in der Nähe der Brücke war durch Erdauswurf völlig zugeschüttet. Darin waren auch französische Zivilisten ums Leben gekommen. Nach dem Angriff patrouillierten wir durch die Straßen von Vernon.

27. Mai. Stellungswechsel vorbereitet.

28. Mai. Pfingstsonntag, wieder einmal Stellungswechsel mit Abfahrt von Vernon. Die neue Stellung liegt in einem kleinen Ort

Das 3,7-cm-Geschütz auf Sfl. von Uscha. Reinhardt. Man erkennt die Plattform mit Munikästen, hinter der Fahrerhauskabine eine angebrachte Sitzbank mit dahinter montiertem Gewehrständer und persönlicher Ausrüstung der Geschützbedienung.

Auf der Fahrt zum Landekopf bei Caen/Normandie wurde Reinhardts Sfl. trotz heftiger Gegenwehr bei Livarot von Jabos („Typhoons") mit Raketen und Bordwaffen arg zerfleddert. Dabei kam unser E-Meßkamerad J. Karg ums Leben. Es war das Fahrzeug von Fahrer Erich Hofmann.

nahe Gaillon, aber auf der rechten Seine-Seite. Abkommandiert zum Brückenschutz. Wir haben im Zelt geschlafen.

29. Mai. Funkbetrieb wird eingestellt.

30. Mai. Der Troß wurde zum Stellungswechsel fertiggemacht, erneuter Bombenangriff auf die Brücke. Es gab zwei Verwundete in der Schreibstube. Im Anschluß Stellungswechsel des Trosses auf einen Bauernhof außerhalb des Ortes.

31. Mai. Dritter Bombenangriff auf die Brücke. Dabei fiel Otto Schäfer beim I. Zug in Elbeuf, er war der erste Tote unserer Batterie. Der I. Zug war zu dieser Zeit nicht bei der Batterie. Er war einige Zeit nach Elbeuf/Seine abkommandiert worden.

2. Juni. Vierter Bombenangriff auf die Brücke.

3. Juni. Weiterer Bombenangriff auf die Brücke, dabei kamen abwechseld Jagdbomber, dann zweimotorige Bomber vom Typ „Marauder", dann wieder Jabos.

4. Juni. Wieder Bombenangriff auf die Brücke, die Brücke ist nun völlig zerstört. Zwei oder drei unserer Fernsprecher, die Namen sind leider unbekannt, waren bei der Brücke auf Störungssuche und wurden von dem Angriff überrascht. Wir dachten schon, es wäre ihnen etwas passiert, weil sie so lange ausblieben. Doch zum Glück kamen sie gesund zurück. Besuch unserer Batterie durch Generalfeldmarschall Rommel. Pioniere richteten einen Pendelverkehr mit Fähren ein, so daß die Truppen – trotz weiterer Jabo-Angriffe – weiterhin den Fluß überqueren konnten.

5. Juni. Heute gab es das letzte warme Essen.

6. Juni. Um 4 Uhr war zweiter Alarm. Die Invasion hatte begonnen. Wir packten zusammen und fuhren ab. Mit der Fähre bei Les Andelys über die Seine gesetzt. In der Ferne sah man am Himmel die Jabos kreisen. Das Wetter war vormittags regnerisch, nachmittags sonnig und bewölkt. Der Munitionsverbrauch belief sich auf 36 Schuß 8,8- und 700 Schuß 2-cm-Munition.

Ab 20 Uhr fand ein großer Bombenangriff mit rund 80 „Liberator"-Bombern auf Lisieux statt. Vor allem die Zerstörung der Brücken bereitete Probleme. Die Durchmarschstraßen waren verstopft mit Fahrzeugen. Nur sehr langsam ging es vorwärts. Als unsere Fahrzeuge die Stadt schon hinter sich hatten, begann der Angriff. Die Flugzeuge flogen sehr tief. Plötzlich gab es Gasalarm.Wir mußten die Gasmasken aufsetzen. Wir dachten, die Bomber hätten Gasbomben abgeworfen. Später stellte sich heraus, daß der Gasgeruch von den beschädigten Gasometern der Stadt stammte. Während

Die feindliche Luftwaffe störte jede Bewegung der deutschen Truppen.

Die Nachrichtenstaffel der 4. Batterie kurz nach Invasionsbeginn marschbereit. Funker und Fernsprecher waren mit italienischen Beutefahrzeugen ausgerüstet. Die Funkergruppe vor den Fahrzeugen, von links: Zengel, Reichert, Elmauer, Tannert, Filippiak, Gleich, Otto Kumm, Windisch, Gruppenführer Schweda, mit Fahrzeugkelle: Unverzagt.

Mit enormer Materialüberlegenheit landeten die Alliierten am 6. Juni 1944 an den Stränden der Normandie. Die 12. SS-Panzer-Division „Hitlerjugend“ wird den Angreifern entgegengeworfen.

des Gasalarms erhielt ich von unserem Spieß den Befehl, eine Meldung zum Zug zu bringen. Wo sich der Zug allerdings befand, wußte auch er nicht genau. Er sagte nur, immer dieser Straße nach, irgendwo da hinten muß der Zug sein. Nun ging ich los, es war dunkel. Ich hatte die Gasmaske auf und befand mich in einer Gegend, in der ich noch nie in meinem Leben war. Nachdem ich schon ein Stück gelaufen war, erkannte ich etwas abseits der Straße die Umrisse eines Hauses. Ich ging darauf zu in der Hoffnung, hier vielleicht schon Kameraden zu finden. Als ich mich näherte, sah ich einen Mann vor dem Haus stehen. Es war ein Franzose. Er war ganz aufgeregt und ängstlich, zeigte dauernd auf meine Gasmaske und versuchte mit mir zu reden. Da ich nicht Französisch kann, konnte ich auch nicht verstehen, was er wollte. Nachdem ich mich überzeugt hatte, daß keine Kameraden hier waren, ging ich weiter. Plötzlich hörte ich Motorengeräusche. Es war ein Motorrad, welches mir entgegenkam. Ich machte mich bemerkbar, und der Fahrer hielt an. Da stellte sich heraus, daß es ein Kradmelder unserer Batterie war. Nun fuhren wir zusammen weiter und fanden bald den Zug, der für den Rest der Nacht schon in einem Obstgarten untergezogen war.

Darstellung der Kämpfe in der Normandie im Kriegstagebuch

Auszugsweise Abschrift – Anlage Nr. 4 zum Kriegstagebuch Nr. 3 der SS-Flak-Abteilung 12, Divisionsstabsquartier, den 6. Juni 1944

Divisionsbefehl – Geheim

1. Feind im Raum Pont Teveque–Deauville–Orne-Mündung–Caen mit Fallschirmjägern und Luftlandetruppen gelandet.
2. Division verlegt in den Raum Bernay–Lisieux–Vimoutiers.
3. Es erreichen, sofort nach Eingang dieses Befehls antretend […]
f) SS-Flak-Abteilung 12 übernimmt Luftschutz der Touques-Übergänge im Raum Lisieux
4. Vorgeschobener Div. Gefechtsstand ab 14 Uhr Orbiquet.
[…]

7. Meldung über Antreten und Ablaufen des Marsches unter Ausnutzung des ortsfesten Drahtnetzes an Amboß alt oder neu.

gez: Witt, SS-Brigadeführer
und Generalmajor der Waffen-SS

7.6.44

Feuerstellung Amaye Les Moutiers. Im Morgengrauen trifft SS-Pz.-Gr.-Rgt. 25 mit unterstellten Teilen im Raum St. Germain–Carpiquet–Verson ein und übernimmt sofort die Sicherung.

4 Uhr. Eintreffen und Instellunggehen der 3. Batterie drei Kilometer südwestlich Les Moutiers. Abt. Gef. Std. etwa 700 Meter südwestlich St. Laurent.

5.30 Uhr. Eintreffen und Instellunggehen der 1. Batterie in der Gegend Amaye.

8 Uhr. Eintreffen und Unterziehen der Stabsbatterie in Gegend Bretteville.

9.19 Uhr. Abschuß einer „Typhoon" durch die 3. Batterie.

11.30 Uhr. Eintreffen und Instellunggehen der 2. Batterie in der Gegend drei Kilometer nordostwärts St. Laurent.

15.30 Uhr. Abschuß einer „Thunderbolt" durch die 1. Batterie.

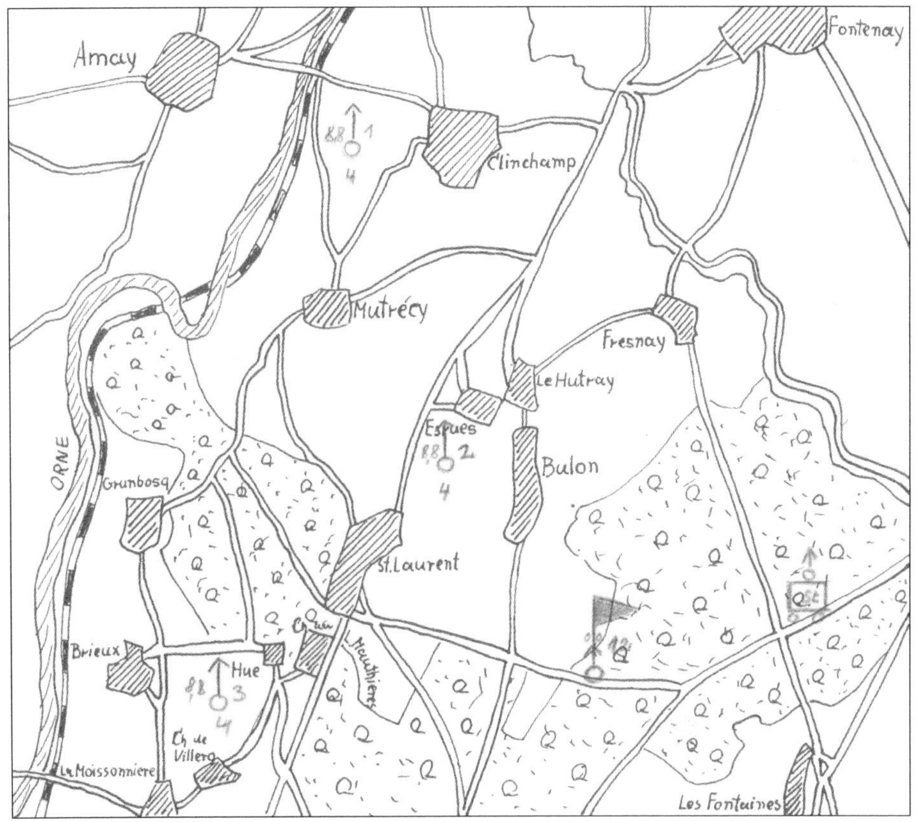

Einsatzskizze der SS-Flak-Abteilung 12 vom 7. Juni 1944

16.30 Uhr. Die Division tritt mit SS-Pz.-Gr.-Rgt. 25 und unterstellten Teilen aus dem Bereitschaftsraum heraus zum Angriff an. Der rechte Nachbar, die 21. Pz.-Div., kommt nicht vorwärts. Dadurch Stoß des Gegners in unsere Flanke und Liegenbleiben der Division.

17 Uhr. Eintreffen und Unterziehen der 4. Batterie ohne I. Zug, der blieb in Gaillon zurück.

20.30 Uhr. Mündlich persönlicher Befehl des Ia an Adjutanten zum Stellungswechsel der Abteilung in den Raum westlich von Caen.

22.30 Uhr. Mündlicher persönlicher Befehl durch den Kommandeur an die Chefs zum Instellunggehen im Raum des Flugplatzes von Caen.

23.30 Uhr. Abmarsch der Batterien in den befohlenen Raum.

Das Wetter war ganzen Tag bewölkt und regnerisch, Munitionsverbrauch 40 Schuß 8,8 cm und 1.069 Schuß 2 cm.

8.6.44

In Feuerstellung im Raum Caen.

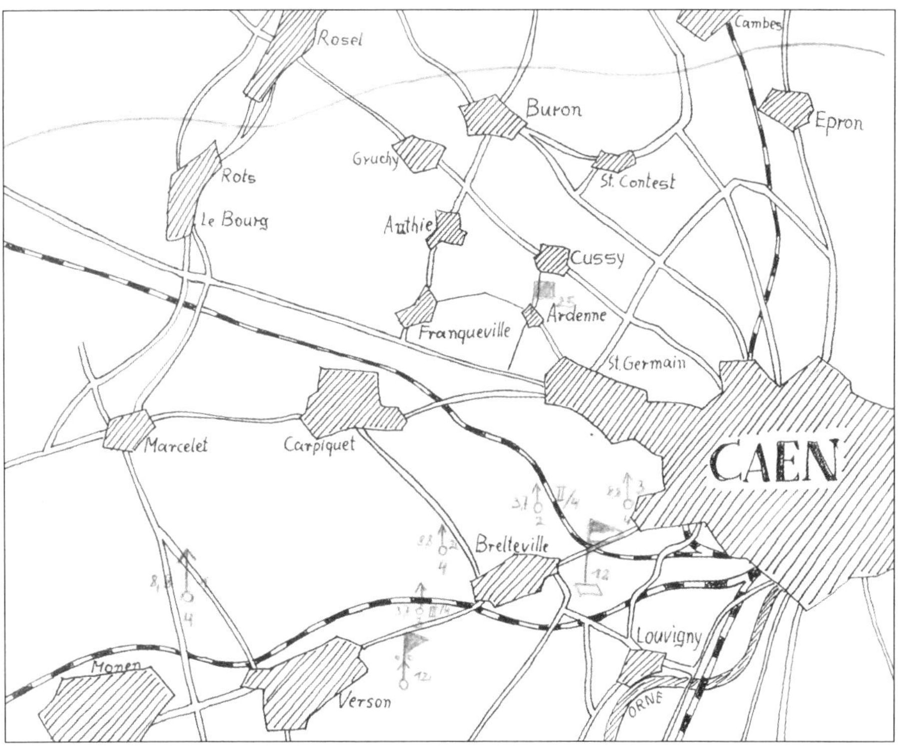

Einsatzskizze der SS-Flak-Abteilung 12 vom 8. Juni 1944

Ganztägig starke Jabo-Angriffe auf die Straßen und Artilleriestellungen.

6 Uhr. Die Abteilung ist mit der 1., 2. und 3. Batterie in den neuen Stellungen feuerbereit (8,8 cm).

7 Uhr. Angriff starker „Marauder"-Verbände auf Caen.

9 Uhr. Die 4. Batterie trifft mit II. und III. Zug ein und geht in Feuerstellung (leichte Battr. 3,7 cm).

15.30 Uhr. Abschuß einer „Typhoon" durch die 4. Batterie.

15.43 Uhr. Abschuß einer „Thunderbolt" durch die 1. Batterie.

21.42 Uhr Abschuß einer „Marauder" durch die 1. Batterie.

Das Wetter war bewölkt und regnerisch, teilweise wieder sonnig. Der Munitionsverbrauch: 45 Schuß 8,8 cm, 108 Schuß 3,7 cm und 1.000 Schuß 2 cm.

9.6.44

In Feuerstellung im Raum Caen.

Ganztägig Jabo-Angriffe auf Vormarschstraßen und erkannte Feuerstellungen.

11 Uhr. Befehl des Divisions-Kommandeurs zum Einsatz der 1. und 3. Batterie zur Panzerabwehr.

12 Uhr. Stellungswechsel der 1. und 3. Batterie in erkundete Stellungen zum Panzerbeschuß.

18 Uhr. Die 3. Batterie ist mit zwei Flak-Kampftruppen in Stellung beiderseits Chen de St. Louet gegen Erdziele feuerbereit.

10.6.44

3 Uhr. Die 1. Batterie ist mit zwei Flak-Kampftruppen in Stellungen beiderseits Cussy gegen Erdziele feuerbereit. Der I. Zug der 4. Batterie trifft ein und bezieht Stellung rund 1,5 km nordwestlich Punkt 114.

11 Uhr. Abschuß einer „Spitfire" durch die 2. Batterie. Ein Angriff des SS-Pz.-Pi.-Btl. 12 auf Norrey wird vom Gegner abgewiesen. Vor dem Abschnitt III/25 werden 46 feindliche Panzer erkannt.

16.15 Uhr. Abschuß einer „Spitfire" durch die 2. Batterie.

Den ganzen Tag anhaltend starke Lufttätigkeit durch Jabos. Es war bewölkt und regnerisch. Der Muni-Verbrauch lag bei 217 Schuß 8,8 cm, 150 Schuß 3,7 cm und 3.508 Schuß 2 cm.

11.6.44

In Feuerstellung im Raum Caen.

Ganztägig starke feindliche Feuertätigkeit.

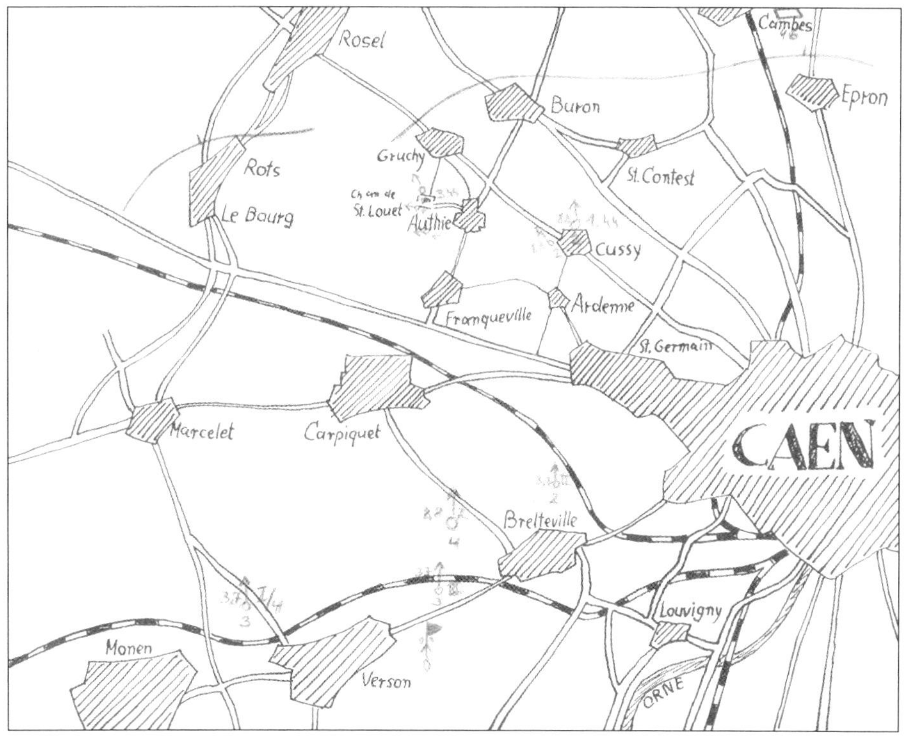

Einsatzskizze der SS-Flak-Abteilung 12 vom 11. Juni 1944

9.15 Uhr. Abschuß einer „Spitfire" durch die 1. Batterie. Verlauf der vorderen Linie: nördl. Epron, nördl. Buron, Rots einschl. Norrey, ausschl. Bronay, ausschl. Audrieu, ausschl. Abteilungs-Gefechtsstand Verson. Stellung der Batterien wie am Vortag. In den Nachmittagsstunden Panzerdurchbruch bei der Panzer-Lehr-Division. SS-Pz.-Rgt.12 wird zum Gegenstoß angesetzt.

10.32 Uhr. Abschuß einer „Mustang" durch die 4. Batterie.

15.55 Uhr. Abschuß einer „Tomahawk" durch die 1. Batterie.

Es war den ganzen Tag regnerisch, der Muni-Verbrauch lag bei 113 Schuß 8,8 cm, 418 Schuß 3,7 cm und 1.532 Schuß 2 cm.

12.6.44

In Feuerstellung im Raum Caen.

Der SS-Ustuf. Hartwig übernimmt die 2. Batterie. Die Batterie führt Stellungswechsel nach Franqueville zum Erdeinsatz mit Panzerbeschuß durch. Ganztägig feindliche Jabo-Angriffe beobachtet und mit leichter Flak bekämpft.

10.43 Uhr. Abschuß einer „Lightning" durch die 4. Batterie.

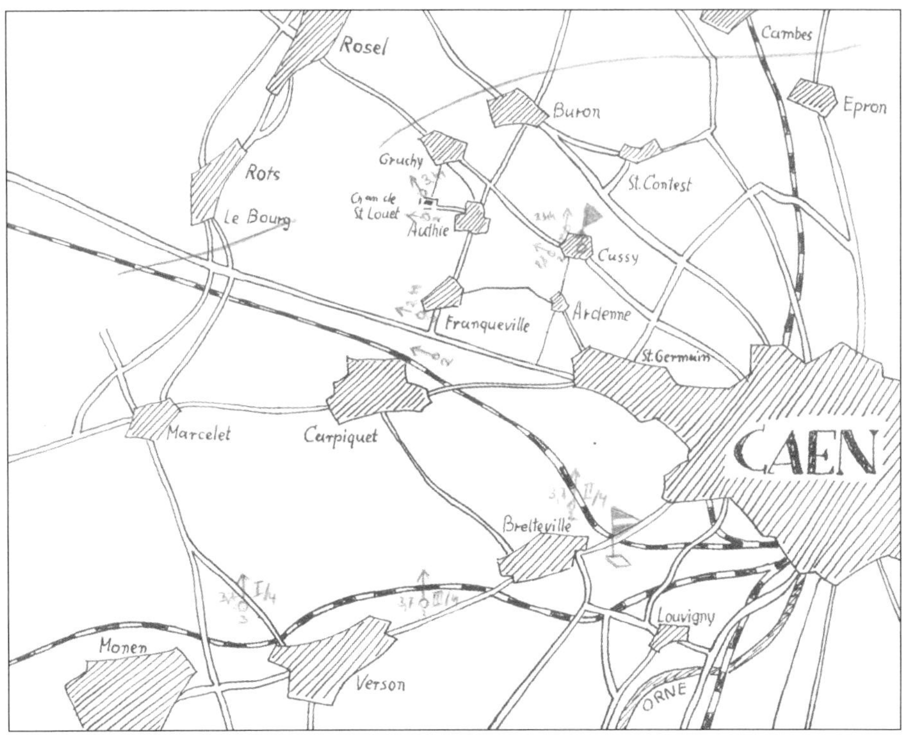

Einsatzskizze der SS Flak-Abteilung 12 vom 12. Juni 1944

12.45 Uhr. Abschuß einer „Spitfire" durch die 1. Batterie.

23 Uhr. Verlegung des Abt. Gef. Std. nach Cussy

Bedeckt und dann wieder sonnig. Muni-Verbrauch 314 Schuß 3,7 cm und 169 Schuß 2 cm.

13.6.44

In Feuerstellung im Raum Caen.

Die SS-Flak-Abteilung 12 wird dem SS-Pz.-Gr.-Rgt. 25 taktisch unterstellt und übernimmt verantwortlich die Verteidigung des Abschnittes Gruchy–Höhe 69–Eisenbahnunterführung 1,5 Kilometer nordwestlich Carpiquet.

11 Uhr. Verlegung des Abt. Gef. Std. nach Franqueville.

13 Uhr. Stärkster Art.-Überfall auf Stellung der 1. Batterie in Cussy.

20.20 Uhr. Stärkster Feuerüberfall auf Stellungen der 2. Batterie hart westl. Franqueville.

14.6.44

In Feuerstellung im Raum Caen.

13 Uhr. Stärkste Art.-Überfälle auf die rückwärts liegenden Ortschaften und Art.-Beschuß des Div. Gef. Std. Bei diesem Feuerüberfall fiel der Divisions-Kommandeur SS-Brigadeführer Fritz Witt.

16 Uhr. Zerstörung des Kirchturmes von Norrey durch das Geschütz Cäsar der 1. Batterie, welches für diesen Zweck eine eigene Feuerstellung bezog.

Es war den ganzen Tag leicht bewölkt. Muni-Verbrauch 53 Schuß 8,8 cm und 632 Schuß 3,7 cm.

15.6.44

In Feuerstellung im Raum Caen.

16 Uhr. Zerstörung des Kirchturms von Bretteville durch das Geschütz Cäsar der 1. Batterie, welches zu diesem Zweck, wie am Tag zuvor, Wechselstellung bezog. In den Abendstunden starkes feindliches Artillerie-Feuer auf den gesamten Frontabschnitt. Während des Tagesverlaufs nur geringe feindliche Flugtätigkeit. Das Wetter war leicht bewölkt. Muni-Verbrauch 80 Schuß 8,8 cm.

15.6.44.
Tagesbefehl – Abschrift Generalkommando I. SS-Panzerkorps Leibstandarte
In den schweren Kämpfen gegen die englische Invasions-Armee fand den Heldentod der Kommandeur der 12. SS-Panzer-Division „Hitlerjugend" SS-Brigadeführer und Generalmajor der Waffen-SS Fritz Witt, Träger des Eichenlaubs zum Ritterkreuz des Eisernen Kreuzes. In höchster Pflichterfüllung gab ein hochbewährter Truppenführer und gläubiger Kämpfer sein Leben für den Führer und Deutschlands Freiheit. Die Leistungen seiner jungen Division, die er geschaffen und in den Kampf geführt hat, zeugen von seinem tapferen Einsatz und hohen militärischen Können. Das I. SS-Panzerkorps Leibstandarte verliert in diesem hervorragenden Divisions-Kommandeur einen seiner Besten. Wir alle wollen ihn ehren durch kämpferischen Einsatz, wie er es uns vorlebte. Heil dem Führer.
Der kommandierende General
gez. Dietrich, SS-Obergruppenführer
und Panzergeneral der Waffen-SS

16.6.44

In Feuerstellung im Raum Caen.

5 Uhr. Feuerüberfall der eigenen Artillerie auf die feindlichen Linien. Im ganzen Abschnitt anhaltendes starkes Artillerie-Feuer auf eigene Stellungen. Starke feindliche Jabo- und Aufklärungstätigkeit.

In den frühen Morgenstunden setzte sich SS-Pz.-Rgt. 26 auf die allgemeine Linie Höhe 102–St. Manvien ab.

15.20 Uhr. Landung von zwölf zweimotorigen Feindmaschinen südwestlich Punkt 79.

16.10 Uhr. Landung von vier Lastenseglern am selben Ort.

17.35 Uhr. Mehrere Lastensegler gelandet.

18 Uhr. Start von rund zehn feindlichen Maschinen in Gairon beobachtet.

19 Uhr. Landung von drei Lastenseglern erkannt. Während des Tages keine eigene Flugtätigkeit.

Das Wetter war regnerisch. Muni-Verbrauch 1.000 Schuß 3,7 cm.

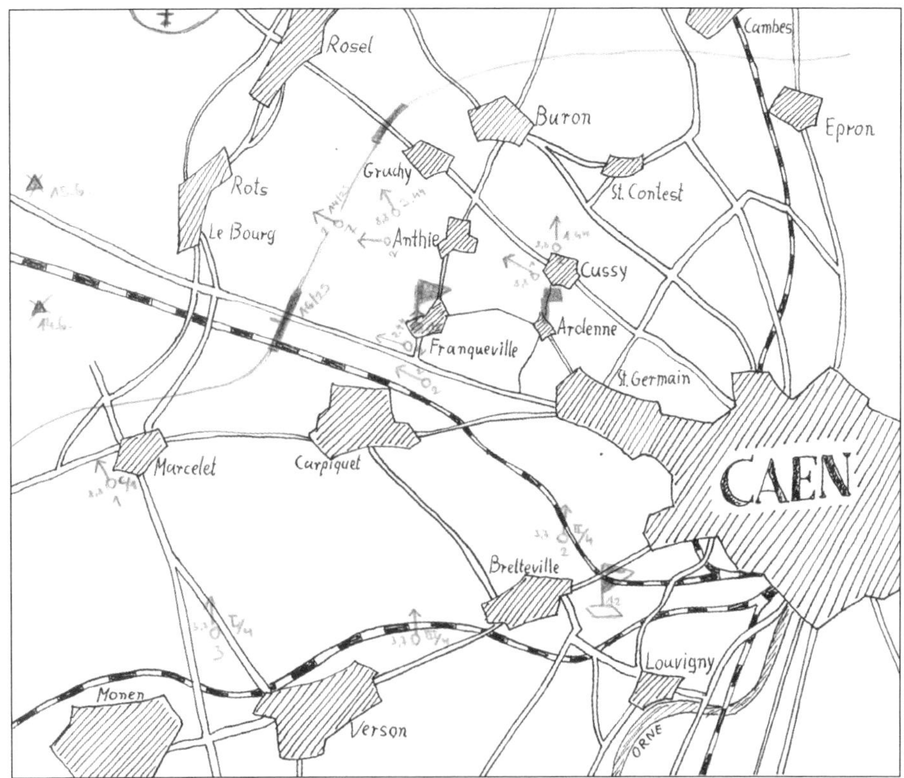

Einsatzskizze der SS-Flak-Abteilung 12 vom 16. Juni 1944

17.6.44

In Feuerstellung im Raum Caen.

Tagsüber starke feindliche Artillerie-Tätigkeit im gesamten Frontabschnitt. Rege Feindliche Jabo- und Aufklärungstätigkeit über dem Raum, Landung von Lastenseglern bei Gairon beobachtet.

16 Uhr. Zwölf Feindpanzer stießen rund 600 Meter nordwestlich auf Gruchy vor und beschossen Ziele im Raum von Gruchy und Authie.

17.15 Uhr. Die Feindpanzer zogen sich wieder zurück.

18.10 Uhr. Vorbeiflug eines Verbandes von etwa 80 „Marauder"-Bombern, nur geringe eigene Flugtätigkeit beobachtet. Das Wetter war leicht bewölkt, Muni-Verbrauch 1.606 Schuß 2 cm.

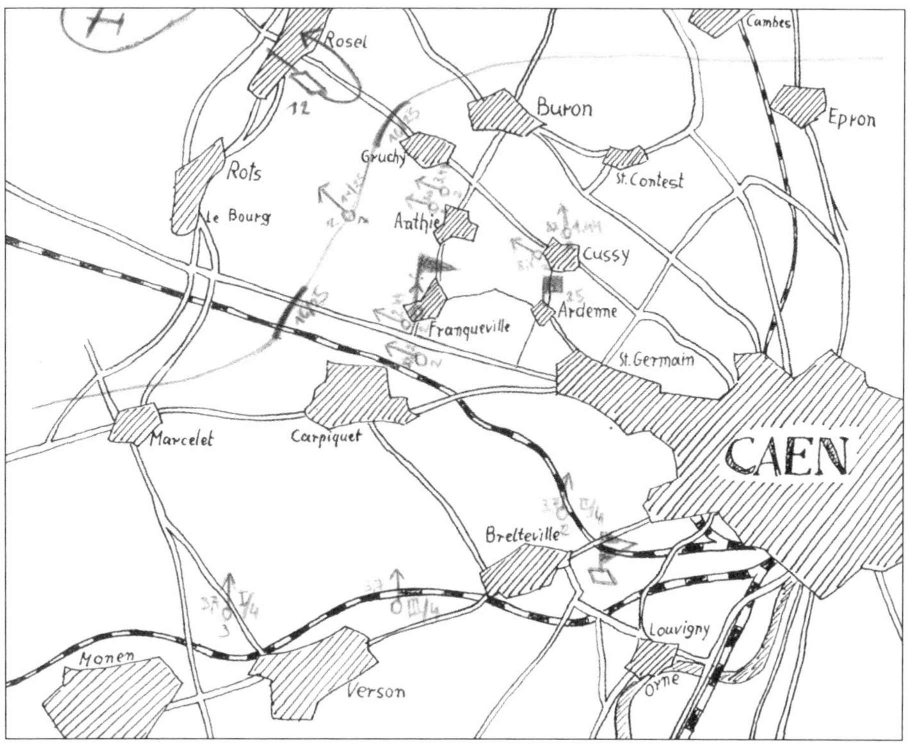

Einsatzskizze der SS-Flak-Abteilung 12 vom 17. Juni 1944

18.6.44

In Feuerstellung im Raum Caen.

Während des Tages rege feindliche Jabo- und Aufklärungstätigkeit.

13 Uhr. Landung von elf feindlichen Transportmaschinen südwestlich Punkt 79.

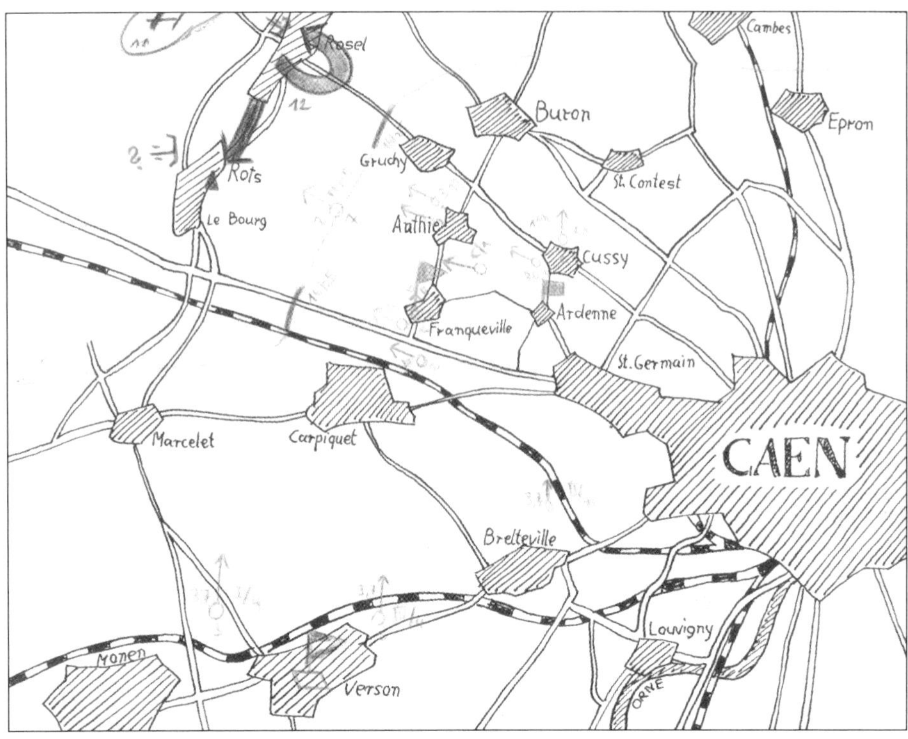

Einsatzskizze der SS-Flak-Abteilung 12 vom 18. Juni 1944

15 Uhr. Die bei Punkt 82 erkannte B-Stelle wurde durch ein 8,8-cm-Geschütz der 1. Batterie bekämpft. Der Turm wurde bis über die Hälfte abgeschossen. Auf der Straße bei Rosel wurde während des ganzen Tages reger Fahrzeugverkehr beobachtet. Zu verschiedenen Zeiten starke feindliche Artillerietätigkeit. Feuerstellungen vermutlich nordwestlich Rots und nordwestlich Rosel.

16.15 Uhr. Zwölf Feindpanzer stießen rund 600 Meter nordwestlich von Gruchy vor und beschossen Ziele im Raum von Gruchy und Authie.

17.30 Die Panzer zogen sich wieder zurück. Der Typ war nicht feststellbar.

Das Wetter war diesig und bewölkt. Muni-Verbrauch 48 Schuß 8,8 cm und 340 Schuß 3,7 cm.

19.6.44

In Feuerstellung im Raum Caen.

Durch das trübe Wetter konnten die vorderen Infanterieteile des Feindes nicht festgestellt werden. Beobachtungen ins feindliche

Hinterland waren fast unmöglich. Zu verschiedenen Zeiten schwächeres feindliches Störungsfeuer vermutlich aus dem Raum Rosel, Vieux, Cairon. Nur geringe feindliche Flugtätigkeiten, Typen wurden nicht erkannt. Kein Muni-Verbrauch.

20.6.44

In Feuerstellung im Raum Caen.

Zu verschiedenen Zeiten des Tages starkes feindliches Störungsfeuer, vermutlich aus dem Raum Rosel, Vieux, Cairon.

13 Uhr. Auf der Straße Verson–Marcelet wurde eine größere Panzeransammlung in der Stärke von 25 Feindpanzern festgestellt. Innerhalb von sechs Stunden marschierten die Panzer in langsamer Fahrt auf der Straße Verson–Marcelet in wechselnder Richtung. Während des Tages nur geringe feindliche Flugtätigkeit.

19.40 Uhr. Bei Punkt 59 Landung von sieben feindlichen Transportmaschinen beobachtet. Das Wetter war diesig und bewölkt. Muni-Verbrauch 500 Schuß 3,7 cm und 1.561 Schuß 2 cm.

21.6.44

In Feuerstellung im Raum Caen.

Auf dem Kirchturm von Rots wurden zwei Mann festgestellt. Vermutlich feindliche B-Stelle. Während des Tages fortwährende feindliche Artillerietätigkeit.

16.40 Uhr. Landung von sechs feindlichen Transportmaschinen nordwestlich Cairon beobachtet.

18.20 Uhr. Die Straße Cairon–Rosel wurde von einer größeren Fahrzeugkolonne befahren. Das Wetter war bewölkt und dunstig. Muni-Verbrauch 105 Schuß 3,7 cm.

22.6.44

In Feuerstellung im Raum Caen.

9.20 Uhr. Am NO-Ausgang des Dorfes Rots wurden schwache Infanterieteile des Feindes festgestellt. Im Verlauf des Tages wurden auf der Straße Buron–Cairon mehrere Transportkolonnen beobachtet. Zu verschiedenen Zeiten stärkere Artillerie-Überfälle des Feindes, vermutlich aus dem Raum Rots, Vieux, Cairon. Während des Nachmittages laufend Landung und Start mehrerer feindlichen Transportmaschinen im NW-Raum Cairon beobachtet.

19.20 Uhr. Fünf Feindpanzer in Fahrt auf der Straße Cairon–Buron beobachtet.

19.30 Uhr. Starke feindliche Bomberverbände, Typ „Mitchel", im Überflug von Raum 12-6. Das Wetter war teils klar, dann wieder bewölkt. Kein Muni-Verbrauch.

23.6.44

In Feuerstellung im Raum Caen.

In den frühen Morgenstunden Einbruch des Gegners beim rechten Nachbarn (21. Pz.-Div.). Einbruch wird in den Nachmittagsstunden wieder bereinigt. Auf der Straße Buron–Cairon während des ganzen Tages hin- und herfahrende Lkws beobachtet. Eine feindliche Artillerie-Stellung nördlich von eigener B-Stelle erkannt. Diese wurde am Nachmittag von eigener Artillerie beschossen.

13.30 Uhr. Auf der Straße Rots–Rosel wurden fünf feindliche Panzer erkannt.

15.56 Uhr. Zwölf „Lightning"-Jäger überfliegen den Raum von 12-3 und zwei „Typhoon" von 8-4.

20.40 Uhr. Landung von 22 feindlichen Transportmaschinen bei Punkt 59 beobachtet.

20.45 Uhr. Feindmaschinen („Stirling") setzen bei Punkt 18 Fallschirmspringer ab. Das Wetter war bewölkt. Muni-Verbrauch 119 Schuß 3,7 cm.

24.6.44

In Feuerstellung im Raum Caen.

Während des Tages mehrfach feindliche Nahaufklärer beobachtet.

8.55 Uhr. Landung von fünf feindlichen Transportflugzeugen westlich von Cairon. Tagsüber mehrere Überflüge deutscher Jagdflugzeuge vom Typ Me 109 beobachtet. Ostwärts Rots und nördlich Gruchy wurden feindliche Infanterieteile festgestellt. Aus diesen Infanterie-Stellungen lag MG-Feuer auf dem Abschnitt 14./25. Im Verlauf des Tages reger Fahrzeugverkehr auf den Straßen Rots–Rosel und Cairon–Buron beobachtet. Auf dem Abschnitt 16./25 lag vereinzeltes Granatwerferfeuer, vermutlich aus dem Raum Rosel. Außerdem vereinzeltes Artillerie-Störungsfeuer aus dem Raum Rosel–Cairon. In einem Bauernhof südlich des Kirchturmes Rots wurde ein Feindpanzer erkannt. Während der Nacht eigene Spähtrupp-Tätigkeit. Das Wetter war klar, zeitweise leicht bewölkt. Muni-Verbrauch 137 Schuß 3,7 cm.

25.6.44

In Feuerstellung im Raum Caen.

Feindliche Artillerie-Beobachter auf dem Kirchturm von Rots festgestellt. Auf der Straße Cairon–Buron im Verlauf des Tages reger feindlicher Fahrzeugverkehr. Zeitweise feindliches Granatwerferfeuer auf eigene Stellungen, vermutlich aus dem Raum Rosel.

13.10 Uhr. Auf der Straße Rots–Rosel vier Feindpanzer beobachtet. Während des Tages lebhafte feindliche Flugtätigkeit, Typ „Marauder“ und „Thunderbolt“, außerdem starke Verbände „Flying Fortress“. Bei Cairon landeten am Nachmittag acht feindliche Transportmaschinen. Das Wetter war bewölkt und regnerisch, kein Muni-Verbrauch.

26.6.44

In Feuerstellung im Raum Caen.

In den frühen Morgenstunden brach der Gegner zwischen SS-Pz.-Pi.-Btl. 12 und I./SS-Pz.-Gr.-Rgt. 26 mit starken Kräften ein.

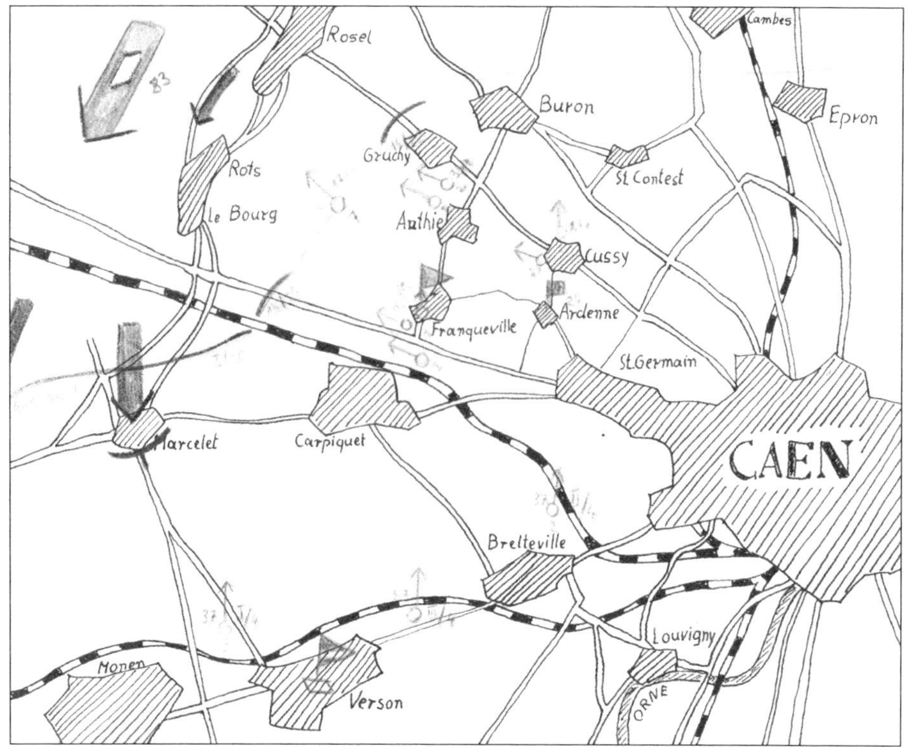

Einsatzskizze der SS-Flak-Abteilung 12 vom 26. Juni 1944

Er nahm Cheux und Marcelet. Die Kämpfe halten den ganzen Tag über an. Im Tagesverlauf ständig stärkster Fahrzeugverkehr auf der Straße Rosel–Rots und Norrey–St. Manvieu beobachtet. Anhaltendes fdl. Art.-Feuer aus dem Raum Lasson. Auf den Straßen Lasson–Bretteville, Erey–Rots, le Bourg–Gruilly und Lasson–Erey wurden im Laufe des Tages 83 Feindpanzer erkannt. Während des Tages Überflüge einzelner Feindmaschinen, Typen nicht erkannt.

27.6.44

In Feuerstellung im Raum Caen.

7 Uhr. Im Raum nördlich Bretteville zehn Feindpanzer und stärkere Fahrzeugkolonnen beobachtet.

7.30 Uhr. Südl. und südwestl. Le Hamel feindl. Fahrzeugansammlungen erkannt. An der Kolonne stärkere Infanterieteile des Feindes beobachtet.

13.30 Uhr. Auf der Straße Rots–Rosel rund 30 Feindpanzer gesichtet.

13.30 bis 15.30 Uhr. Im Raum NNW von Rots landeten etwa 80–100 Lastensegler.

16.35 Uhr. Start von 20 feindlichen Transportmaschinen bei Erey–Lasson. Am Tage vereinzelte fdl. Jabo-Tätigkeit. Der Feind versuchte mit allen Mitteln, seinen Einbruch im Raum Cheux–Marcelet zu erweitern. Das Wetter war bewölkt und regnerisch. Muni-Verbrauch 50 Schuß 3,7 cm.

28.6.44

In Feuerstellung im Raum Caen.

9.30 Uhr. SS-Pz.-Rgt. 12 und I. und II./SS-Pz.-Gr.-Btl. traten unter Führung von SS-Staf. Meyer im Raum Verson zum Gegenangriff an.

14.15 Uhr. Auf der Straße Le Bourg–Bretteville wurde eine Kompanie feindliche Inf. beobachtet. Die Fahrzeuge auf dem Sammelplatz südwestl. Le Hamel hatten sich gegenüber dem Vortag stark vermehrt. Auf der Straße Rots–Rosel anhaltender feindl. Fahrzeugverkehr beobachtet. Während des Tages schwächeres feindl. Art.-Feuer aus dem Raum Rots.

16.50 Uhr. Sechs Feindpanzer nördlich Le Bourg beobachtet. Im Tagesverlauf rege fdl. Flugtätigkeit vom Typ „Spitfire". Das Wetter war bewölkt, zeitweise klar. Kein Muni-Verbrauch.

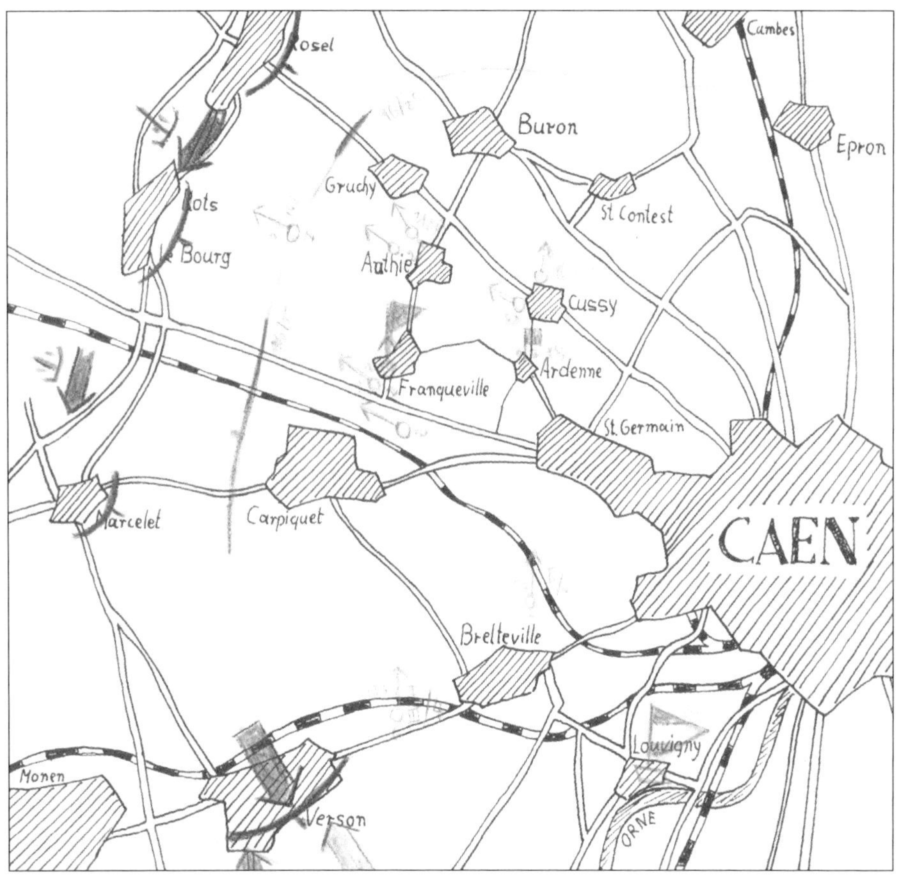

Einsatzskizze der SS Flak-Abteilung 12 vom 28. Juni 1944

29.6.44

In Feuerstellung im Raum Caen.

9.45 Uhr. Vor dem Dorf Rots fünf Feindpanzer erkannt.

9.50 Uhr. Etwa eine Komp. feindl. Inf. auf dem Fußmarsch von Rots–Le Bourg beobachtet.

10.05 Uhr. Auf gleicher Straße eine größere Fahrzeugkolonne erkannt.

10.20 Uhr. Eine feindl. Art.-Stellung nördlich Rots erkannt. Während des Tages zeitweise stärkeres feindl. Störungsfeuer aus dieser Stellung.

16.20 Uhr. Im Raum Lasson landeten 16 feindl. Transportmaschinen.

19.30 Uhr. Jabo-Angriffe des Feindes auf Carpiquet und ostwärts davon.

20.40 Uhr. Nochmals Jabo-Angriffe des Feindes auf Carpiquet und ostwärts davon.

Während des ganzen Tages zeitweise rege fdl. Flugtätigkeit. Der Gegenangriff gegen den im Raum Creux–Marcelet eingebrochenen Feind ist noch im Gang. Das Wetter war bewölkt. Muni-Verbrauch 420 Schuß 3,7 cm.

30.6.44

In Feuerstellung im Raum Caen.

8.17 Uhr. Auf der Straße Rosel–Cairon eine feindl. Fahrzeugkolonne erkannt.

9.00 Uhr. Auf der Straße Rots–Le Bourg 22 Feindpanzer beobachtet.

9.33 Uhr. Wiederum eine größere Fahrzeugkolonne auf der Straße Rots–Le Bourg erkannt.

15.20 Uhr. Schwaches fdl. Störungsfeuer vermutlich aus dem Raum Rots. Südwestl. Norrey wurden fdl. Art.-Stellungen ausgemacht.

17.15 Uhr. Mehrere „Lightnings“ in großer Höhe über dem Raum kreisend.

18.45 Uhr. Auf der Straße Le Bourg–Rosel vier Feindpanzer beobachtet.

20.45 Uhr. In Richtung NO von Epron Abwurf von Versorgungsbomben durch etwa zehn viermot. Feindmaschinen. Der Gegenangriff im Raum Marcelet mit Unterstützung der 10. SS-Panzer-Division ist noch im Gange.

Das Wetter war bewölkt, nachts regnerisch. Muni-Verbrauch 516 Schuß 3,7 cm.

1.7.44

In Feuerstellung im Raum Caen.

Während des Tages auf den Straßen Rots–Le Bourg–Erey–Rots–Rossel anhaltend starker Fahrzeugverkehr beobachtet. Zu verschiedenen Zeiten starkes fdl. Störungsfeuer auf den eigenen Frontabschnitt.

11.20 Uhr. Auf der Straße Rots–Le Bourg neun Feindpanzer beobachtet. Zeitweilige Störungsflüge von „Thunderbolt“ und „Spitfire“ über dem Raum.

16.55 Uhr. Neun fdl. Transportmaschinen südostw. Cairon gelandet. Das Wetter war regnerisch. Muni-Verbrauch 393 Schuß 3,7 cm.

2.7.44

In Feuerstellung im Raum Caen.

8.30 Uhr. Anhaltender Fahrzeugverkehr auf der Straße Rots–Le Bourg beobachtet.

9.45 Uhr. Nördl. Rots eine fdl. Art.-Stellung erkannt.

10.00 Uhr. 18 Feindpanzer auf der Straße Rots–Le Bourg beobachtet.

10.40 Uhr. Im Raum Rosel zehn fdl. Transporter gelandet, Typ DC 3.

11.45 Uhr. Nördl. Rots fdl. Panzeransammlung erkannt.

15.00 Uhr. Fdl. Jabo-Angriff im Raum westl. Carpiquet.

15.45 Uhr. 20 eigene Maschinen im Raum über dem Regiments-Abschnitt gesichtet. Typ Me 109. Ein Luftkampf wurde beobach-

Anlage Nr. 6 zum Kriegstagebuch Nr. 3
der SS-Flak-Abteilung 12
12. SS-Pz. Div. Hitlerjugend

Div. Gef. Stand, den 2.7.1944
Abt. Ia 2051/44 geh. My/Nk

GEHEIM
Divisionsbefehl

1. Der Feind hat seit Beginn des eigenen Gegenangriffes im Einbruchsraum Verson von weiteren Angriffen abgesehen. Beobachtete Panzer- und Fahrzeugbewegungen in nördlicher Richtung lassen auf eine Umgliederung der Feindkräfte und Vorbereitung neuer Angriffe an anderer Stelle schließen. Im Abschnitt der Division ist die Nahtstelle zum rechten Nachbarn im Falle eines Feindangriffes besonders gefährdet. Außerdem ist im gesamten Abschnitt der Division mit Angriffen zu rechnen.

2. Zur Verstärkung der Stellung werden SS-Flak-Abt.12, 16./SS.Pz. Gr.Rgt. 25 (ohne I. Zug) und Kraderkundungszug/SS.Pz.Gr.Rgt. 25 in ihrem Abschnitt durch II./SS-Pz.Gr.Rgt. 26 abgelöst.

4. SS-Flak-Abt.12 bezieht im Raum nordwestlich und westlich Caen neue Stellungen, die sowohl Panzer- als auch notfalls Luftabwehr ermöglichen.

5. Die Stellungen sind mit allen Mitteln auszubauen und laufend zu verstärken.

6. Die Ablösung der SS-Flak-Abt.12 durch II./SS-Pz.Gr.Rgt. 26 hat bis zum 3.7.1944, 4 Uhr, zu erfolgen und ist bis zum 3.7.1944, 6 Uhr, der Div./Ia zu melden.

7. SS-Sturmbannführer Fend wird als Stabsoffizier für Panzerabwehr eingesetzt. Er macht Vorschläge für Einsatz der Panzerabwehrwaffen sämtlicher Verbände der Division. Bis 3.7.1944, 18 Uhr, ist ein Panzerabwehrplan der Division einzureichen.

F.d.R.
Im Entwurf gezeichnet:
Der erste Generalstabsoffizier Meyer
Gez. Meyer
SS-Standartenführer

F.d.R.d.A.: SS-Untersturmführer und Adjutant

tet. Am Tage starkes Granatwerferfeuer, vermutlich aus dem Raum Rots. Das Wetter war bewölkt. Muni-Verbrauch 878 Schuß 3,7 cm.

3.7.44

In Feuerstellung im Raum Caen.

0 Uhr. Es erfolgt die Ablösung der SS-Flak-Abteilung 12 durch II./Rgt. 26. Die 3. Battr. führt Stellungswechsel in den Raum nordostw. St. Germain zum Panzerbeschuß durch. Die 2. Battr. verbleibt vorerst in Stellung. Unterstellungsverhältnis SS-Pz. Gr. Rgt. 25 wird aufgehoben.

3 Uhr. Verlegung des Abt. Gef. Std. in den Raum hart nordwestl. Caen.

14.25 Uhr. Auf der Straße Rots–Le Bourg zehn Feindpanzer beobachtet.

15 Uhr. Eine größere Lkw-Kolonne auf gleicher Straße erkannt.

16.30 Uhr. Auf der Straße Rots–Rosel wurden fdl. Inf.-Teile gesichtet. Das Wetter war bewölkt und zeitweise regnerisch. Kein Muni-Verbrauch.

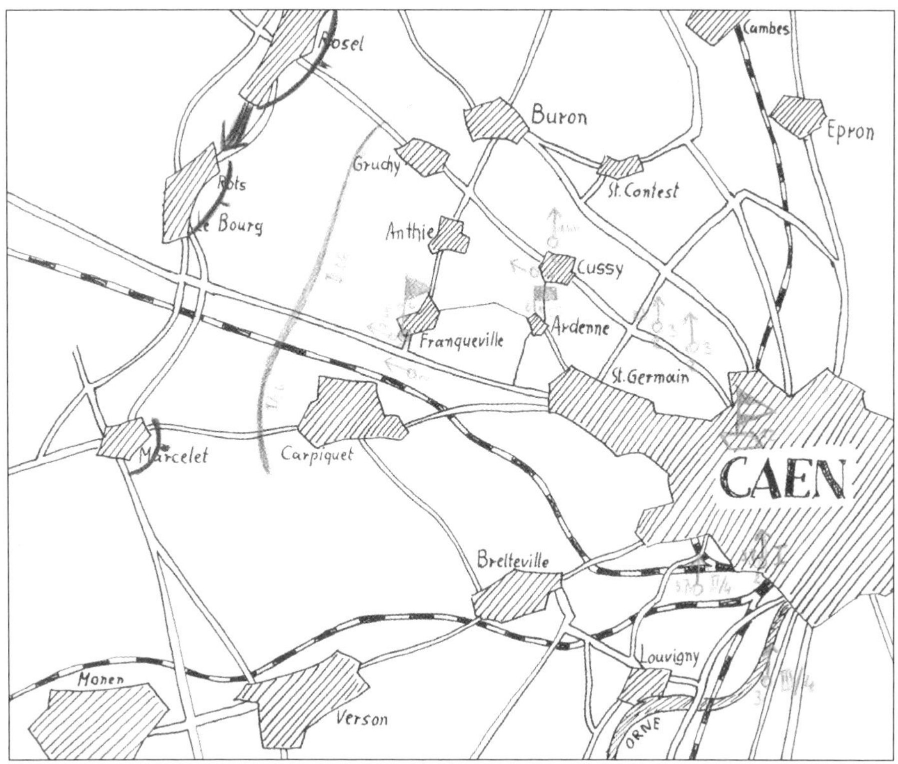

Einsatzskizze der SS-Flak-Abteilung 12 vom 3. Juli 1944

4.7.1944

In Feuerstellung im Raum Caen.

0 Uhr. 2. Battr. und Rest 3. Battr. führen Stellungswechsel durch. 2. Battr. bezieht Pz.Abwehr-Stellungen im Raum Venoir. Die 4. Battr. macht ebenfalls Stellungswechsel und wird zum Schutz der Eisenbahnbrücke über die Orne südlich Hippodrom zum Luft- und Erdzielbeschuß eingesetzt.

5 Uhr. Starkes fdl. Art.-Feuer auf die Stellungen der 1. Battr. (Cussy), das den ganzen Tag über anhielt. In den frühen Morgenstunden gelang es starken fdl. Kräften nach schwerster Art.-Vorbereitung, Carpiquet zu nehmen. Ein eigener Stützpunkt an der südwestl. Ecke des Flugplatzes wies mehrere Angriffe unter hohen Verlusten für den Feind ab und hielt sich. Den ganzen Tag über rege fdl. Lufttätigkeit und mehrere Jabo-Angriffe.

Das Wetter war bewölkt und zeitweise regnerisch. Kein Muni-Verbrauch.

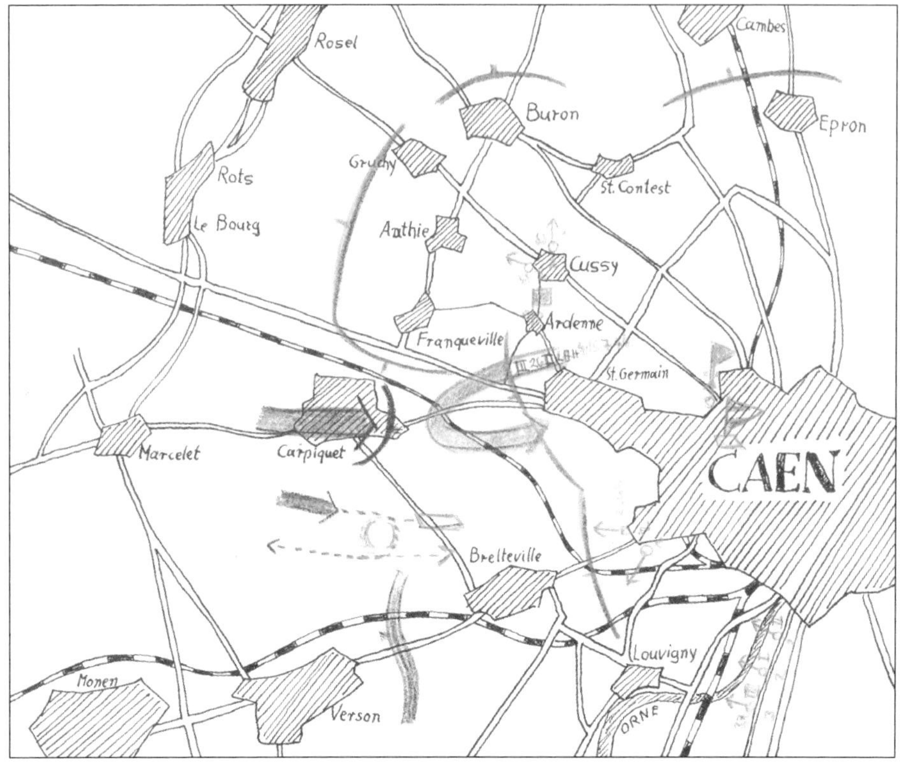

Einsatzskizze der SS-Flak-Abteilung 12 vom 4. Juli 1944

5.7.1944

In Feuerstellung im Raum Caen.

Ein in der Nacht vom 4. zum 5.7. durchgeführter eigener Gegenangriff zur Wiedergewinnung von Carpiquet wurde vom Gegner abgewiesen. Tagsüber lebhafte fdl. Art.- und Fliegertätigkeit. Am Südrand von Carpiquet wurden einzelne Feindpanzer beobachtet.

18.15 Uhr. Die 4. Battr. führte Stellungswechsel durch und wurde jenseits der Orne zum Luft- und Erdzielbeschuß eingesetzt.

Das Wetter war bewölkt. Muni-Verbrauch 202 Schuß 3,7 cm.

6.7.1944

In Feuerstellung im Raum Caen.

Während des Tages nur schwache Art.-Tätigkeit des Feindes. In den Morgenstunden Angriff mehrerer Feindmaschinen auf Caen, Typ „Marauder“.

14.22 Uhr. Auf dem Flugplatz Caen westlich der Flughallen landete ein feindl. Aufklärer.

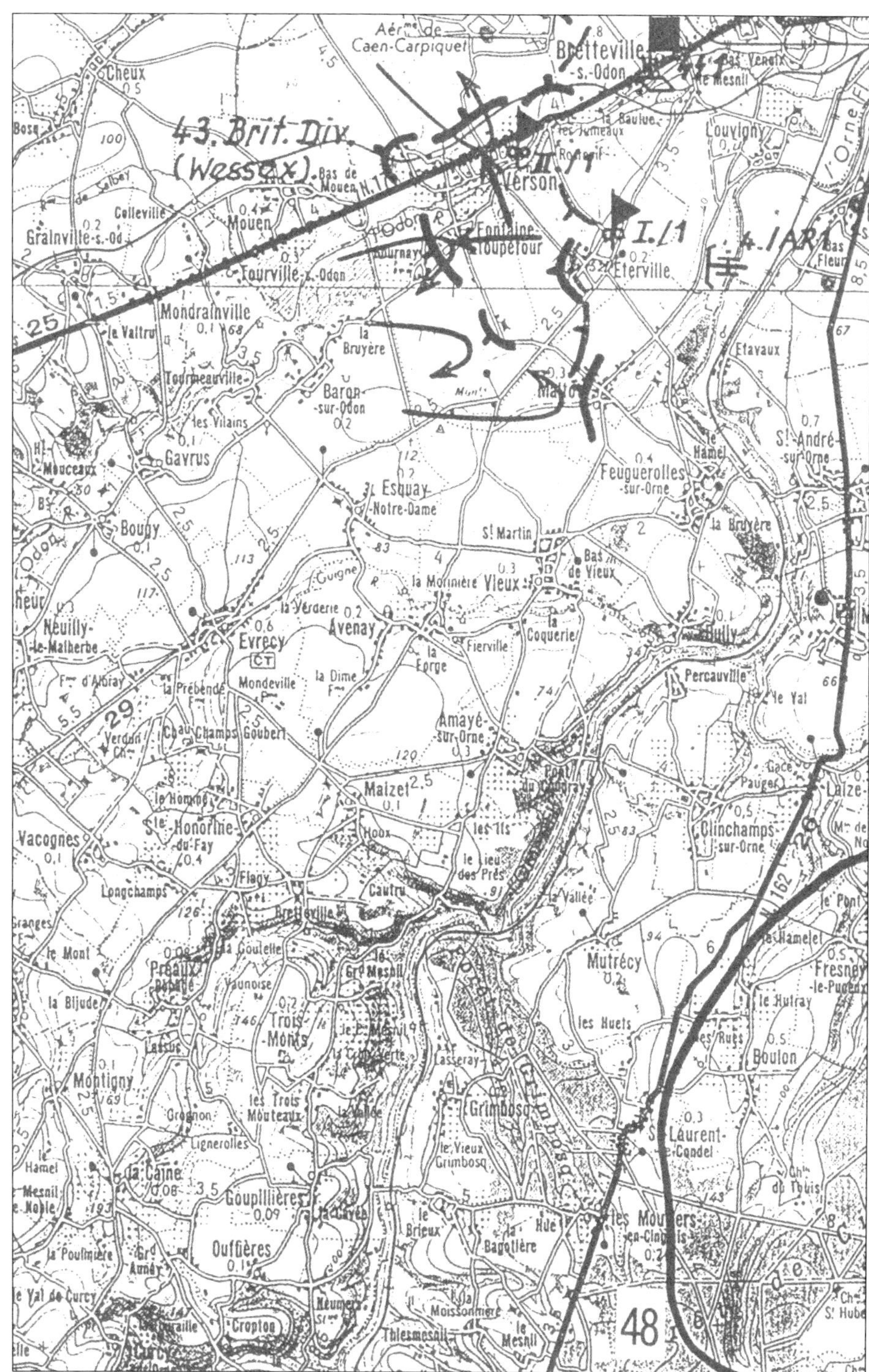

Lagekarte 12. SS-Pz.-Div. vom 4. bis 6. Juli 1944

14.30 Uhr. Start dieser Maschine beobachtet. Das Wetter war klar und sonnig. Kein Muni-Verbrauch.

7.7.1944

In Feuerstellung im Raum Caen.

Am Morgen rege fdl. Luftaufklärung über dem Raum von Carpiquet, Typ „Marauder“. Während des Tages nur schwächere fdl. Art.-Tätigkeit

21.45 Uhr. Angriff von etwa 1.000 „Lancaster“- und „Halifax“-Bombern auf den Nordwestteil der Stadt Caen. Hierbei verschiedene Bombenvolltreffer in die Protzenstellung der 3. Battr. Dauer bis 22.45 Uhr

22 Uhr. Während des Angriffes Abschuß einer „Lancaster“-Maschine durch 4. Battr., Abschußbeteilung bei einer weiteren Maschine.

Das Wetter war bewölkt, zeitweise klar. Muni-Verbrauch 49 Schuß 8,8 cm und 2.231 Schuß 3,7 cm.

8.7.1944

In Feuerstellung im Raum Caen.

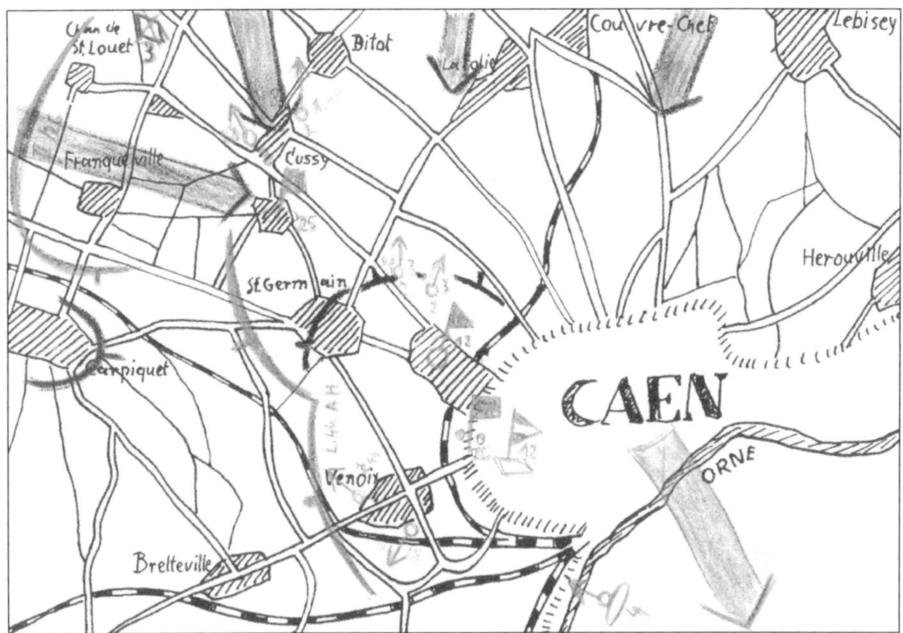

Einsatzskizze der SS-Flak-Abteilung 12 vom 8. Juli 1944, Sicherungslinie um 21 Uhr

3.10 Uhr. Starkes Art.-Feuer auf Nordwest- und Westteil von Caen. Während der Nacht anhaltendes starkes Art.-Feuer des Feindes auf den gesamten eigenen Frontabschnitt.

4.30 bis 5.30 Uhr. Von der 1. Battr. (Cussy) wurde ein Art.-Sperrfeuer vor den Abschnitt des I./25 gelegt. In den frühen Morgenstunden erfolgte Angriff des Gegners. Hierbei wurden durch die 1. Battr. drei Feindpanzer vom Typ „Sherman" und „Churchill" mit Sicherheit und ein Panzer wahrscheinlich abgeschossen. Bei letzterem liegt evtl. Beteiligung durch eigene Panzer vor. Abschußort der Panzer südostwärts Cruchy. In den Mittagsstunden wurde ein eigener Gegenangriff auf Cruchy durch einen Kampftrupp der 1. Battr. unterstützt.

16.30 Uhr. SS-Hstuf. Ritzel meldet, daß durch die Feuerschläge der fdl. Art. drei 8,8-cm-Flakgeschütze ausgefallen sind. Geschütz Cäsar ist als einziges noch feuerbereit. Die Stellung wird weiter gehalten.

19.30 Uhr. Der Gegner greift mit starken Inf.- u. Pz.-Kräften Cussy an und überrennt die Stellungen der 1. Battr. SS-Ustuf. Bartsch schlägt sich mit den Resten seines Kampftrupps auf die Stellungen der 3. Battr. durch. Ein von SS-Ustuf. Bartsch durchgeführter Gegenstoß wird abgeschlagen. Reste des SS-Pz.Gr.Rgt. 25 ziehen sich auf die Stellungen der 3. Battr. zurück.

Das Wetter war klar, zeitweise bewölkt. Muni-Verbrauch 333 Schuß 8,8 cm, 71 Schuß 3,7 cm und 2.560 Schuß 2 cm.

Anlage Nr. 2 zum Kriegstagebuch Nr. 3
der SS-Flak-Abt. 12

Abschrift
An den
Kommandeur der SS-Flak-Abt. 12
SS-Sturmbannführer Fend.

Betr.: Nachforschung über den Verbleib des SS-Hstuf. Ritzel, Karl. Im Verlauf der Kampfhandlungen am 8.7.44 habe ich mit SS-Hstuf. Ritzel nachmittags um 16.20 Uhr zum letzten Mal gesprochen. SS-Hstuf. Ritzel besprach mit mir den Einsatz des letzten 8,8-cm-Geschützes. Zu dieser Zeit wurde unsere rechte Flanke durch vier

SPW gesichert. Kurz vor dem um 16.25 Uhr einsetzenden 2½stündigen Art.-Feuer erreichte ich meine Stellung. Um diese Zeit wurde mir gemeldet, daß die SPW-Sicherung nicht mehr vorhanden sei. Infolge des starken Art.-Feuers bekam ich zu SS-Hstuf. Ritzel keine Verbindung mehr. In der Zwischenzeit hatte sich der Gegner unter dem Schutz des Art.-Feuers mit Panzern und Infanterie an unsere Stellungen herangearbeitet. Um 19.15 Uhr ließ das Art.-Feuer nach. Es ergab sich daraus folgende Lage: Die fdl. Kräfte waren, aus Richtung Buron und Autrie kommend, links und rechts an Cussy vorbeigestoßen. Feindl. Infanterie befand sich in unseren vorderen Stellungen. Von rückwärts wurde die Stellung von Panzern beschossen. Die Stellung, in der sich SS-Hstuf. Ritzel befand, war von mir einzusehen. Von SS-Hstuf. Ritzel und den Männern war niemand mehr zu sehen. Bei einem Versuch, die Verbindung zu dieser Stellung aufzunehmen, hatte ich durch einen fdl. Pz.-Spähwagen zwei Verluste. Auf wiederholtes Rufen meldete sich von dort niemand. Ich nehme an, daß die Stellung geräumt wurde, da daß Geschütz schon um 16 Uhr ausgefallen war. Laut Aussagen des SS-Uscha. Büschel, der mit seinem 2-cm-Gschtz. rund 200 Meter rechts von unserer Stellung eingesetzt war, sah er SS-Hstuf. Ritzel um 17 Uhr noch einmal. SS-Hstuf. Ritzel gab ein Marschzeichen durch erhobenen Arm. Wem das Zeichen gegolten hat, konnte Büschel nicht feststellen. Zur gleichen Zeit beobachtete Büschel noch fdl. SPW in Höhe unserer Stellung. Da im gesamten Raum keine eigenen Truppen mehr zu sehen waren, setzte ich mich unter Mitnahme der Verwundeten mit den restlichen fünf Männern ab. Das letzte Geschütz war durch Art.-Treffer auch unbrauchbar geworden. Etwa 250 Meter südlich Cussy sammelte ich sämtliche im Raum befindlichen Versprengten und bezog eine neue Sicherungslinie. Um 21 Uhr bekam ich durch einen Melder vom Rgt. Kdr. 26 den Befehl, mich auf die Sicherungslinie (nördl. Höhen von Caen) zu lösen. Während der Sicherung 250, sdl. Cussy, wurde in dem beobachteten Raum kein einziger Soldat mehr gesehen.

F.d.R.d.A. gez.: Bartsch
SS-Ustuf. u. Battr.-Offz.
SS-Untersturmführer und Adjutant

9.7.1944

In Feuerstellung im Raum Caen.

0.15 Uhr. SS-Ustuf. Stephan überbringt als O.O. der Div. den Befehl zum Stellungswechsel der beiden restlichen schw. Btl. zum Luftzielbeschuß in den Raum Hubert-Folie, ostwärts der Orne.

3 Uhr. 3. Battr. rückt mit den Zugmaschinen der 2. Battr. aus der bisherigen Stellung über die Orne ab und erreicht Hubert-Folie. Die Zugmaschinen der 2. Battr. fahren zurück nach Caen und holen die Geschütze der 2. Battr., die gegen 9 Uhr die Orne überschreiten. Die 2. Battr. zieht bis zum Instellunggehen in Bourguébus unter. In den frühen Morgenstunden lösen sich die Restteile der Div. vom Feind und beziehen eine neue Sicherungslinie am Ostufer der Orne. Abt. Gef. Std. in Bourguébus.

Das Wetter war klar, zeitweise bewölkt. Muni-Verbrauch 173 Schuß 3,7 cm

Auszugsweise Abschrift
12. SS-Pz.-Div. „Hitlerjugend"
O.U. 9.7.1944
Abt. Ia 2060/44 geh.
Geheim
Divisions-Befehl für die Verteidigung

1. Feind hat am 9.7.1944 mittags die am Nordrand von Caen stehenden eigenen Nachtruppen zurückgedrängt. Um 15 Uhr erreichte der Feind mit Aufklärungskräften die Orne bei Caen und die Odon bei Le Mesnil. Das Bestreben des Feindes ist es, Brückenköpfe über die Orne und Odon zu gewinnen.
2. Um 15 Uhr hatten die letzten eigenen Truppen, außer ganz wenigen unerschütterlich haltenden Stützpunkten in der HKL, Orne und Odon von Mündung bis Jumeaux überschritten. Die Division verhindert, daß der Feind die Orne südlich Caen überschreitet.
3. Hierzu verteidigt die 12. SS-Pz.Div. „HJ" mit unterstellten Teilen der 1. SS-Pz.Div. „LSSAH" und unterstellter Werferbrigade 7 in der Linie Orne-Lauf in Caen und bis Odon-Mündung südlich Odon–südlich Le Mesnil–Höhe südlich Jumeaux.
4.Es werden eingesetzt:
a).......

k) SS-Flak-Abt. 12 geht so in Stellung, daß sie in Verbindung mit bereits eingesetzten Flak-Verbänden Luftschutz der Feuerstellungen der eigenen Artillerie und Werfer übernehmen kann. Einsatz zur Panzerbekämpfung muß gewährleistet sein.

F.d.R.d.A.: gez. Meyer
SS-Standartenführer
SS-Untersturmführer und Adjutant

10.7.1944

In Feuerstellung bei Bourguébus. Die Batterien beziehen in neuem Raum Luftzielstellungen, und zwar 3. Battr. rund 600 Meter ostw. Troteval, 2. Battr. in Gegend etwa 1 km. südostw. Bourguébus.

4 Uhr. Die beiden Battr. melden Feuerbereitschaft. Während des Tages Art.-Störungsfeuer im Einsatzraum der Abt. Rege fdl. Lufttätigkeit. Jabo-Angriffe im Raum rund 500 Meter ostw. Ifs. Am Vormittag wurden 19 Me 109 über dem Abschnitt beobachtet.

23.10 Uhr. Die 4. Battr. macht Stellungswechsel.

Das Wetter war regnerisch, kein Muni-Verbrauch.

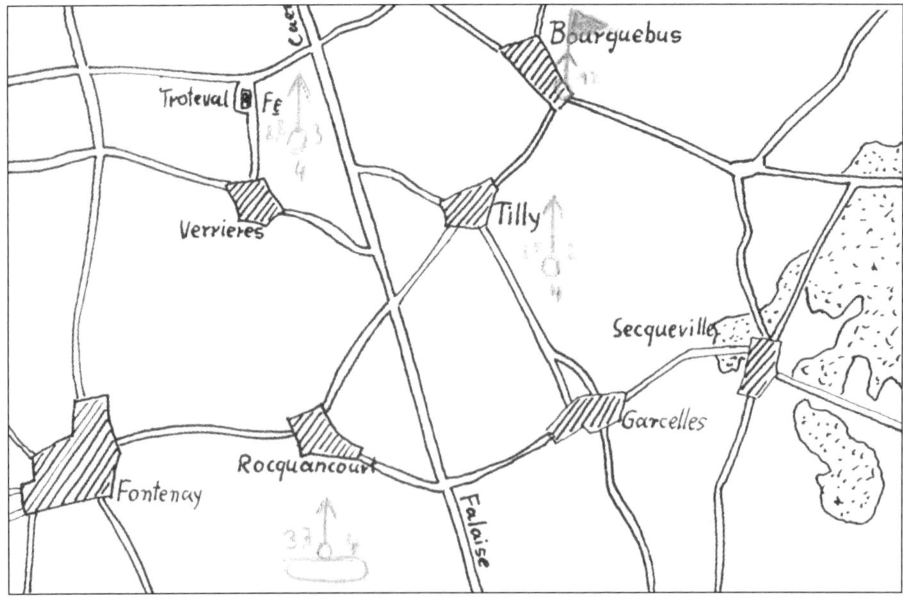

Einsatzskizze der SS-Flak-Abteilung 12 vom 10. bis 14. Juli 1944

Divisionsbefehl vom 10.7.1944:
1. Nach Erfüllung ihrer Aufgaben wird die 12. SS-Pz. Div. „Hitlerjugend" im Laufe des 12.7.1944 aus der Front herausgelöst und in den Raum Chicheboville–Garchelles–Cauvicout–St.Silvain zum Zwecke der Auffrischung versammelt.
2. Der bisherige Abschnitt der Division wird von der 1. SS-Panzer-Division „LSSAH" übernommen.
3. In ihren bisherigen Einsatzräumen bleiben eingesetzt und werden 1. SS-Pz. Div. „LSSAH" unterstellt:
SS-Pz. Art. Rgt. 12
SS-Flak-Abt. 12
Reste SS-Pz. Pi. Btl. 12
Werferbrigade 7
gez.: Meyer
SS-Standartenführer

11.7.1944

In Feuerstellung bei Bourguébus.

Tagsüber vereinzeltes fdl. Störungsfeuer. Feindl. Jabo-Angriffe wurden beobachtet und durch die 2., 3. und 4. Battr. bekämpft. Über dem Raum vereinzelt eigene Jäger beobachtet. Die 12. SS-Pz. Div. „HJ" wird mit dem 11.7.44 aus dem Einsatzraum herausgelöst. Die Ablösung erfolgt durch die 1. SS-Pz. Div. „LSSAH". Die SS-Flak-Abt. 12 bleibt jedoch weiterhin im Einsatzraum und wird der 1. SS-Pz. Div. „LSSAH" taktisch unterstellt. Das Wetter war bewölkt, Muni-Verbrauch 300 Schuß 2 cm.

12.7.1944

In Feuerstellung bei Bourguébus.

Tagsüber verschiedene fdl. Jabo-Angriffe auf Art.-Stellungen und Vormarschstraßen. Sonst nur geringe fdl. Lufttätigkeit. Über dem Einsatzraum wurde rege eigene Lufttätigkeit beobachtet. Am Tage nur schwache fdl. Art.-Tätigkeit, nur vereinzelte Feuerüberfälle auf Vormarschstraßen und Artilleriestellungen. Das Wetter war bewölkt, zeitweise klar. Muni-Verbrauch 400 Schuß 2 cm.

13.7.1944

In Feuerstellung bei Bourguébus.

Während des Tages nur geringe fdl. Luft- und Art.-Tätigkeit.

15 Uhr. Bis zum späteren Abend wurden einzelne fdl. Jabo-Angriffe auf eigene Art.-Stellungen bekämpft. Typen der Feindmaschinen: „Thunderbolt“, „Mustang“ und „Spitfire“.

17.45 Uhr. Abschuß einer „Thunderbolt“ durch 4. Battr. rund 500 Meter nordwestl. Rocquancourt. Das Wetter war bewölkt. Muni-Verbrauch 170 Schuß 3,7 cm.

14.7.1944

In Feuerstellung bei Bourguébus.

In den frühen Morgenstunden bis 10 Uhr wurden mehrere fdl. Jabo-Angriffe auf eigene Art.-Stellungen bekämpft. Sonst keine bes. Vorkommnisse im Verlauf des Tages. Das Wetter war klar. Muni-Verbrauch 3 Schuß 8,8 cm, 120 Schuß 3,7 cm und 543 Schuß 2 cm.

15.7.1944

In Feuerstellung bei Bourguébus.

Während des Tages nur geringe fdl. Luft- und Art.-Tätigkeit.

22 Uhr. Schlagartiger Feuerüberfall des Feindes auf das Dorf Bourguébus. Verlegung des Abt.-Gef.-Std. nach Secqueville.

Das Wetter war bewölkt. Muni-Verbrauch 359 Schuß 3,7 cm und 760 Schuß 2 cm.

16.7.1944

In Feuerstellung bei Bourguébus.

Während des Tages nur geringe fdl. Flugtätigkeit. In den späten Abendstunden überfliegen eigene Kampfverbände mit Maschinen vom Typ Junkers Ju 88 den Gef. Std. in Richtung HKL. Das Wetter war sonnig und klar. Muni-Verbrauch 339 Schuß 3,7 cm.

17.7.1944

In Feuerstellung bei Bourguébus.

Während des Tages nur geringe fdl. Art.-Tätigkeit. Zeitweise fdl. Luftaufklärung. In den Mittagsstunden Angriffe fdl. Jabos auf Art.-Stellungen bekämpft. Am späten Abend wiederum Einsatz eigener Kampfverbände beobachtet. Sonst keine besonderen Vorkommnisse. Das Wetter war diesig und bewölkt. Muni-Verbrauch 60 Schuß 3,7 cm und 940 Schuß 2 cm.

18.7.1944

In Feuerstellung bei Bourguébus.

5.30 Uhr. Angriff vieler zwei- und viermot.-Verbände des Feindes auf den gesamten Frontabschnitt. Tagsüber anhaltend starke Jabo-Angriffe auf Art.- und Flak-Stellungen. Die Bekämpfung der Feindmaschinen mußte zeitweise wegen zu starkem Art.-Feuer auf die Stellungen unterbrochen werden.

6 Uhr. Abschußbeteiligung bei einer „Liberator" durch 2. Battr. In den frühen Morgenstunden stieß der Feind überraschend mit starken Panzerkräften bis in den Raum von Bras–Soliers–Franqueville vor und setzte sich dort im Laufe des Tages fest.

18 Uhr. Verlegung des Abt.-Gef.-Std. nach Daumesnil, etwa 2 km südl. St. Aignan. Das Wetter war sonnig und klar. Muni-Verbrauch 142 Schuß 8,8 cm, 136 Schuß 3,7 cm und 1.620 Schuß 2 cm.

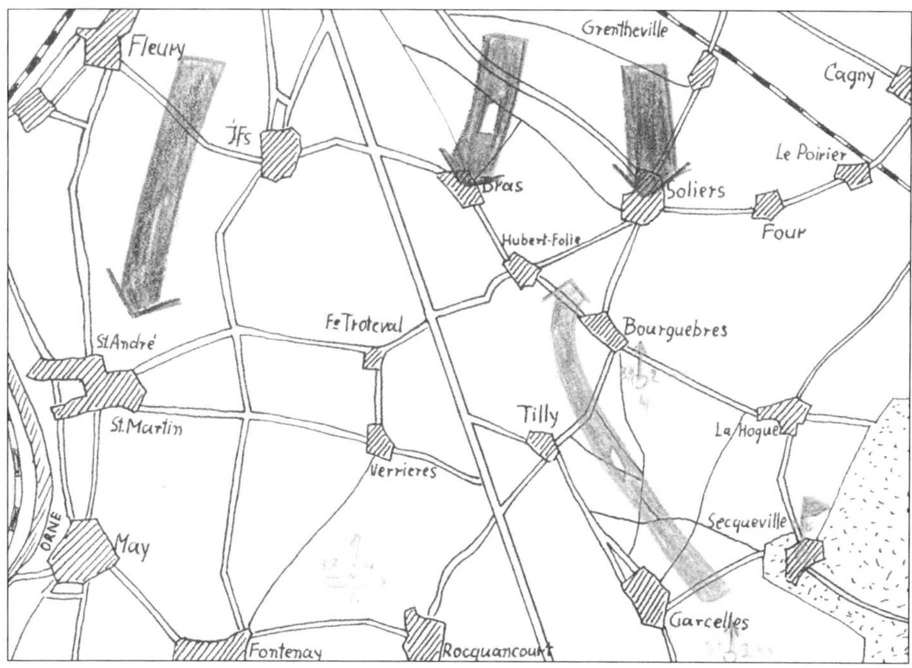

Einsatzskizze der SS-Flak-Abteilung 12 vom 18. Juli 1944

19.7.1944

In der Nacht 18./19.7. wurde die 2. Battr. aus der alten Stellung bei Bourguébus herausgezogen und ist bei St. Aignan vorläufig untergezogen, da nur noch zwei Geschütze feuerbereit sind. Während des Tages stärkere fdl. Art.-Tätigkeiten im gesamten Einsatzraum. Keine fdl. Lufttätigkeit. Das Wetter war sonnig und klar. Kein Muni-Verbrauch.

20.7.1944

In Feuerstellung bei Airan.

Während der Nacht Stellungswechsel der 3. u. 4. Battr. in den Raum nördl. Airan zum Luftzielbeschuß. Die 2. Battr. gibt die noch feuerbereiten 8,8-cm-Gschtz. an die 3. Bttr. ab und wird in den Raum von St. Pierre zurückgezogen. Die Batterien sind seit dem Morgengrauen im neuen Raum feuerbereit. Abt.-Gef.-Std. an der Straße Pedouze–Airan rund 800 Meter südlich Pedouze. Während des Tages nur geringe fdl. Luft- und Art.-Tätigkeit. Starker eigener Lufteinsatz wurde beobachtet. Das Wetter war morgens klar, nachmittags regnerisch. Muni-Verbrauch 114 Schuß 8,8 cm, 136 Schuß 3,7 cm und 631 Schuß 2 cm.

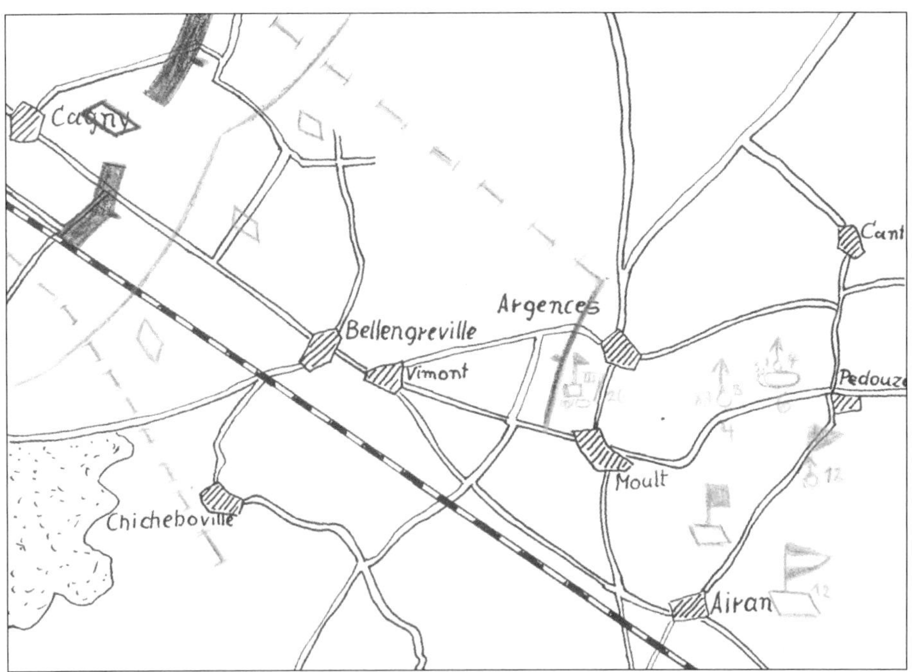

Einsatzskizze der SS-Flak-Abteilung 12 vom 20. Juli 1944

21.7.1944

In Feuerstellung bei Airan.

Während des Tages mehrfach starkes fdl. Art.-Feuer auf die Stellungen der 3. und 4. Battr. Die Battr. beziehen Wechselstellungen in den Raum 1,5 km ostw. Airan. Im Laufe des Tages keine fdl. Flugtätigkeit. Das Wetter war regnerisch. Kein Muni-Verbrauch.

22.7.1944

In Feuerstellung nördl. Airan.

Die 3. Battr. bezog während der Nacht auf Befehl der Div. Stellung zur Panzerabwehr nördl. Poussy und ist seit 6.30 Uhr feuerbereit. Während des Tages nur geringe fdl. Art.- und Lufttätigkeit. Das Wetter war regnerisch. Kein Muni-Verbrauch.

23.7.1944

In Feuerstellung nördl. Airan.

Bis auf geringe fdl. Art.- u. Lufttätigkeit keine bes. Vorkommnisse. Keine eigene Lufttätigkeit. Das Wetter war regnerisch. Muni-Verbrauch 195 Schuß 3,7 cm.

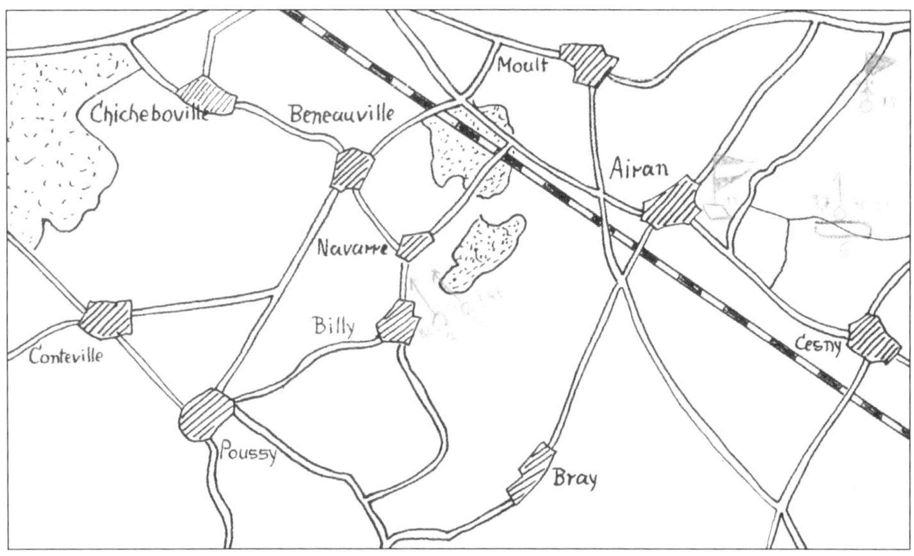

Einsatzskizze der SS-Flak-Abteilung 12 vom 23. Juli 1944

24.7.1944

In Feuerstellung nördl. Airan.

In den frühen Morgenstunden Bekämpfung fdl. Jabos durch 4. Battr. Während des übrigen Tages nur geringe fdl. Luft- und Art.-Tätigkeit. Das Wetter war bewölkt. Muni-Verbrauch 96 Schuß 3,7 cm.

25.7.1944

In Feuerstellung nördl. Airan.

Während des Tages rege fdl. Jabo- u. Aufkl.-Tätigkeit. Zeitweise fdl. Art.-Tätigkeit. Bekämpfung von Jabo-Angriffen durch 4. Battr. Im Verlauf der Nacht rege fdl. und eigene Flugtätigkeit. Das Wetter war bewölkt. Muni-Verbrauch 143 Schuß 3,7 cm.

26.7.1944

In Feuerstellung nördl. Airan.

Am Tage starke fdl. Art.- und Lufttätigkeit. Mehrmals Bekämpfung fdl. Jabos durch die 4. Battr. Nachmittags schlagartiger Feuerüberfall auf den Gef.-Std. Verlegung des Gef.-Std. nach Cesny. Das Wetter war bewölkt. Muni-Verbrauch 400 Schuß 3,7 cm.

27.7.1944

In Feuerstellung bei Cesny.

Im Verlauf des Tages nur vereinzelte fdl. Art.-Tätigkeit. Bekämpfung einzelner Jabo-Angriffe durch 4. Battr. Sonst keine besonderen Vorkommnisse. Das Wetter war bewölkt. Muni-Verbrauch 150 Schuß 3,7 cm.

28.7.1944

In Feuerstellung bei Cesny.

Während der Nacht Bombenabwürfe einzelner Feindmaschinen im Raum Airan. Im Laufe des Tages rege fdl. Aufkl.- und Jabo-Tätigkeit. Zweitweise stärkere fdl. Art.- Überfälle.

18 Uhr. Einbringung eines Gefangenen durch 3. Battr. Es handelt sich um den Piloten einer fdl. Jagdmaschine. Absturzstelle im Raum Tilly. Überführung des Gefangenen an die Div. / Abt. Ic. Gegen Abend mehrmalige Überflüge von „Marauder" und „Ligthning". In den frühen Nachtstunden Einsatz eigener Bomberverbände. Das Wetter war sonnig, zeitweise bewölkt. Muni-Verbrauch 160 Schuß 3,7 cm.

29.7.1944

In Feuerstellung bei Cesny.

Während der Nacht fdl. Art.-Tätigkeit im Raum Airan. Im Laufe des Tages mehrfach fdl. Art.-Feuer im Raum westl. Airan. In den frühen Abendstunden feindliche Aufklärungs- und Jabo-Tätigkeit. Am Tage vereinzelt Bekämpfung von Jabo-Angriffen durch

4. Battr. Das Wetter war bewölkt und zeitweise regnerisch. Muni-Verbrauch 140 Schuß 3,7 cm.

30.7.1944

In Feuerstellung bei Cesny.

Während des Tages anhaltendes fdl. Art.-Feuer im Raum Billy–Conteville–St. Aignan. Am Vormittag mehrmaliger Überflug einzelner „Lightnings", sonst nur geringe fdl. Flugtätigkeit. In den Abendstunden verschiedene Feuerüberfälle fdl. Artl. auf die Stellungen der 4. Battr. Das Wetter war bewölkt, zeitweise klar. Muni-Verbrauch 300 Schuß 3,7 cm.

31.7.1944

In Feuerstellung bei Cesny.

Am Tage rege fdl. Jabo- und Aufkl.-Tätigkeit. Bekämpfung durch 4. Battr. Nur geringe fdl. Art.-Tätigkeit. Die 4. Battr. bezieht in den Abendstunden neue Stellung im Raum rund 2 km ostw. Bray-La-

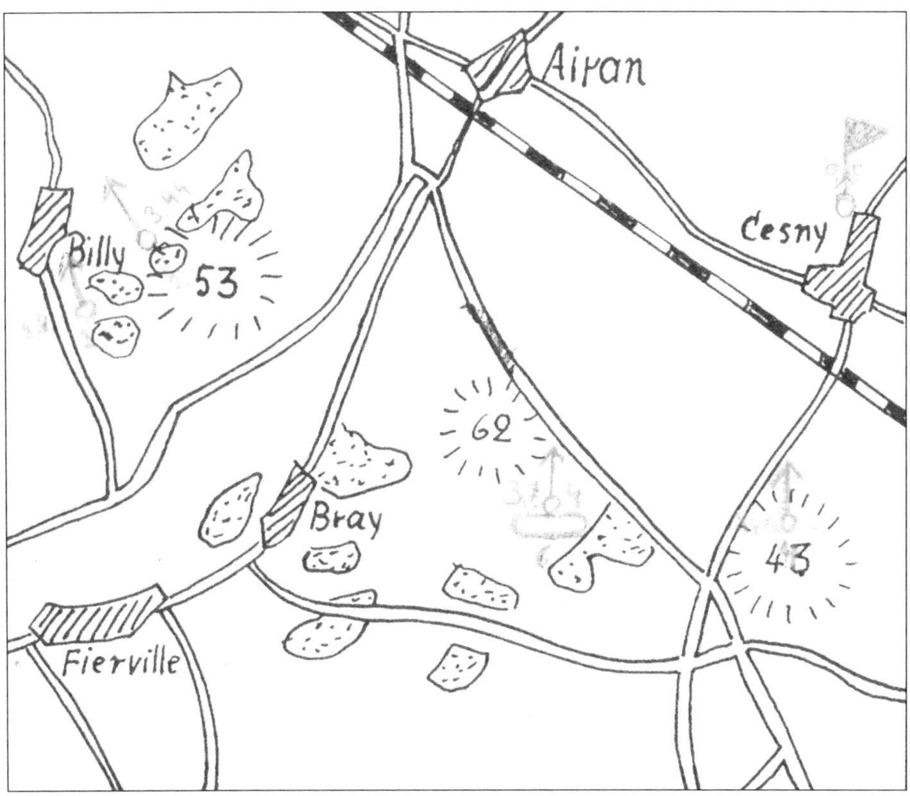

Einsatzskizze der SS-Flak-Abteilung 12 vom 31. Juli 1944

Campagne, südostw. Höhe 62. Die 2. Battr. wird ebenfalls in den Abendstunden wieder gegen Luftziele eingesetzt und bezieht Stellung im Raum etwa einen km südl. Cesny. Das Wetter war bedeckt. Muni-Verbrauch 250 Schuß 3,7 cm.

1.8.1944

In Feuerstellung bei Cesny.

Während der Nacht stärkere fdl. Art.-Überfälle im Raum Moult–Airan.

13 bis 16 Uhr. Laufend Überflüge fdl. Maschinen, Typ wurde nicht erkannt, da Ziele über der Wolkendecke flogen.

Das Wetter war bedeckt. Muni-Verbrauch 54 Schuß 8,8 cm, 290 Schuß 3,7 cm und 210 Schuß 2 cm.

2.8.1944

In Feuerstellung bei Cesny.

Während der Nacht eigener Luftwaffeneinsatz. Gegen Morgen vereinzeltes Art.-Störungsfeuer im Raum Moult.

9.55 bis 17 Uhr Laufend Überflüge fdl. Jabos vom Typ „Typhoon" und „Mustang". Vorbeiflug von 25 Feindmaschinen vom Typ „Fortress II" von Richtung 10-3.

17.50 Uhr. Abschuß einer „Fortress" II durch 2. Battr., Aufschlagort rund 1,5 km ostw. Airan. Das Wetter war bedeckt. Muni-Verbrauch 36 Schuß 8,8 cm und 100 Schuß 3,7 cm.

3.8.1944

In Feuerstellung bei Cesny.

Während der Nacht stärkere fdl. Art.-Überfälle im Raum Airan–Cesny. Am Tage nur geringe fdl. Art.-Tätigkeit. Im Verlauf des Tages mehrfach Überflüge fdl. Jabos und Aufklärer sowie einzelner Verbände 4-mot. Bomber.

14.25 Uhr. Abschuß einer „Thunderbolt" durch 4. Battr. Aufschlagort hart am Nordausgang von Navarre. Das Wetter war bedeckt. Muni-Verbrauch 310 Schuß 3,7 cm.

4.8.1944

In Feuerstellung bei Cesny.

Während des Tages nur geringe fdl. Jabo-Tätigkeit. Die 3. Battr. machte in der Nacht Stellungswechsel und bezog Stellung gegen Luftziele im Raum rund 1,5 km nordostw. Cesny. Auf Befehl der

Division wird die Aufstellung einer le. Battr. (2 cm) aus Resten der Fla.-Kp. der beiden SS-Pz.-Gr.-Rgt. 25 und 26 vollzogen. Das Wetter war sonnig und klar. Muni-Verbrauch 20 Schuß 8,8 cm, 297 Schuß 3,7 cm und 24 Schuß 2 cm.

5.8.1944

In Feuerstellung bei Cesny.

Am Vormittag nur vereinzelte fdl. Lufttätigkeit, Typ „Mustang". Sonst keine besonderen Vorkomnisse. Das Wetter war sonnig und klar. Muni-Verbrauch 116 Schuß 3,7 cm und 212 Schuß 2 cm.

6.8.1944

In Feuerstellung bei Cesny.

10 Uhr. Beginn reger fdl. Flugtätigkeit über dem Raum. Typen: „Marauder", „Mustang", „Thunderbolt". Bekämpfung durch die 2., 3., 4. u. le. Batterie. Hierbei fielen bei der 4. Battr. 2 Geschütze vom Kaliber 3,7 cm durch Rohraufbauchung aus.

22.30 Uhr. Die Abt. führt auf Befehl der Div. Stellungswechsel zum Luftzielbeschuß in den Raum St. Sylvain–Le Bu durch. Abt.-Gef.-Std. ist in Le Bu.

Das Wetter war sonnig und klar. Muni-Verbrauch 150 Schuß 8,8 cm, 206 Schuß 3,7 cm und 600 Schuß 2 cm.

7.8.1944

In Feuerstellung bei St. Germain.

In den ersten Morgenstunden mündlicher Befehl der Div. zum Stellungswechsel in den Raum Grainville–Fontaine Le Pin–St. Germain Le Vasson zum Luftzielbeschuß.

6 Uhr. Die Batterien sind in den neuen Stellungen feuerbereit. Abt. Gef.-Std. liegt am Südrand von St. Germain. Während des Tages starke fdl. Jabo-Tätigkeit. Hierbei Gefechtstätigkeit aller Batterien.

21.38 Uhr. Abschuß einer „Thunderbolt" durch die 2. und 3. Battr. Aufschlagort rund 1,5 km südl. St. Aignan. Das Wetter war sonnig und klar. Muni-Verbrauch 53 Schuß 8,8 cm.

8.8.1944

In Feuerstellung bei St. Germain.

In der Nacht anhaltendes fdl. Art.-Feuer auf den nördl. Frontabschnitt sowie Einsatz starker fdl. Kampfverbände. Nur geringe eigene Lufttätigkeit. Am Tage anhaltende Jabo-Angriffe im gesamten Raum.

10.46 Uhr. Abschuß einer „Typhoon" durch 3. Battr. Aufschlagort etwa 2,5 km südwestl. Fontaine Le Pin.

12 bis 14 Uhr. Anhaltender Einsatz feindlicher Bomberverbände auf den nördl. Frontabschnitt, Typ: „Lancaster".

15 Uhr. Fernmündl. Befehl der Div/Ia zum Stellungswechsel in den Raum ostwärts Urville zur Pz.-Abwehr.

16.30 Uhr. Abschuß einer „Typhoon" durch 4. Battr. Aufschlagort rund 1 km nordostw. Fontaine Le Pin. In den Abendstunden bezieht die Abt. neue Stellungen im Raum Ouilly–Rouvres (etwa 4 km südostw. Bretteville Le Rabet) zum Erdzielbeschuß. Abt.-Gef.-Std.: Montboint (1,5 km ostw. Ouilly).

Das Wetter war sonnig und klar. Muni-Verbrauch 621 Schuß 8,8 cm, 910 Schuß 3,7 cm und 6.400 Schuß 2 cm.

9.8.1944

In Feuerstellung bei Montboint.

In den frühen Morgenstunden stößt der Feind unerwartet beim linken Nachbarn durch und steht mit seiner Panzerspitze im Rücken unserer Infanterie auf Höhe 111. Die 3. u. le. Battr. müssen aus den alten Stellungen zurückgezogen werden. Eigener Panzergegenangriff schießt 10 Feindpanzer ab. Seit den ersten Morgenstunden stärkste fdl. Jabo-Tätigkeit sowie vereinzelt

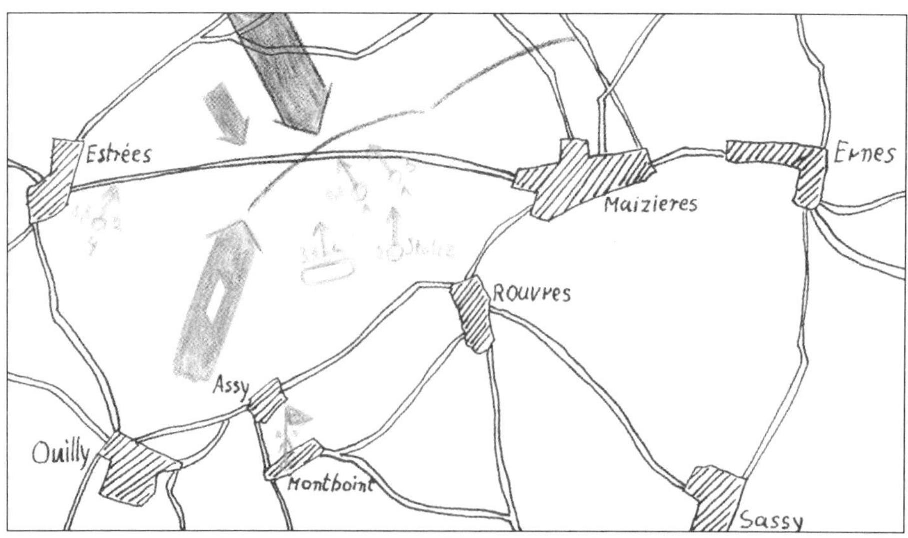

Einsatzskizze der SS-Flak-Abteilung 12 vom 9. August 1944

Art.-Überfälle auf die Stellungen der Batterien. Die 2. Battr. wird gegen Mittag ebenfalls zurückgenommen u. bezieht Luftzielstellung bei Höhe 160. Das Wetter war sonnig und klar. Muni-Verbrauch 108 Schuß 8,8 cm, 1.600 Schuß 3,7 cm und 2.900 Schuß 2 cm.

10.8.1944

In Feuerstellung bei Olendon.

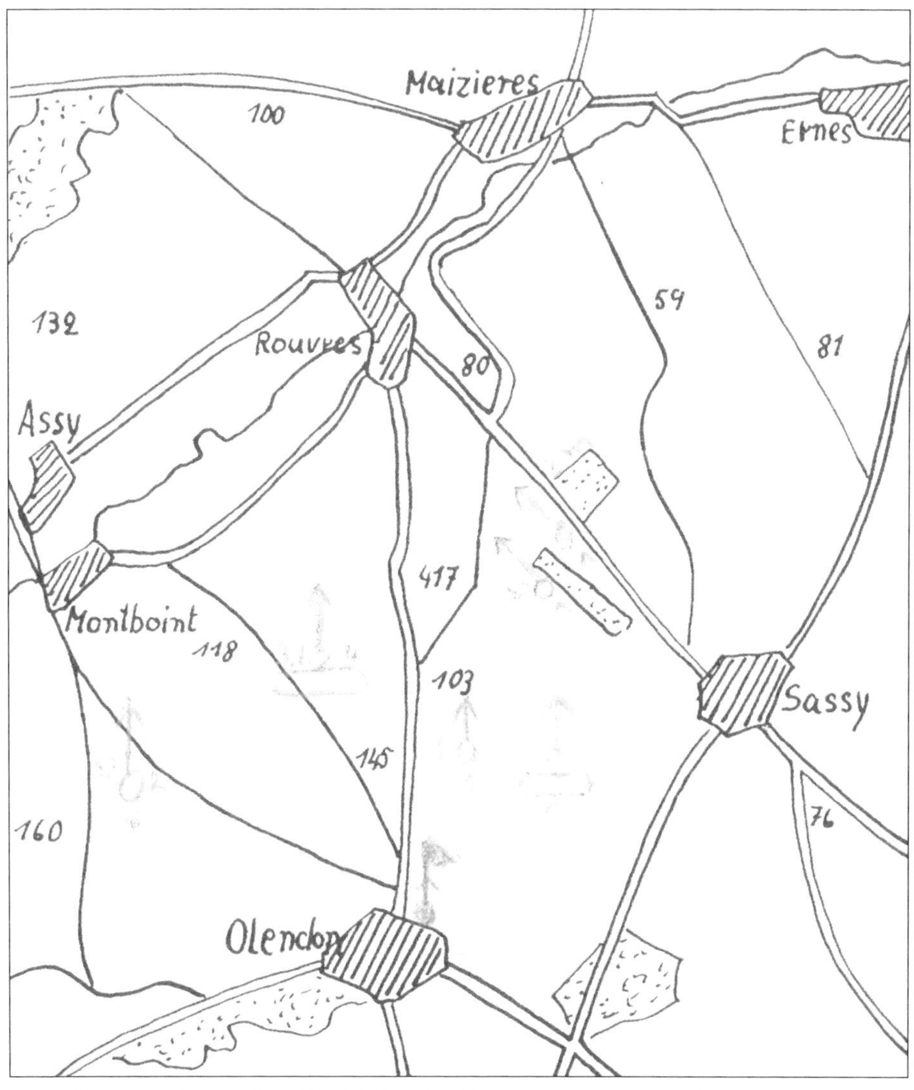

Einsatzskizze der SS-Flak-Abteilung 12 vom 10. August 1944

0 Uhr. Verlegung des Abt.-Gef.-Std. an den Südrand von Olendon. Während des Tages stärkste fdl. Jabo-Tätigkeit.

16.03 Uhr. Abschuß einer „Typhoon“ durch die 2. u. 4. Battr. Aufschlagort rund 5 km südostw. Olendon.

16.40 Uhr. Abschuß einer „Typhoon“ durch 2. Battr. Aufschlagort etwa 3 km ostw. Olendon. In den späten Abendstunden Befehl der Div. zum Stellungswechsel in westlicher Richtung zur Übernahme des Luftschutzes. Die Div. verbleibt in rückwärtigen Stellungen als Korps-Reserve. 2. u. 3. Battr. werden in 2. Battr. zusammengefaßt, welche dann mit fünf einsatzbereiten 8,8-cm-Gschtz. Luftzielstellung bezieht.

Das Wetter war sonnig und klar. Muni-Verbrauch 85 Schuß 8,8 cm, 148 Schuß 3,7 cm und 1.200 Schuß 2 cm.

11.8.1944

In Feuerstellung bei Olendon.

In der Nacht Stellungswechsel der Battr. in die befohlenen Stellungen rund 3 km südwestl. Olendon. Feuerbereitschaft seit 5.30 Uhr hergestellt. Abt.-Gef.-Std. verbleibt in Olendon. Während des Tages starke fdl. Jabo-Tätigkeit, Typ „Mustang“, „Typhoon“, „Thunderbolt“. Maschinen werden von allen Battr. bekämpft. Das

Einsatzskizze der SS-Flak-Abteilung 12 vom 11. August 1944

Wetter war sonnig und klar. Muni-Verbrauch 35 Schuß 8,8 cm, 97 Schuß 3,7 cm und 213 Schuß 2 cm.

12.8.1944

In Feuerstellung bei Olendon.

Während der Nacht vereinzelte Art.-Überfälle auf Olendon.

8.35 Uhr. Abschuß einer „Mustang" durch 4. Battr. Aufschlagort rund 1 km südwestl. Norron. Am Tage rege fdl. Aufkl.- u. Jabo-Tätigkeit.

14 bis 15 Uhr. Starke fdl. Art.-Überfälle auf die Feuerstellung der 2. Battr. Es fielen hierbei 5 Gschtz. vom Kaliber 8,8 cm durch Granatsplitter und Abbrennen der Tarnung aus. Die Battr. wird aus den Stellungen herausgezogen. In den Abendstunden Verlegung des Abt.-Gef.-Std. nach Le Breuil. Das Wetter war sonnig und klar. Muni-Verbrauch 11 Schuß 8,8 cm, 1.600 Schuß 3,7 cm und 2.500 Schuß 2 cm.

13.8.1944

In Feuerstellung bei Le Breuil.

Während der Nacht beziehen 4. Battr. u. le. Battr. Wechselstellung in den Raum von Perrieres. Während des Tages rege fdl. Jabo-Tätigkeit. Bekämpfung durch 4. Battr. Das Wetter war sonnig und klar. Muni-Verbrauch 820 Schuß 3,7 cm und 5.800 Schuß 2 cm.

14.8.1944

In Feuerstellung bei Le Breuil.

Während des Vormittags rege fdl. Jabo-Tätigkeit. Am Nachmittag viele viermot. Feindbomber. Bombenabwurf im Raum Soumont u. südl. hiervon an der Straße Caen–Falaise. Gefechtstätigkeit der 4. Battr. Die Abt. führt in den Abendstunden Stellungswechsel in den Raum westl. Barou durch. Abt.-Gef.-Std. in Barou. Das Wetter war sonnig und klar. Muni-Verbrauch 817 Schuß 3,7 cm und 4.600 Schuß 2 cm.

15.8.1944

In Feuerstellung bei Barou.

Während des Tages rege fdl. Jabo-Tätigkeit. Der Feind bricht im Raum von Jort mit mehreren Fahrzeugen nach Süden durch. Am Abend mündl. Befehl der Div. zum Stellungswechsel in den Raum südostwärts Falaise. Das Wetter war sonnig, zeitweise bewölkt. Muni-Verbrauch 319 Schuß 3,7 cm.

16.8.1944

In Feuerstellung im Raum Falaise.

Während der Nacht Stellungswechsel der 4. u. le. Battr. in den Raum südostw. Falaise. Die 3. Battr. soll nachgezogen werden. Abt.-Gef.-Std. in La Roche (hart südostw. Falaise). Während des Tages anhaltende fdl. Jabo-Tätigkeiten. Das Wetter war sonnig, zeitweise bewölkt. Muni-Verbrauch 316 Schuß 3,7 cm und 680 Schuß 2 cm.

17.8.1944

In Feuerstellung im Raum Falaise.

Die 3. Battr. erreicht den befohlenen Raum aufgrund der verstopften Straßen nicht und bezieht auf Befehl der Division Pz.-Abw.-Stellung im Raum Les Moutiers (südl. Barou), muß sich jedoch wegen der zu stark nachdrängenden Feindkräfte weiter nach

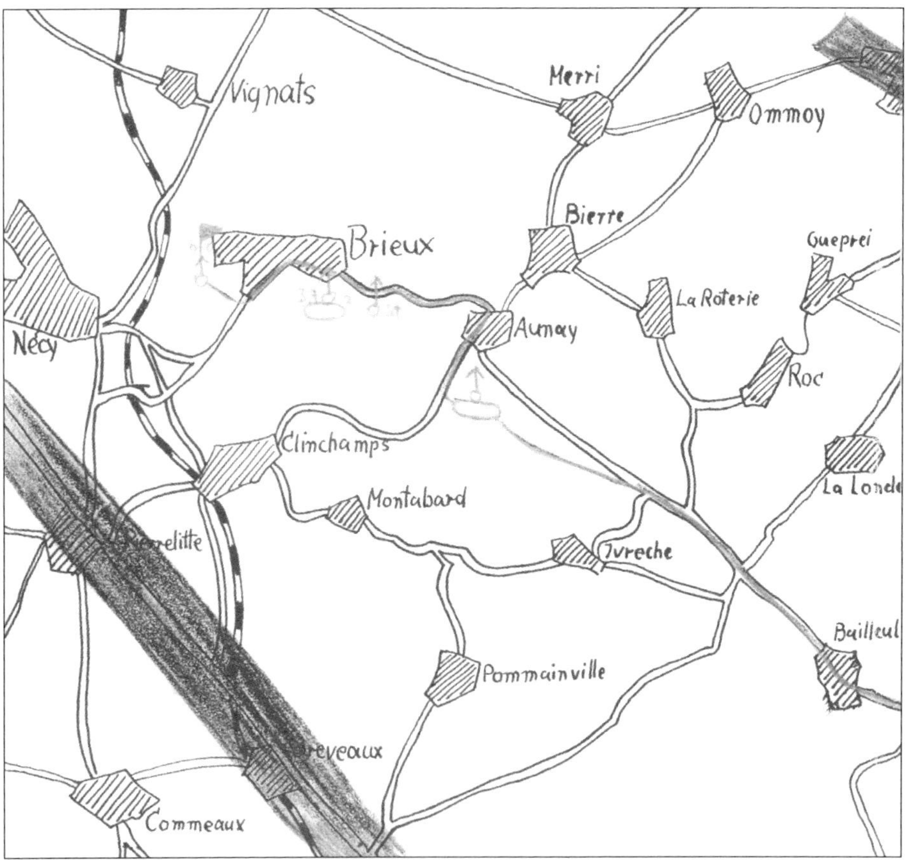

Einsatzskizze der SS-Flak-Abteilung 12 vom 15./18. August 1944

Osten absetzen. Während des ganzen Tages starke fdl. Jabo-Tätigkeit. Die Verbindung zu den rückwärtigen Einheiten und Trossen ist abgeschnitten. Das Wetter war sonnig und klar. Muni-Verbrauch 61 Schuß 8,8 cm.

18.8.1944

In Feuerstellung im Raum Falaise.

In den frühen Morgenstunden macht die Abt. Stellungswechsel in ostwärtiger Richtung bis in den Raum Brieux (rund 8 km südostw. Falaise). Die Batterien (4. u. le. Battr.) ziehen wegen zu knapper Munition im Wald ostw. Brieux unter. Abt.-Gef.-Std. in Brieux.

23 Uhr. Am Abend mündlicher Befehl der Div. an den Kommandeur zum Herausziehen der Abt. aus dem Kessel von Falaise bis in den Raum von Louviers. Das Wetter sonnig, tw. bewölkt. Kein Muni-Verbrauch.

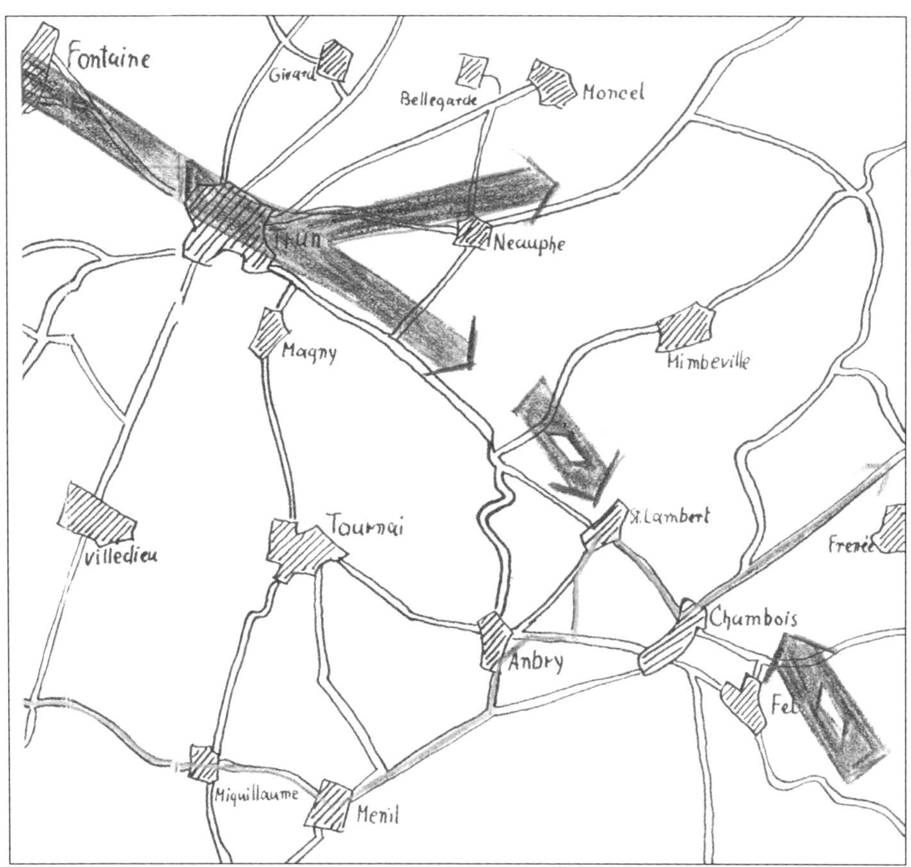

Einsatzskizze der SS-Flak-Abteilung 12 vom 18. und 19. August 1944

19.8.1944

Ausmarsch aus dem Kessel von Falaise.

Während der Nacht und des ganzen Tages Marsch der Abt. in ostwärtiger Richtung Vimoutiers–Orsec. Die Ausfallstraße liegt teilweise unter heftigem Art.-Feuer. Die Fahrzeuge der Abt. marschieren einzeln weiter, da die überfüllten Straßen ein Marschieren in geschlossener Kolonne nicht gestatten. Bei St. Lambert versucht der Feind in den Mittagsstunden, die Straße durch Panzer zu sperren. Die Mannschaften schlagen sich teilweise zu Fuß weiter durch.

15 Uhr. Eintreffen der ersten Fahrzeuge und Geschütze etwa sechs km südl. Vimoutiers.

20 Uhr. Weitermarsch der eingetroffenen Fahrzeuge nach Louviers.

Das Wetter war bewölkt, zeitweise sonnig klar. Muni-Verbrauch 216 Schuß 3,7 cm und 384 Schuß 2 cm.

20.8.1944

Louviers O.U.

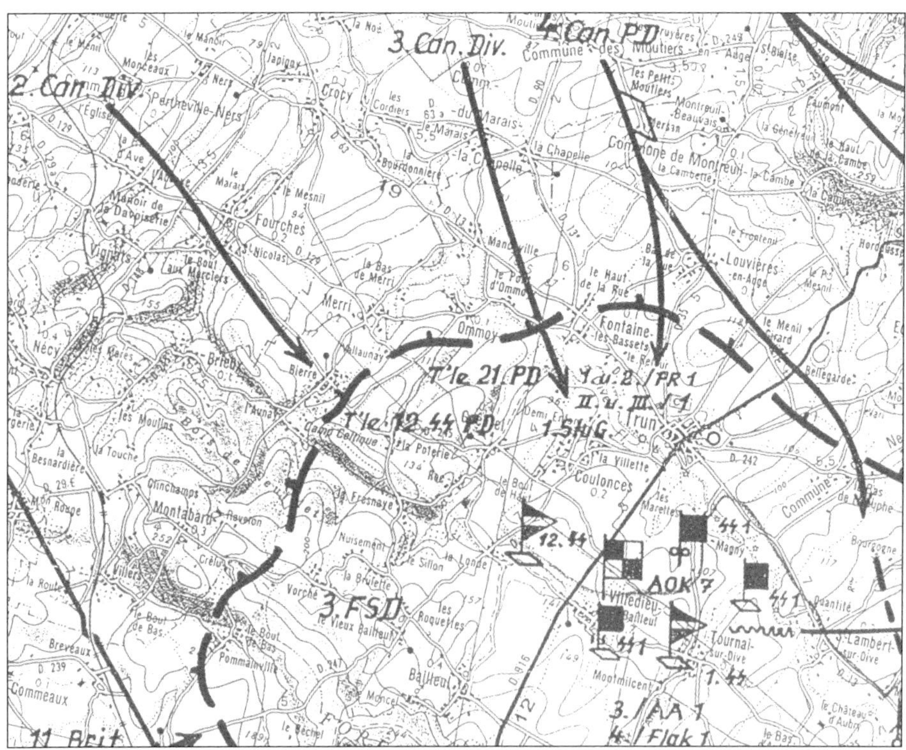

Lagekarte I. SS-Pz.-Korps vom 19. bis 21. August 1944

Die Abt. sammelt im Raum von Louviers. Gegen Abend treffen die Stabsbattr. und Reste der 4. u. le. Battr. in Louviers ein. Aufgrund des schlechten Wetters keine fdl. Lufttätigkeit. Das Wetter war regnerisch. Kein Muni-Verbrauch.

21.8.1944

Louviers O.U.

Die Abt. zieht mit den Resten der eintreffenden Gefechtsbatterien in Louviers unter. Die Stabsbattr. und sämtliche Trosse verlegen gegen Abend über die Seine in den Raum Rosay (3 km ostw. Fleury). Während des Tages keine fdl. Lufttätigkeit. Das Wetter war regnerisch, kein MuniVerbrauch.

22.8.1944

Louviers O.U.

Gegen 16 Uhr Befehl zur Verlegung aller nicht einsatzbereiten Teile über die Seine in den Raum Bequvain. Abmarsch gegen 16.30 Uhr. Das Wetter war zeitw. bewölkt. Kein Muni-Verbrauch.

23.8.1944

Raum Bequvain Ortsunterkunft.

10 Uhr. Eintreffen der Restteile der Abt. im Raum westlich Beauvain. Sonst keine bes. Vorkommnisse. Das Wetter war regnerisch. Kein Muni-Verbrauch.

24.8.1944

Sarnoix O.U.

5 Uhr. Verlegung aller Teile der Abt. in den Raum von Grandvilliers. Stab und Stabsbattr. ziehen in Sarnoix unter. Das Wetter war leicht bewölkt. Kein Muni-Verbrauch.

25.8.1944

Sarnoix O.U.

Die Batterien beginnen mit der Instandsetzung beschädigter Geschütze und Kfz. Das Wetter sonnig und klar. Kein Muni-Verbrauch.

26.8.1944

Sarnoix O.U.

Am Vormittag mündl. Befehl der Div. an den Kommandeur zur Weiterverlegung in den Raum südlich Hirson. Gegen Abend Abfahrt aller Teile. Das Wetter sonnig und klar. Kein Muni-Verbrauch.

27.8.1944

Ham O.U.

In den frühen Morgenstunden eintreffen im Raum südl. Ham. Die eingetroffenen Teile ziehen bis zum Abend weiter. Um 20 Uhr Weitermarsch des Stabes und Teile der Stabsbattr. Das Wetter leicht bewölkt. Kein Muni-Verbrauch.

28.8.1944

Hirson O.U.

1 Uhr. Eintreffen im Raum Hirson. Stab u. Stabsbattr. ziehen in Neuve Maison unter, die Battr. in den umliegenden Dörfern. Das Wetter regnerisch. Kein Muni-Verbrauch.

29.8.1944

Neuve Maison O.U.

Fortführung der Inst.-Arbeiten an beschädigten Kfz. und Geschützen. Das Wetter regnerisch. Kein Muni-Verbrauch.

30.8.1944

Neuve Maison O.U.

Ein auf dem Bahnhof Neuve Maison zurückgelassenes Vierlingsgeschütz der Luftwaffe wird von der Abt. beschlagnahmt und der 4. Battr. zugeführt. Gegen Abend Befehl der Div. zur Weiterverlegung in den Raum nördl. Namur. Das Wetter leicht bewölkt. Kein Muni-Verbrauch.

31.8.1944

Neuve Maison O.U.

6 Uhr. Abfahrt aller Teile in den Raum nördl. Namur. Stab und Stabsbattr. beziehen gegen Mittag Quartier in Liernu. Das Wetter sonnig. Kein Muni-Verbrauch.

1.9.1944

Liernu O.U.

Der Abt. werden von der Div. rund 40 Unterführer und 80 Männer als Ersatz vom Kampfverband „Kurmark“ zugeteilt. Die Leute werden bei Eintreffen auf die einzelnen Battr. verteilt. Das Wetter sonnig. Kein Muni-Verbrauch.

2.9.1944

Liernu O.U.

Fortführung der Inst.-Arbeiten an Geschützen und Kfz. Das Wetter sonnig. Kein Muni-Verbrauch.

3.9.1944

Liernu O.U.

Fortführung der Inst.-Arbeiten an Geschützen und Kfz. Das Wetter sonnig. Kein Muni-Verbrauch.

4.9.1944

Liernu O.U.

Gegen Mittag Befehl zur Weiterverlegung in den Raum nordostw. Lüttich. Am späten Abend Abmarsch aller Teile der Abt. Das Wetter regnerisch. Kein Muni-Verbrauch.

5.9.1944

Teuven O.U.

Ankunft im Raum nordostw. Lüttich. Stab u. Stabsbattr. beziehen Unterkunft in Teuven. Die übrigen Battr. belegen die umliegenden Dörfer. Das Wetter sonnig. Kein Muni-Verbrauch.

6.9.1944

Teuven O.U.

Errichtung von Ortskommandanturen durch die einzelnen Battr. Fortsetzung der Inst.-Arbeiten. Einsatz einer Kampftruppe unter Führung von SS-Ustuf. Stephan mit 3 Geschtz. 8,8 cm und 1 Gschtz. 2-cm-Vierling im Raum nördl. Namur. Das Wetter bewölkt. Kein Muni-Verbrauch.

7.9.1944

Teuven O.U.

Gegen Abend Befehl der Div. zum Abmarsch über die Reichsgrenze bis in den Raum Münstereifel. Die Einheiten marschieren sofort ab. Das Wetter bewölkt. Kein Muni-Verbrauch.

8.9.1944

Münstereifel.

6 Uhr. Eintreffen der ersten Teile der Abt. in Münstereifel. Laut neuem Befehl der Div. bezieht die Abt. Quartier im Raum Ahrweiler. Gegen Mittag Eintreffen der ersten Teile in diesem Raum. Stab u. Stabsbattr. ziehen in Heimersheim, Kreis Ahrweiler, unter. Das Wetter sonnig. Kein Muni-Verbrauch.

9.9.1944

Heimersheim.

Die eintreffenden Batterien belegen die Ortschaften ostw. Heimersheim. Der eingesetzte Kampftrupp ist weiterhin mit der Kampfgruppe Milius eingesetzt. Das Wetter sonnig und klar.

10.9.1944

Heimersheim.

Die le. Batterie (2 cm) scheidet aus dem Unterstellungsverhältnis der SS-Flak-Abt. 12 aus. Die Instandsetzungsarbeiten an beschädigten Kraftfahrzeugen und Geschützen werden sofort mit allen Mitteln aufgenommen. Das Wetter sonnig und klar.

Das Kriegstagebuch wurde von 6.6.1944 bis 10.9.1944 geführt durch Abteilungsadjutant, SS-Ustuf. Karl Kolb. Das Kriegstagebuch wurde am 10. September 1944 abgeschlossen.

Enthaltend Muster I, II, III, IV, V sowie Anlage Nr. 1 bis 30.

O.U., den 28. Nov. 1944. Stempel und gezeichnet SS-Sturmbannführer und Abteilungs-Kommandeur.

Anlagen zum Kriegstagebuch

Hermann Lohse *O.U., den 17. September 1944*
SS-Unterscharführer
3./SS-Flak-Abt. 12

Bericht über den Einsatz
des Flakkampftrupps „Stephan"

Am 6.9.44 wurde auf Befehl der Abt. ein Flakkampftrupp mit vier 8,8-cm-Gschtz. und einem 2-cm-Flak-Vierling-Gschtz. und fünf 2-cm-Flak-Gschtz. unter Führung des SS-Ustuf. Stephan in den Raum südostw. Huy in Marsch gesetzt. In Lüttich fiel das 8,8-cm-Gschtz. des SS-Uscha. Neuwirth wegen Schadens am Fahrgestell aus. Auf der Strecke Lüttich–Huy fiel das 8,8-cm-Gschtz. des SS-Uscha. Henn wegen Schadens an der Zugmaschine aus. In Lüttich wurde der SS-Strm. Pollotzeck mit seinem 2-cm-Gschtz. auf Befehl des SS-Ustuf. Stephan zum Unterkunftsraum der Abt. zurückgeschickt, um einen anderen Sonderanhänger für das ausgefallene Geschütz des SS-Uscha. Neuwirth zu holen. Inzwischen wurde jedoch das alte Fahrgestell fertiggestellt und SS-Strm. Pollotzeck fuhr nicht zum U-Raum zurück, sondern verblieb mit seinem Geschütz bei dem 8,8-cm-Geschütz. SS-Uscha. Neuwirth versuchte, mit den beiden Geschützen nachzukommen (8,8 und 2 cm), wurde jedoch auf der Strecke Lüttich–Huy von einem Führer der LSSAH (SS-Hstuf. Möbius) zurückgeschickt, da die Strecke Lüttich–Huy nicht mehr feindfrei war.

Wir meldeten uns im Raum ostw. Huy bei der Kampfgruppe Milius und wurden mit dieser Kampfgruppe an der Straßenkreuzung Huy–Marche (rund 6 km südostw. Huy) eingesetzt. Wir zogen uns mit dieser Kampfgruppe nach Osten zurück und kamen später zum Schutz der Brücke über die Ourthe bei Comblain La Tour gegen Erdziele zum Einsatz. Anschließend war ich mit meinem Flaktrupp (4 Gschtz. 2 cm) bei Sprimont (20 km südl. Lüttich) im

Kampf. Der Flaktrupp war der Inf.-Kp. des Lnt. Müller unterstellt. Der 8,8-cm-Kampftrupp mit 2 Gschtz. 8,8 und 1 Gschtz. 2-cm-Vierling war bei Aywailie (südl. Sprimont) eingesetzt. In diesem Einsatzraum wurden wir in stärkere Gefechte mit den von Lüttich nach Süden vorstoßenden Feinden verwickelt. Ich beobachtete, daß von einem Flaktrupp ein fdl. SPW in Brand geschossen wurde und die fdl. Inf. von den übrigen SPW absaß und von uns in Deckung gezwungen wurde. Ich erhielt anschl. von Lnt. Müller den Befehl zum Stellungswechsel nach Comblain la Tour zur Inf.-Kp. des SS-Ustuf. Winecke. Nachdem der Feind bis nach Florze vorgestoßen war, beschoß der 8,8-cm-Kampftrupp, nachdem der Feind sich in dem Dorf gesammelt hatte, in den Abendstunden das Dorf Florze. Mit der Kp. Winecke setzte sich der Flaktrupp weiter nach Südosten ab. Bei diesen Absetzbewegungen beschoß der Flaktrupp fdl. Infanterie, die sich am Waldrand festgesetzt hatte. Während des Absetzens stieß der Feind beiderseits der Kp. Winecke vorbei nach Südosten. Ein „Maultier" mit 2-cm-Gschtz. des SS-Strm. Müller hängte wegen Kupplungs- und Getriebeschaden ab und wurde auf Befehl des SS-Ustuf Winecke gesprengt. Auf dem Weg, der zur Absetzbewegung frei geblieben war, war ein Anhängen des Geschützes an ein anderes Zugmittel unmöglich. Wir gerieten mit unserer Kampftruppe bei den weiteren Bewegungen nach Osten in einen neuen Kessel im Raum von […]. Der Flaktrupp wurde zur Straßensperrung der Straße […] herangezogen. Hierbei wurde ein Muni-Lkw durch Partisanen in Brand geschossen. Dabei gab es einen Toten und einen Leichtverwundeten. Wir stießen mit dem Flaktrupp im Raum […] wieder auf den 8,8-cm-Kampftrupp. Hier wurde von SS-Ustuf. Stephan das 8,8-cm-Gschtz. des Uscha. Hesse wegen Hülsenklemmer zur Abt. zurückgeschickt. Der Flaktrupp wurde wieder der 8,8-cm-Kampftruppe angegliedert. Gegen Abend setzten wir uns weiter nach Osten ab und bezogen Stellung im Raum von St. Vith. Hier griffen etwa acht Feindmaschinen vom Typ „Ligthning" die Stellung an und beschädigten 1 Gschtz. 2-cm-Vierling, welches deshalb von SS-Ustuf. Stephan, da es nicht mehr einsatzbereit war, ebenfalls zur Abteilung zurückgeschickt wurde.

Einige Tage vorher tauschten wir bei der Werfer-Abt. der Div. „HJ" einen Ford-V8 gegen einen 3,5-to-Zgkw. ein. Dieser wurde als Zugmittel für das 8,8-cm-Gschtz. des Uscha. Kühn verwendet und der 8-to-Zgkw. wegen Kupplungsschadens nebst einem „Maultier" zur Abt. zurückgeschickt.

Der restliche Kampftrupp setzte sich von St. Vith weiter ab in den Raum westl. Prüm. Hier wurden wir in der Bunkerlinie des Westwalls eingesetzt. Auf den Bunkern lag etwa eine Std. lang starkes fdl. Art.-Feuer. Die Männer nahmen in den Bunkern Deckung, die Geschütze konnten jedoch nicht in Deckung gebracht werden. Während des Art.-Überfalles rollten fdl. Panzer bis kurz vor die Bunker und beschossen anschließend die Schießscharten mit MG und Kanonen. Die beiden Bedienungen der 2-cm-Geschütze (ein Gschtz. 2 cm war bereits vorher als Reserve abgesetzt worden) begaben sich nach dem Art.-Überfall an die Geschütze, wurden jedoch durch das starke Panzerfeuer abgedrängt. Als die Bedienung des 8,8-cm-Geschützes den Bunker verließ, befanden sich die Feindpanzer bereits zwischen Geschütz und Bunker. Mit dieser 8,8-cm-Bedienung befand sich SS-Ustuf Stephan in einem Bunker. Über das Schicksal des SS-Ustuf. Stephan und dieser Männer ist weiter nichts mehr bekannt. Der SS-Uscha. Kühn, der sich ebenfalls mit im Bunker befand, verließ, nachdem es SS-Ustuf. Stephan erlaubt hatte, den Bunker und konnte sich so noch rechtzeitig absetzen. Von mir wurde eine Zugmaschine 3,5 to, ein Sonderanhänger 202 und das in Reserve befindliche nicht einsatzbereite 2-cm-Geschütz zur Abteilung zurückgeführt. Ferner befinden sich noch ein „Maultier" und ein Ford-V8 auf dem Weg zur Abteilung.

gez. Hermann Lohse
SS-Unterscharführer

Muster III.

Kriegsrangliste

der Offiziere, Sanitäts- und Veterinäroffiziere und ob. Beamten

~~des~~ ᛋᛋ - Flak - Abteilung 12

der

Lfd. Nr.	Dienst- grad*]	Dienst- stellung	Name (Vorname)	Patent oder Tag der Ernennung	Dienststelle (Komp. usw.)	Tag des Zugangs woher ?	Tag des Abgangs wohin ?	Bemerkungen**]
1	ᛋᛋ-Stbf.	Kdr.	Fend, Rudolf	20.4. 43	Abt. Stb.	-	-	
2	ᛋᛋ-Hstf.	Chf.	Ritzel, Karl	1.4. 44	Bttr.	-	8.7. 44	vermißt.
3	ᛋᛋ-Hstf.	Chf.	Dr.Weigandt, Karl	15.7. 43	Bttr.	-	5.8. 44	verwundet.
4	ᛋᛋ-Ostf.	Chf.	Ritscher, Fritz	1.4. 44	Bttr.	-	-	
5	ᛋᛋ-Ostf.	t.F.K.	Trost, Heinz	21.6. 43	Abt. Stb.	-	-	
6	ᛋᛋ-Ostf.	t.F.[illegible]	Grimm, Rudolf	30.1. 42	Abt. Stb.	-	-	
7	ᛋᛋ-Ostf.	Meß-Offz.	Riedel, Herbert	30.1. 43	Bttr.	-	27.7. 44	versetzt zum ᛋᛋ-Pz.RgtRgt2[illegible]
8	ᛋᛋ-Ostf.	Trp.-Arzt	Dr.Woelke, Hans	9.11. 43	Abt. Stab	-	-	
9	ᛋᛋ-Ostf.	O.O.	Thoms, Emil	21.6. 43	Abt. Stab	-	-	
10	ᛋᛋ-Ustf.	Adju.	Kolb, Karl	1.9. 43	Abt. Stab	-	-	
11	ᛋᛋ-Ustf.	N.O.	Hüholt, Fritz	1.7. 42	Abt. Stab	-	19.8. 44	vermißt.
12	ᛋᛋ-Ustf.	Chf.	Hartwig, Robert	10.3. 43	Bttr.	-	10.9. 44	an einer Verwun= dung verstorben.
13	ᛋᛋ-Ustf.	Meß-Offz.	Wingelmeyr, Günt.	30.1. 44	Bttr.	-	-	
14	ᛋᛋ-Ustf.	Meß-Offz.	Stephan, Ernst	1.9. 43	Bttr.	-	12.9. 44	vermißt.
15	ᛋᛋ-Ustf.	Bttr. Offz.	Bartsch, Adolf	9.11. 43	Bttr.	-	-	
16	ᛋᛋ-Ustf.	Bttr. Offz.	Meurer, Fritz	1.9. 43	Bttr.	-	22.8. 44	verwundet.
17	ᛋᛋ-Ustf.	Bttr. Offz.	Wilhelm, Herbert	19.12. 42	Bttr.	-	-	
18	ᛋᛋ-Ustf.	Zugf.	Czyrnik, Horst	1.9. 43	Bttr.	-	9.8. 44	verwundet.
19	ᛋᛋ-Ustf.	Zugf.	Bibrich, Sascha	1.9. 43	Bttr.	-	13.7. 44	in Haft.
20	ᛋᛋ-Ostf.	Verw. Fhr.	Fischer, Hubert	9.11. 41	Abt.	-	-	

*) aktiv, d. Res., d. Ldw.
**) auch Beförderungen, Tod, Verwundung, Krankheit, Abkommandierungen, Ordensverleihungen, (sämtl. mit Datum).

Anhang im Kriegstagebuch, Kriegsrangliste, Muster III

Anlage - 1 -
zum Kriegstagebuch Nr 3
der SS-Flak-Abt.12

Totalausfälle

der SS-Flak-Abt.12

A.) Waffen:

5 Geschütze 8,8 cm Flak 37,
3 Geschütze 8,8 cm Flak 18,
7 Geschütze 3,7 cm Flak 37 (SFL),
9 Geschütze 2 cm Flak 38,
7 M.G.42,
20 M.Pi.40,
80 Pistolen 38,
289 Karabiner 98k.

B.) Kraftfahrzeuge:

9 m.gl.Zgkw.,
5 Radschlepper,
55 Lastkraftwagen,
20 Personenkraftwagen,
11 Kräder.

Aus dem Kriegstagebuch 1944, Flak-Abteilung 12, Aufstellung der Totalausfälle

Muster IV

V e r l u s t l i s t e

der SS-Flak-Abt.12

Monat JUNI 1944

Datum:	tot:			verwundet:			davon bei d.Tr.verbl.			vermißt:			Gefan= genschaft.:			ver= sterben:		
	F.	U.	M.	F.	U.	M.	F.	U.	M.	F.	U.	M.	F.	U.	M.	F.	U.	M
6.6.44	-	-	-	-	2	4	-	-	1	-	-	-	-	-	-	-	-	-
7.6.44	-	-	5	-	2	8	-	1	1	-	-	-	-	-	-	-	-	-
1o.6.44	-	-	1	-	-	-	-	-	-	-	-	-	-	-	-	-	-	-
11.6.44	-	-	-	-	-	2	-	-	1	-	-	-	-	-	-	-	-	-
12.6.44	-	-	-	-	-	1	-	-	-	-	-	-	-	-	-	-	-	-
13.6.44	-	-	2	-	-	4	-	-	3	-	-	-	-	-	-	-	-	-
14.6.44	-	-	-	-	-	2	-	-	2	-	-	-	-	-	-	-	-	-
16.6.44	-	-	-	-	-	4	-	-	3	-	-	-	-	-	-	-	-	-
17.6.44	-	-	1	-	-	-	-	-	-	-	-	-	-	-	-	-	-	-
20.6.44	-	1	1	-	-	2	-	-	2	-	-	-	-	-	-	-	-	-
21.6.44	-	-	-	-	-	1	-	-	-	-	-	-	-	-	-	-	-	-
26.6.44	-	1	1	-	4	7	-	1	2	-	-	-	-	-	-	-	-	-
27.6.44	-	-	2	-	2	8	-	-	2	-	-	-	-	-	-	-	-	-
30.6.44	-	-	-	-	-	3	-	-	2	-	-	-	-	-	-	-	-	-
Gesamt:	-	2	13	-	10	46	-	2	19	-	-	-	-	-	-	-	-	-

Zusatz:
(Führer sind hier namentlich aufzuführen)

Verlustliste der SS-Flak-Abteilung 12, Juni 1944, Muster IV

Muster IV

Verlustliste

der SS-Flak-Abt.12

Monat JULI 1944

Datum:	tot:			verwundet:			davon bei d.Tr.verbl.			vermißt:			Gefangenschft.:			verstorben:		
	F.	U.	M.	F.	U.	M.	F.	U.	M.	F.	U.	M.	F.	U.	M.	F.	U.	M.
2.7.44	-	-	1	-	-	-	-	-	-	-	-	-	-	-	-	-	-	-
3.7.44	-	-	3	-	-	4	-	-	-	-	-	-	-	-	-	-	-	-
4.7.44	-	-	-	-	2	2	-	1	1	-	-	-	-	-	-	-	-	-
5.7.44	-	-	1	-	-	1	-	-	-	-	-	-	-	-	-	-	-	-
6.7.44	-	-	-	-	-	1	-	-	1	-	-	-	-	-	-	-	-	-
7.7.44	-	-	9	-	2	2	-	-	2	-	-	6	-	-	1	-	-	-
8.7.44	-	1	3	-	-	16	-	-	3	1+	3	23	-	2	7	-	-	-
9.7.44	-	-	-	-	-	5	-	-	3	-	-	-	-	-	-	-	-	-
10.7.44	-	-	1	-	-	1	-	-	-	-	-	-	-	-	-	-	-	-
18.7.44	-	-	2	-	-	2	-	-	-	-	-	-	-	-	-	-	-	-
25.7.44	-	-	-	-	-	3	-	-	1	-	-	-	-	-	-	-	-	-
26.7.44	-	-	1	-	1	1	-	-	1	-	-	-	-	-	-	-	-	-
30.7.44	-	-	-	-	-	2	-	-	2	-	-	-	-	-	-	-	-	-
31.7.44	-	-	-	-	-	2	-	-	1	-	-	-	-	-	-	-	-	-
Gesamt:	-	1	21	-	5	42	-	1	15	1+	3	29	-	2	8	-	-	-

Zusatz:
(Führer sind hier namentlich aufzuführen)

\+ SS-Hstuf. Karl R i t z e l, Battr.-Chef 1.Battr.(8,8)

Verlustliste der SS-Flak-Abteilung 12, Juli 1944, Muster IV

Muster IV

Verlustliste

der SS-Flak-Abt.12

Monat AUGUST 1944

Datum:	tot:			verwundet:			davon bei d.Tr.verbl.:			vermißt:			Gefangenschft.:			verstorben:		
	F.	U.	M.	F.	U.	M.	F.	U.	M.	F.	U.	M.	F.	U.	M.	F.	U.	M.
3.8.44	–	–	2	–	–	2	–	–	–	–	–	–	–	–	–	–	–	–
.8.44	–	–	–	1	4	1	–	–	–	–	–	–	–	–	–	–	–	–
6.8.44	–	–	–	1	–	–	1	–	–	–	–	–	–	–	–	–	–	–
9.8.44	–	–	1	1	2	5	–	1	2	–	–	–	–	–	–	–	–	–
12.8.44	–	–	2	–	1	7	–	–	1	–	–	–	–	–	–	–	–	–
13.8.44	–	–	–	–	1	1	–	1	1	–	–	–	–	–	–	–	–	–
14.8.44	–	–	–	–	1	3	–	–	–	–	–	–	–	–	–	–	–	–
15.8.44	–	–	1	1	–	3	–	–	–	–	–	–	–	–	–	–	–	–
16.8.44	–	–	–	–	–	3	–	–	1	–	–	3	–	–	1	–	–	–
17.8.44	–	–	–	1	–	–	–	–	–	–	–	–	–	–	–	–	–	–
18.8.44	–	–	–	–	–	–	–	–	–	–	–	–	–	1	1	–	–	–
19.8.44	–	–	–	–	1	6	–	–	–	1	–	–	–	–	–	–	–	–
20.8.44	–	–	–	–	–	–	–	–	–	–	1	9	–	–	5	–	–	–
23.8.44	–	–	–	1	–	–	–	–	–	–	–	–	–	–	–	–	–	–
.7.8.44	–	–	1	–	–	–	–	–	–	–	–	–	–	–	–	–	–	–
28.8.44	–	–	–	–	–	2	–	–	1	–	–	–	–	–	–	–	–	–
Gesamt:	–	–	7	6	7	33	1	2	6	1	1	12	–	1	7	–	–	–

Zusatz:
(Führer sind hier namentlich aufzuführen)

5.8.44 SS-Hstuf. Dr. W e i g a n d t, Karl
5.u.9.8. SS-Ustuf. C z y r n i k, Horst,
15.8.44 SS-Ustuf. K o l b, Karl,
17.8.44 SS-Ustuf. H a r t w i g, Robert,
19.8.44 SS-Ustuf. H ü h o l t, Fritz,
23.8.44 SS-Ustuf. M e u r e r, Fritz.

Verlustliste der SS-Flak-Abteilung 12, August 1944, Muster IV

Muster IV

Verlustliste

der SS-Flak-Abt.12

Monat SEPTEMBER 1944

Datum:	tot:			verwundet:			davon bei d.Tr.verbl.:			vermißt:			Gefangenschft.:			verstorben		
	F.	U.	M.	F.	U.	M.	F.	U.	M.	F.	U.	M.	F.	U.	M.	F.	U.	M.
1.9.44	-	-	1	-	1	8	-	-	3	-	-	-	-	-	-	-	-	-
2.9.44	-	-	1	-	-	-	-	-	-	-	-	-	-	-	-	-	-	-
4.9.44	-	-	1	-	-	-	-	-	-	-	-	-	-	-	-	-	-	-
7.9.44	-	-	-	-	-	2	-	-	-	-	-	-	-	-	-	-	-	-
8.9.44	-	-	-	-	2	1	-	-	-	-	-	-	-	-	-	-	-	-
10.9.44	-	-	1	-	-	1	-	-	-	-	-	-	-	-	-	-	-	-
Gesamt:	-	-	4	-	3	12	-	-	3	-	-	-	-	-	-	-	-	-

Zusammenstellung:

Juni:	-	2	13	-	10	46	-	2	19	-	-	-	-	-	-	-	-	-
Juli:	-	1	21	-	5	42	-	1	15	1	3	29	-	2	8	-	-	-
August:	-	-	7	6	7	33	1	2	6	1	1	12	-	1	7	-	-	-
Sept.:	-	-	4	-	3	12	-	-	3	-	-	-	-	-	-	-	-	-
Gesamt:	-	3	45	6	25	133	1	5	43	2	4	41	-	3	15	-	-	-

Verlustliste der SS-Flak-Abteilung 12, September 1944, Muster V

Muster V.

Gefechts- und Verpflegungsstärken

des ~~xxx~~ ϟϟ - Flak - Abt. 12
der

Tag	Gefechtsstärken*]					Verpflegungsstärken**]					Verwendungsbereite Waffen aller Art (ausser Handw. und blank. Waffen)	
	Offiziere	Beamte	Unteroffiziere	Mannschaften	Pferde	Offiziere	Beamte	Unteroffiziere	Mannschaften	Pferde	Zahl	Kaliber und Art
11.6.44	12	-	32	274	-	16	-	58	594	-	13	Gschtz.8,8
											8	-"- 3,7
											6	-"- 2 cm
21.6.44	12	-	31	272	-	16	-	6o	58o	-	13	Gschtz.8,8
											8	-"- 3,7
											7	-"- 2 cm
1.7.44	13	-	33	291	-	16	-	58	554	-	13	Gschtz.8,3
											8	-"- 3,7
											8	-"- 2 cm
11.7.44	11	-	19	19o	-	17	-	57	537	-	6	Gschtz.8,8
											6	-"- 3,7
											5	-"- 2 cm
21.7.44	9	-	15	122	-	14	-	51	58o		4	Gschtz.8,8
											6	-"- 3,7
											4	-"- 2 cm
1.8.44	1o	-	21	152	-	14	-	55	671	-	8	Gschtz.8,8
											5	-"- 3,7
											4	-"- 2 cm
11.8.44	6	-	17	145	-	11	-	69	69o		5	Gschtz.8,8
											4	-"- 3,7
											3	-"- 2 cm
21.8.44	5	-	8	48	-	11	-	64	686	-	-	Gschtz.8,8
											3	-"- 3,7
											-	-"- 2 cm
1.9.44	6	-	25	265	-	1o	-	63	767	-	3	Gschtz.8,8
											3	-"- 3,7
											1	-"- 2 cm

*) In den **Gefechtsstärken** sind nicht aufzunehmen: Stäbe vom Regiment (einschl.) aufwärts, Sanitätspersonal, Krankenträger, Personal des Gepäcktrosses.
) In den **Verpflegungsstärken sind alle Angehörigen der Wehrmacht sowie Pferde, die am 1., 11. und 21. jed. Mts. bei der Truppe verpflegt worden sind (auch beurlaubte und sonstige mit Geldverpflegung abgefundene Wehrmachtangehörige) aufzunehmen.

Gefechts- und Verpflegungsstärken SS-Flak-Abteilung 12, Juni bis September 1944, Muster V

- 11 -

Pz.Nachr.Abt. 12

Stab:

Pandel 13-31-18o5

2. Kp.:

Schwarzbauer 14-18-1o76

ohne Kp.Angaben:

Bauer 1o-12-826
Richter, Hans 16- 8-423

Pz.Flak Abt. 12

1. Bttr.:

Eckert 3-11-884

4. Bttr.:

Hermann 9-2o-1341
Keller 9- 1- 45

ohne Battr.Angabe:

Rüffer 9-7-423

Werfer Rgt. 12

2. Bttr.:

Babucke 14-12- 667
Hess 14- 1- 31

Anhang zum Kriegstagebuch, Verlustaufstellung, Pz.-Nachr.-Abt. 12, Pz.-Flak-Abt. 12

\- 34 -

noch 3. Bttr. (Flak.Abt. 12)

Uscha.	SANDER, Walter	21 - 5 - 1o6
Kan.	SCHARNOWSKI, Willi	28 - 9 - 326
Kan.	SCHIEMANN, Helmut	21 - 6 - 137
Strm.	WEBER, Bruno	4 - 9 - 323
Kan.	ZEUS, Josef	21 - 5 - 92

4. Bttr. :

Kan.	HERZOG, Franz-Rudolf	1o - 8 - 3o8
Kan.	HORSTKORTE, Wilhelm	18 - 321/322
Kan.	KARG, Kakob	1o - 8 - 3o6
Kan.	KLOTZBÜCHER, Josef	1o - 8 - 3o2
Strm.	REICHL, Heinz	22 - 9 - 254
Uscha.	STOCKHAUS, Ernst	3 - 53
Kan.	STRAKELJAHN, Wilhelm	1o - 8 - 312

Anhang zum Kriegstagebuch, Verlustaufstellung 3. und 4. Batterie, Flak-Abteilung 12

Nachtrag zur vorliegenden Verlustaufstellung der 4. Batterie von 1943 - 1945 (aufgestellt im Dezember 1988)

Folgende in der Aufstellung aufgeführte Kameraden wurden auf deutsche Soldatenfriedhöfe umgebettet.

Lfd. Nr. in der Aufstellung	Vorname	Name	Name des Soldatenfriedhofes	Block Nr.	Reihe Nr.	Grab Nr.	Bemerkungen
2	Wilhelm	Hermann	Champigny-St. André / Eure - Frankreich -	9	20	1341	
3	Otto	Schäfer	" "	9	–	1228	
6	Jakob	Karg	La Cambe / Calvados - Frankreich -	10	8	306	
7	Josef (Sepp)	Klotzbücher	" "	10	8	302	
8	Wilhelm	Strakeljahn	" "	10	8	312	
9	Franz-Rudolf	Herzog	" "	10	8	308	
16	Ernst	Stockhaus	" "	3	2	53	
17	Hartmund	Zeller	Champigny - St. André / Eure - Frankreich -	9	1	45	
34	Wilhelm	Horstkorte	La Cambe / Calvados - Frankreich -	18	9	321/322	
38	Heinz	Reichl	" "	22	9	254	
106	Erwin	Klingler	Oberwölbling - Niederösterreich -	2	–	483	

Nachtrag zur Verlustaufstellung der 4. Batterie von 1943 bis 1945, aufgestellt im Jahr 1988

Kriegserinnerungen an 1944/45

Von Paul Baier

1944

24. Juni. Heute haben wir Munition transportiert.

26. Juni. Durchbruch des Gegners. Der Troß stand unter Art.-Beschuß. Ich wurde verwundet, bekam einen Granatsplitter in die rechte Wange neben dem Ohr und einen anderen in den Rücken. Wurde ins Lazarett nach Sees gebracht. Der Spieß Mange wurde schwerverwundet. Die beiden Fouriere Kohlmeier und Wiesenau wurden leicht verwundet (Fourierfahrer war Wölk).

27. Juni bis 1. Juli. Im Lazarett.

30. Juni. Ich habe 300 ccm Blut gespendet für schwerverwundete Kameraden. Jeder Blutspender bekam dafür zwei Flaschen Wein, eine Tafel Schokolade, Wurst und Butter.

2. Juli. Aus dem Lazarett entlassen. Die Abfahrt von Sees fand über Falaise nach Putanges statt, wo ich die Divisions-Sammelstelle gesucht habe.

3. Juli. Abfahrt von Putanges zum Abt.-Versorgungs-Troß im Wald von Bretteville sur Dives, hier haben wir im Zelt geschlafen.

4. Juli. Karl Veit holte Post und Verpflegung für die Batterie. Ich fuhr mit ihm zur Batterie. Dabei hatten wir in Bretteville sur Dives eine Autopanne. Nach Schadensbehebung konnten wir weiterfahren. Die Ortschaft Bretteville lag unter Art.-Beschuß.

10. Juli. Der Troß machte Stellungswechsel in eine kleine Ortschaft etwa vier Kilometer hinter Bretteville, wo in einer Kiesgrube das Muni-Lager untergebracht war.

16. Juli. Gegen Abend habe ich Munition transportiert. Bombenangriffe unserer Junkers Ju 88 beobachtet.

17. Juli. Horst Smolinski besuchte mich. Fertigmachen zum Stellungswechsel.

19. Juli. Etwa um 0 Uhr begann der Stellungswechsel. Wir fuhren die Nacht durch. Ich wechselte mich mit Rottenführer Mehl am Steuer ab. Nach kurzer Autopanne gings weiter.

20. Juli. Im Morgengrauen erreichten wir St. Pierres. Von dort gings weiter in unsere neue Stellung in Totés.

24. Juli. Fahrt mit Schirrmeister Uscha. Jakob Novak nach Louviers zum Stützpunkt und dort übernachtet.

25. Juli. Zur Batterie zurückgefahren, wo wir in einen Jabo-Angriff gerieten.

29. Juli. Strm. Otto Kumm meldete sich zum Unterführer-Lehrgang ab.

1. August. Ich erhielt das Verwundetenabzeichen in Schwarz.

2. August. Mit Spieß Geißler und Kraftfahrer Heimann nach Livarot gefahren und Butter geholt. Dabei wurden wir von Jabos angriffen, die allerdings nichts trafen.

3. August. Zum Infanterie-Stellungsbau mit nach vorn gegangen. Wir lagen unter Art.-Beschuß. Abends kehrten wir zum Troß zurück.

4. August. Wieder Infanterie-Stellungsbau bei Airan. Übernachtung im Keller eines zerschossenen Hauses.

5. August. Wieder ganztägig beim Stellungsbau. Unterkunft in einem Haus direkt hinter der Frontlinie.

6. August. Stellungsbau unter Art.-Beschuß. Später Rückfahrt zum Troß.

7. August. Es fand eine allgemeine Entlausung statt.

9. August. Stellungswechsel und Abfahrt von Totés.

11. August. Neue Stellung bei Bellou bezogen.

17. August. Weiterer Stellungswechsel samt Rückzug. Wir fuhren wegen den Jabos fast nur mehr nachts. Es ging zurück bis Louviers / Seine, hier wurde gesammelt. Unsere Zugmaschine war heil aus dem Falaiser Kessel herausgekommen. Wir zogen in einem Wald unter.

22. August. Diese Nacht setzten wir mittels einer Pontonbrücke über die Seine. Es geschah nachts, um vor den ständig über uns kreisenden Jabos sicher zu sein. Als wir mit den Fahrzeugen an den Fluß kamen, hieß es zunächst, nur die Fahrzeuge setzen über. Alle Männer sollten absitzen, um zu Kampfgruppen zusammengestellt werden. Dann jedoch kam plötzlich der Befehl, daß Einheiten geschlossen mit ihren Fahrzeugen übersetzen und nur Versprengte zu Kampfgruppen zusammengefaßt werden sollten. Die

Fahrer wurden extra darauf hingewiesen, beim Auffahren auf die Pontonbrücke ja aufzupassen, nicht vom Weg abzukommen. Die Überfahrt müßte schnellstens und reibungslos vonstatten gehen, damit möglichst viele Fahrzeuge übersetzen können. Jedes Fahrzeug, das daneben führe, würde erbarmungslos in die Seine geworfen, da keine Zeit und kein Gerät verfügbar seien, sie wieder auf die Brücke zu schaffen. Die nächtliche Überfahrt stellte besonders die Fahrer vor Probleme, die Anhänger an ihren Fahrzeugen hatten. Die Brücke war schmal, und die Auffahrt entsprach nicht den sonst geltenden Sicherheitsstandards.

24. August. Endlich Ruhestellung in einer Ortschaft, deren Namen ich vergessen habe.

26. August. Erneuter Stellungswechsel. Unser Kamerad Kumm kam vom Lehrgang zurück. Inzwischen waren der Batterieführer und Reste der Gefechtsbatterie aus dem Falaiser Kessel eingetroffen.

27. August. Vollzähligkeitsappell und Stellungswechsel.

28. August. Unterkunft in Buchoire.

29. August. Abfahrt von Buchoire.

30. August. Wegen der Jabo-Gefahr würde tagsüber gerastet und nachts gefahren.

31. August. Weiterhin auf dem Marsch nach Westen.

1. September. Wir haben heute die französisch-belgische Grenze überschritten, auch nach dem Hellwerden fuhren wir ununterbrochen weiter. Dabei wurden wir von einigen „Thunderbolts" angegriffen. Wir hatten zwei Tote und acht Verwundete. Ein Lkw ist ausgebrannt, und der Küchenanhänger wurde in Mitleidenschaft gezogen. In der Nacht Ankunft in unserer neuen Stellung im Schloß Dhuy bei Namur.

2. September. Kaum hatten wir es uns im Schloß gemütlich gemacht, da hieß es schon wieder: Stellungswechsel vorbereiten!

3. September. Wir tauschten unser französisches Geld um, dann erneuter Stellungswechsel.

4. September. Wir kamen heute in Peter´s Stalling an, ich fuhr weiter nach Tongern. Dort sollte es ein Verpflegungslager geben, wir haben leider keins gefunden.

5. September. Am Morgen Rückkehr von Tongern.

6. September. Fahrt nach Lüttich und zurück.

7. September. In der Nacht begann der nächste Stellungswechsel.

8. September. Überschreiten der Grenze von Belgien nach Deutschland. Halt in Keich, weil der Lkw eine Panne hatte.

9. September. Morgens Weiterfahrt, Rast in Eschweiler. Hier gingen wir wegen eines Jabo-Angriffs in Deckung. Abends Ankunft bei der Batterie in Koisdorf bei Sinzig am Rhein. Wir fanden ein Privatquartier bei Familie Josef Schmickler in der Römerstraße 55. Mit dabei waren die Kameraden Prix, Brüll, Rauh, Müßig, Windisch und Welisch. Drei 3,7-cm-Geschütze der Batterie waren in der Nähe des Ortes in Feuerstellung

12. September. A-Garnitur und Vollzähligkeitsappell.

20. September. Fertiggemacht zum Stellungswechsel, jedoch hatten wir abends nochmal Ausgang ins Kino nach Sinzig bekommen.

21. September. Abfahrt von Koisdorf zum Bahnhof Sinzig / Rhein, wo unser Transportzug abging.

22. September. Bahnfahrt bis Arnsberg (Westfalen), nachts fuhren wir wieder zurück über Sinzig in Richtung Koblenz.

23. September. Bahnfahrt nach Süden.

24. September. Ankunft in Möckmühl (Württemberg), wo nachts ausgeladen wurde.

25. September. Abends Weiterfahrt mit den Fahrzeugen nach Leibenstadt, dort Übernachtung in der Schule.

28. September. Unterkunft in einem Privatquartier bei Familie Hermann Wüst. Die Gefechtseinheit mit einem Geschütz wurde in den Nachbarort Korb verlegt.

30. September. Einsatz bei örtlichen Bauern bei der Kartoffelernte.

1. Okrober. Appell, Beförderungen und Verleihung von Auszeichnungen: Ich bin zum Sturmmann befördert worden und bekam nachmittags dienstfrei.

3. Oktober. Erneut bei der Kartoffelernte geholfen.

4. Oktober. Ich holte mit einem Pferdefuhrwerk in Merchingen Verpflegung ab. Die Batterie hatte einen Kameradschaftsabend beim weiblichen RAD in Adelsheim organisiert.

5. Oktober. Bei der Kartoffelernte. Die Bauersleute wollten uns eine Freude machen und hatten zum Abendessen Kuchen gebakken. Wir waren noch nicht fertig mit dem Abendessen, da erreichte uns der Befehl, sofort zur Batterie zurückzukommen, um den Stellungswechsel vorzubereiten.

6. Oktober. Nachmittags bei der Kartoffelernte geholfen.

7. Oktober. Fahrt bis Seckach.

8. Oktober. Wir wurden in Seckach verladen, nachts Abfahrt des Transportzuges.

9. Oktober. Den ganzen Tag auf der Bahn.

10. Oktober. Ankunft und Ausladen in Barnstorf.

11. Oktober. Von Barnstorf bis Sulingen mit dem Zug gefahren, von Sulingen bis Rathlosen dann auf der Straße. Es handelte sich um ein kleines Dorf zwischen Vechta und Nienburg/Weser in einer Heide- und Moorgegend. Mit Otto Kumm und anderen Kameraden waren wir in Quartier bei Bauer Heinrich Plate an der Hauptstraße.

12. Oktober. Arbeitseinsatz beim Bauern.

15. Oktober. Ein Sonntag mit Ausgang.

20. Oktober. Den ganzen Tag lang Gerätereinigen.

21. Oktober. Noch ein Tag Gerätereinigen und warten.

22. Oktober. Arbeitsdienst.

23. Oktober. Waffenrevision.

24. Oktober. Heute hatten wir eine Zahnuntersuchung sowie eine Nachtausbildung.

27. Oktober. Geburtstagsfeier mit der Nachrichtenstaffel, es war für mich sogar ein Kuchen gebacken worden.

29. Oktober. An diesem Sonntagnachmittag hat die Batterie Theater gespielt.

31. Oktober. Nachtausbildung.

5. November. Heute am Sonntag hatte ich nachmittags dienstfrei.

8. November. Vorbereitung des Stellungswechsels. Ich fuhr mit dem Waffen- und Gerätewart Uscha. Pflügler nach Barnstorf und zurück.

9. November. Beginn des Stellungswechsels, nachts in Barnstorf verladen.

10. November. Gegen Abend Abfahrt des Transportzuges von Barnstorf.

11. November. Bahnfahrt.

12. November. Halt bei Soest/Westfalen. Wagenappell. Die Batterie bekam ihre Ärmelstreifen „Hitlerjugend". Am Abend Weiterfahrt.

13. November. Nachts wurden wir in Niederaußem nordwestlich von Köln ausgeladen.

14. November. Quartier in Niederaußem in einer Molkerei. In einer Fabrik in der Nähe konnten wir endlich wieder duschen.

15. November. Ich fuhr zur Batterie nach Quadrath. Hier war die Batterie in Feuerstellung. Im Laufe des Tages hieß es plötz-

lich, die Funker fahren weg zum Lehrgang, sofort packen. Abends marschierten wir mit dem gesamten Gepäck acht Kilometer nach Niederaußem. Dann ging es weiter mit der Bahn nach Wuppertal-Elberfeld. Hier Übernachtung in einem großen Luftschutzbunker.

16. November. Morgens Weiterfahrt bis Brackwede. Hier erhielten wir die letzte Verpflegung und übernachteten im Wartesaal.

17. November. Weiterfahrt und Ankunft in Barnstorf. Unterkunft und Übernachtung in der Turnhalle.

19. November. Am Bahnhof die Zeit totgeschlagen. Niemand in Barnstorf wußte etwas von einem Lehrgang, keiner wollte für uns zuständig sein. Deshalb bekamen wir auch keine Verpflegung.

20. November. Heute erhielten wir Verpflegung.

21. November. Wir wurden samt Instandsetzungs-Staffel wieder eingeladen und verließen Barnstorf per Bahn.

22. November. Bahnfahrt.

23. November. Ausladen in Neuss am Rhein, abends dann Abfahrt bei Fliegeralarm.

24. November. Es ging weiter bis zur Ankunft bei der Stabsbatterie in Brauweiler.

26. November. Marsch von Brauweiler nach Sinthern zur 5. Batterie.

27. November. Heute war dienstfrei.

28. November. Erster Tag des Funker-Lehrganges, der anfangs in Barnstorf stattfinden sollte.

28. November bis 12. Dezember. Nachrichtenlehrgang.

13. Dezember. Der Lehrgang wurde abgebrochen wegen der Ardennenoffensive. Am Abend ging es zurück zur Batterie nach Stommeln.

14. Dezember. Mit dem Troß Abfahrt von Stommeln bis Billig. Die Marschstrecke war wie folgt: Stommeln–Pulheim–Brauweiler–Königsdorf–Horrem–Mödrath–Türenich–Kirdorf–Liblar–Lachenich–Friesheim–Niederburg-Mülheim–Wichtenich–Frauenberg–Dürscheven–Elsig–Euenheim–Billig.

In der Nacht Weiterfahrt mit der Batterie zur Bereitstellung für die Ardennenoffensive.

15. Dezember. Gegen Mittag Ankunft in Nettersheim, Unterkunft im Kloster.

16. Dezember. Zum III. Zug gekommen.

18. Dezember. Abfahrt von Nettersheim. Ich fuhr beim II. Zug mit. Durch den beständigen Vormarsch durch die Ardennen war an Schlaf nicht zu denken.

19. Dezember. Auf überfüllten Straßen verloren wir den Anschluß an die Batterie.

20. Dezember. Rast in Hundsfeld, endlich konnten wir Schlaf nachholen. Der Art.-Beschuß hat uns nicht gestört.

21. Dezember. Nachts Weiterfahrt über sehr schlechte Straßen. Ruhe von 5.30 Uhr bis 8 Uhr in der Unterkunft der Feldgendarmerie.

22. Dezember. Der Vormarsch ging bis Amel und dann weiter in Richtung St. Vith, das wir gegen Abend durchquerten. Unterwegs hatten wir eine Autopanne.

23. Dezember. Mit dem reparierten Auto gings weiter bis Hundsfeld, wo das Fahrzeug erneut liegenblieb.

24. Dezember. Mit der Batterie fuhr ich weiter bis Deidenberg. Wir erhielten die Weihnachtszuteilung: 6,5 Riegel Schokolade, 20 Zigaretten, zehn Zigarren und zwei Beutel Drops. In einem Kuhstall untergekommen.

25. Dezember. 1. Weihnachtsfeiertag. Es wurden die Waffen gereinigt.

26. Dezember. Wir schliefen im Auto, es war sehr kalt.

27. Dezember. 6 Uhr Abfahrt von Deidenberg. Wir kamen an abgeschossenen amerikanischen Panzern vorbei. Feindliche Jabos schossen zwei Lkw der Batterie in Brand. Endlich in Buchholz angekommen.

28. Dezember. Stellungswechsel nach Samrée.

29. Dezember. Bunkerbau unter Art.-Beschuß. Am Abend Stellungswechsel um drei Kilometer. Alle Arbeit war für die Katz.

30. Dezember. Telefonwache. Dann wurden wieder Bunker gebaut. Es lag viel Schnee und es war sehr kalt. Wir schliefen im Bunker.

31. Dezember. Ein Sonntag. Wir erhielten Marketenderware und Punsch. Von 17 bis 19 Uhr hatte ich Wache. Im Bunker übernachtet.

1945

1. Januar. Von 1 Uhr bis 3 Uhr auf Wache. Ich bekam zur Feier des Tages einen Schnaps und einen Riegel Schokolade.

2. Januar. Ich traf mit Horst Smolinski zusammenen. Wieder im Bunker untergekommen.

4. Januar. Erneuter nächtlicher Stellungswechsel.

5. Januar. Bei Hardigny in Stellung gegangen, Bunker gebaut und darin übernachtet.

6. Januar. Bunkerbau. Marschbereitschaft. Von 21 Uhr bis 23 Uhr hatte ich Wache.

7. Januar. Bunker fertiggestellt. Darin wurde auch übernachtet.

8. Januar. Von 9 Uhr bis 10 Uhr als Flugmelder eingeteilt.

10. Januar. Von 14 Uhr bis 15.30 Uhr Flugmelder. Abends Stellungswechsel, es ging wieder zurück. In Buchholz in einer Scheune untergekommen.

11. Januar. Bei Maldingen in Stellung gegangen. Unterkunft in einer Scheune. An diese Unterkunft wurden wir noch lange erinnert: Wir hatten uns dort Läuse geholt.

12. Januar. Flugmelder von 15.30 Uhr bis 17 Uhr.

14. Januar. Flugmelder von 15 Uhr bis 17 Uhr.

16. Januar. In der Nacht Stellungswechsel.

17. Januar. Den ganzen Tag lang gefahren, abends Ankunft in Auw bei Prüm/Eifel. Dort traf ich Horst Smolinski. Es lag viel Schnee und war sehr kalt. Unterkunft in einer Scheune.

23. Januar. Jabo-Angriffe auf Auw, beim Troß gab es Verwundete.

24. Januar. Kamerad Wulf wurde zum Führerlehrgang abberufen.

25. Januar. Vorbereitung zum Stellungswechsel.

28. Januar. Ich wurde mit Kamerad Windisch zum I. Zug versetzt.

29. Januar. Die Batterie hatte einen Toten durch Art.-Beschuß und zwei Tote durch Jabos. Es handelte sich um die Kameraden Simon und Tracht von der Schreibstube. Stellungswechsel. Nachts durchgefahren bis Schmidtheim. Der I. Zug hatte sich verirrt und verlor den Anschluß an die Batterie.

30. Januar. Rast in Schmidtheim.

1. Februar. Abfahrt von Schmidtheim, mit anschließender Ankunft bei der Batterie in Sistig. Unterkunft im Kirchenkeller.

2. Februar. Unterkunftswechsel in die Schule.

3. Februar. An Morgen war Stellungswechsel. In Kall Halt wegen feindlicher Jabos. Erst gegen Abend Weiterfahrt mit späterer Ankunft in Konradsheim.

4. Februar. Am Abend Abfahrt von Konradsheim, nachts wurden wir in Quadrath bei Köln verladen.

5. Februar. Morgens Abfahrt des Transportzuges von Quadrath in Richtung Ungarn. Als Sonderzuteilung bekamen wir eine Wurst,

„Axmann"- und Frontkämpferpäckchen sowie einen Dreiviertelliter Wein pro Person.

6. bis 9. Februar. Bahnfahrt quer durch Deutschland sowie durchs Protektorat Böhmen und Mähren.

9. Februar. Überqueren der ungarischen Grenze und nachts in Raab (Györ) ausgeladen. Mit den Fahrzeugen dann Weiterfahrt bis Gyirmot (Außenbezirk von Györ). Gustav Hoffmann wurde mit der 4. Batterie in Neuhäusel (Èrsekújvár) ausgeladen.

11. Februar. Um 2 Uhr Abfahrt von Gyirmot, morgens dann Ankunft in Pápateszér. Hier wurde auch Quartier bezogen.

14. Februar. Abends Abfahrt von Pápateszér Richtung Gic, wo wir eine Autopanne hatten.

15. Februar. Halt in Gic, um das Auto zu reparieren. Wir übernachteten im Auto.

16. Februar. Autoreparatur beendet.

17. Februar. Abfahrt von Gic, erneute Panne bei Èrsekújvár. Wir mußten im Auto schlafen.

18. Februar. Am Sonntagabend kamen wir endlich bei der Batterie an. Wir erhielten Schoka-Kola und bezogen Quartier in einer Stube. Nachts der erste Besuch russischer „Nähmaschinen".

19. Februar. Angriff russischer Schlachtflieger vom Typ Iljuschin Il 2 auf das Dorf. Bei der Batterie gab es Verwundete. Dabei erwischte es unseren Kraftfahrer Heimann, neuer Kraftfahrer wurde ein Holländer. Abends war wieder einmal Stellungswechsel. Wir schliefen in einem Strohschober. Es war sehr kalt.

20. Februar. Platte Reifen geflickt. Am Abend Stellungswechsel nach Kural, wo wir in einem Kuhstall unterkamen.

25. Februar. Gegen Morgen war Stellungswechsel, wir haben in Kolta haltgemacht. Hier kauften wir Eier. Die Fahrt ging nur ein Stück weiter, da wir erneut eine Autopanne hatten. Endlich in der neuen Stellung, einem Bauernhof, angekommen. Hier kamen wir zusammen mit der Stabsbatterie in einer Scheune unter.

26. Februar. Heute waren wir in Udvard zur Entlausung. Wir erhielten Schoka-Kola. Die Kettenfahrzeuge der Batterie wurden verladen, Quartier fanden wir in einer Scheune.

28. Februar. Am Mittag neuerlicher Stellungswechsel. Die Strecke von Udvard bis Tác (122 km) wurde mit den restlichen Fahrzeugen auf sehr schlechten Straßen absolviert. Die Fahrzeuge blieben teilweise stecken, und daher mußten wir nachts durchfahren.

1. März. Die nächste Autopanne hielt uns auf, daher kamen wir erst am Abend in Tác zwischen Plattensee und Donau an. Hier konnten wir uns Wein kaufen und fanden in einer Küche Unterkunft.

2. März. Traf mich mit Horst Smolinski in einem Wirtshaus, wo es Rotwein gab.

3. März. Meine Batterie hatte nachts Stellungswechsel, dabei blieb unser Flak-Kraftwagen „Maultier" stehen. Als Verpflegung bekamen wir eine Dose Schoka-Kola und 20 Zigaretten.

4. März. Gegen Mittag Abfahrt von Tác und gegen Abend Ankunft bei der Batterie in Balatonkenese am Plattensee. Mit Rottenführer Richter, der von der Luftwaffe zu uns kam, übernachtete ich in einem Haus.

5. März. Gegen Mittag Weiterfahrt. Es ging vorbei am Plattensee in die neue Stellung in Polgárdi. Hier bezogen wir in einem Haus Unterkunft.

7. März. Gegen Abend Stellungswechsel nach Kisláng. Quartier fanden wir in einem Haus.

9. März. Gegen Mittag hatte die Batterie Stellungswechsel. Unser „Maultier" hat wieder einmal seinen Geist aufgegeben. Wir holten Sprit und konnten zwei Kilogramm Speck kaufen.

14. März. Der Batterie nach Dég gefolgt, wo wir in einem Haus unterkamen.

16. März. In Igar (in der Nähe von Simontornya) holten wir ein Drillingsgeschütz ab. Dann hatte ich von 14 Uhr bis 16 Uhr Telefonposten. Der Stellungswechsel begann abends und wir fuhren die ganze Nacht durch.

17. März. Die neue Stellung befand sich auf dem Flugplatz bei Seregélyes (bei Székesfehérvár). Der Flugplatz lag unter Art.-Beschuß, wir fanden in einem Bunker Unterschlupf.

19. März. Weiter ging es nach Szápár. In der kleinen Ortschaft Dudar hatte unser Anhänger später Radbruch. Die Kameraden Else, Müßebeck (Batterieschneider) und Ratel (Spießputzer) blieben beim Anhänger. Sobald die Batterie in neuer Stellung war, sollte der Anhänger nachgeholt werden.

20. März. In der Frühe begann ein russischer Angriff auf den Ort. Der Anhänger konnte nicht mehr geborgen werden. Ich habe Kamerad Scheufele gesehen. Müßebeck kam nicht zur Batterie zurück. Sehr viel später erfuhr ich, daß Kamerad Müßebeck laut DRK bei der ungarischen Stadt Mòr gefallen ist.

Unsere Batterie ging bei Dudar in den Infanterieeinsatz, dabei wurden die Kameraden Maidoppler, Schick und Richter verwundet; Hunold, Dorka und Marhofer sind gefallen.

21. März. Bei Dudar traf ich mit den Kameraden Scheufele und Else zusammen. Else sah ich zum letzten Mal, wie sich ebenfalls später herausstellte. Er stand dann als Vermißter in den Suchdienstlisten des Roten Kreuzes.

22. März. Stellungswechsel nach Zirc. Die Russen nahmen Dudar. Nachts hatten wir Infanteriesicherung.

23. März. Die Batterie war in Erdzielstellung. Die Russen rückten in Zirc ein. Die Fahrzeuge wurden zurückgefahren. Die Batterie ging in den Infanterieeinsatz. An einem Waldrand bezogen wir eine Stellung. Kamerad Vulpius ist hier gefallen. Kamerad Saliger wurde verwundet. Unsere Nebel-Werfer feuerten auf den Gegner. Ein Teil der Batterie wurde von dieser Stellung abgezogen und mit den Fahrzeugen nach hinten verlegt. Dabei wurde auch der gefallene Vulpius mitgenommen. Wie weit wir genau gefahren waren, ließ sich nicht mehr genau feststellen. Plötzlich blieben wir stehen und mußten absteigen. Von einem Nachschubfahrzeug, das gerade vorbeikam, erhielten wir Munition und Panzerfäuste. Mit einem frisch beförderten Ustuf. als Führer rückten wir seitlich der Straße durch den Wald vor, um zu erkunden, ob die kleine im Wald gelegene Ortschaft schon von den Russen besetzt war. Als wir eine Lichtung überquerten, wurden wir plötzlich von Artillerie beschossen. Wie wir später erfuhren, war es deutsche Artillerie. Der VB hat uns für Russen gehalten. In dem Ort fanden wir weder Russen noch Zivilisten. Es war eine unheimliche Stille in dem Dörfchen. Gegen Abend schoß plötzlich deutsche und russische Artillerie in den Ort. Die Häuser fingen an zu brennen. Inzwischen waren zwei Sturmgeschütze bei uns eingetroffen. Als es dämmrig wurde, hieß es plötzlich: Aufsitzen auf die Panzer! Wir fuhren zurück zur Straße. Nachts war kein Schlaf möglich.

24. März. Die Batterie war wieder im Infanterieeinsatz. Der Russe beschoß uns mit Granatwerfern. Unsere Stellung lag in einem Waldstück nahe der Straße. Hier wurden Rottenführer Richter, Strm. Windisch und Strm. W. Alt verwundet. Richter bekam Granatsplitter ins Auge, Windisch hatte Splitter im Fuß, W. Alt hatte Splitter in beiden Beinen und konnte nicht mehr gehen. Er wurde später in den Suchdienstlisten als vermißt geführt. Unsere 8,8-cm-Flak konnte einen russischen Panzer abschießen.

25. März. Sonntag. Auf der Fahrt zurück hatten wir einen Federbruch am Lkw. Es gelang uns im letzten Moment, noch eine passende Feder zu ergattern und einzubauen. Sehr schlechte Straßenverhältnisse verlangsamten die Fahrt zurück über Pápa.

Kurz vor Pápa kam eine Me 109 auf uns zu, stürzte herab, als ob sie uns angreifen wolle, umkreiste uns mehrmals und flog wieder weg. Es war vermutlich ein Aufklärer. Als wir nach Pápa kamen, brannte es in der Stadt. Deutsche Soldaten mit Panzerfäusten kamen hinter den Häusern hervor, staunten und sagten: „Wo kommt ihr denn her? Wir dachten schon, es wäre wieder der Iwan. Denn die Russen waren schon hier in der Stadt, wir haben gerade einen Gegenstoß gemacht und sie wieder zurückgedrängt." Wie ich später erfuhr, wurde Karl Veit beim Durchfahren eines Dorfes, auch noch vor Pápa, verwundet: ein Fußdurchschuß. Er wurde von Ritscher weggebracht. Der Russe war schon in dieser Ortschaft eingedrungen und beschoß die durchfahrenden deutschen Fahrzeuge. Russische Flugzeuge vom Typ Il 2 griffen den Ort an. Horst Smolinski (Lungenschuß) und Kirchhof wurden verwundet. Weiterfahrt bis zu einem Bauernhof mit kurzer Rast. Hier kam auch Fritz Ritscher wieder zu uns. Der auf dem Geschütz mitgeführte gefallene Kamerad Vulpius wurde von uns hier am Bauernhof begraben. Gegen Abend erreichten wir Szil, wo wir in einem Haus Unterkunft bezogen.

27. März. Gegen Abend wurde Stellungswechsel befohlen. In der Nacht Ankunft in Lövö.

28. März. Abends Weiterfahrt bis Sopronkövesd. Hier gab es endlich etwas Zusätzliches aus einem Weinkeller zu organisieren. Ein etwas angeheiterter Ungar aus dem Ort meinte bei dem Anblick der paar 3,7-cm-Geschütze, das man damit den Russen ja wieder nach Hause jagen könnte.

29. März. Um 1 Uhr war Neueinteilung der Batterie. Es wurden wieder Kameraden zu Kampfgruppen herausgezogen. Strm. Althoff, der dieser Infanteriegruppe zugeteilt wurde, ist nicht wieder zurückgekommen. Später stand er in der Vermißtenliste des Roten Kreuzes. In dieser Nacht wurde Sopron bombardiert.

30. März. Nachts begann der Stellungswechsel mit Abfahrt aus Sopronkövesd über Ödenburg. Übertreten der Reichsgrenze in Klingenbach und weiter bis nach Siegendorf. Hier in Siegendorf bezogen wir für zwei Tage Quartier. Hier an der Reichsschutzstellung sollten wir die Russen aufhalten. Mehr als einige Panzergrä-

ben in der Nähe haben wir nicht gesehen: keine Bunker, keine Geschützstellungen, keine Bereitstellungen für Waffen und Munition. Endlich konnten wir uns wieder waschen und die Uniformen ausbessern. Von 22.10 Uhr bis 23.20 Uhr hatte ich Wache. Weiter ging es nach Höflein bei Eisenstadt. Hier konnte ich einen Schlachtflieger vom Typ Henschel Hs 129 von einem Flugplatz in der Nähe aufsteigen sehen.

1. April. Ostersonntag. Die Russen näherten sich Eisenstadt. Die Batterie hatte keine Munition mehr. Gegen Mittag konnten wir dann Munition fassen, danach Abfahrt von Kleinhöflein. Russische Flugzeuge griffen Eisenstadt an. Unterwegs blieb das Auto

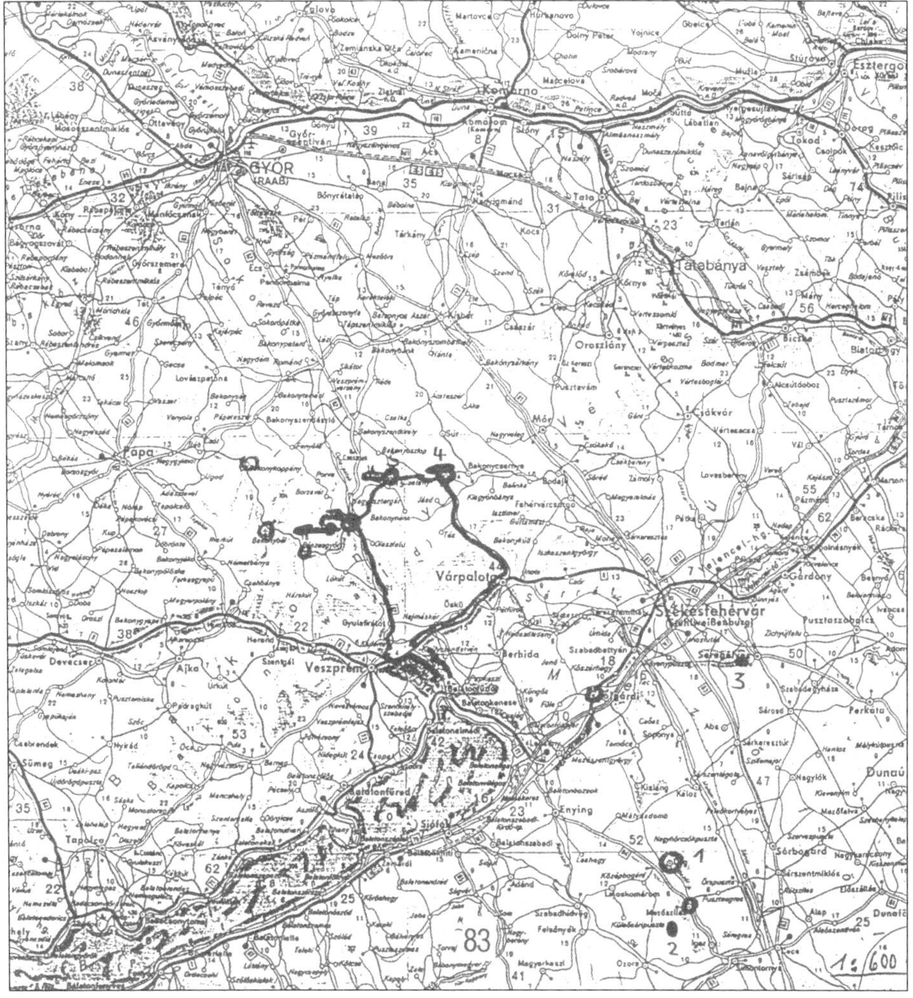

Marschwege in Ungarn in der Nähe des Plattensees im Frühjahr 1945

liegen. Es wurde kurzerhand geschoben, da die Russen näher kamen. Glücklicherweise wurden wir von einer Zugmaschine abgeholt und sind bis zur Batterie gefahren. Schweda wurde zum Uscha. befördert.

Einschub von Gustav Hoffmann

Ich fuhr mit meiner Halbkette zuerst von Klein Höflein Richtung Wiener Neustadt. Dabei hatte ich noch einen vollgeladenen Lkw im Schlepp. Bei der Ortsausfahrt von Klein Höflein erfuhren wir von der Feldgendarmerie, daß die einzige Straße nach Wiener Neustadt von den Russen schon gesperrt war. Umdrehen mit meiner Fuhre war alles andere als leicht. Wir mußten über die einzige, kleine freie Straße Richtung Stotzing über das Leitha-Gebirge fahren. An einer Kehre stand eine 7,5-cm-Pak in Feuerstellung. Hier sagte man uns, daß der Iwan nicht mehr weit weg war. Dann gings über Stotzing weiter nach Au/Leithagebirge, dann Richtung Hohe Wand (Gebirgszug)–Piesting–Hernstein zum gefürchteten und kurvenreichen Gebirgspaß „Hals" mit 662 Metern Höhe. Beim Anstieg erlitt meine Zugmaschine einen Zylinderkopfschaden. Der „Hals" verbindet das Triestingtal mit dem Piestingtal. Die Paßhöhe selbst trägt den Namen „Auf dem Hals". Das Fahrzeug wurde in einem nahegelegenen Steinbruch stehengelassen. Ein hier abgestellter herrenloser und funktionstüchtiger Lkw wurde requiriert, und über Berndorf ging es weiter über Weißenbach an der Triesting nach Altenmarkt an der Triesting.

2. April. Der Tag verging mit der Autoreparatur.

3. April. Das Auto fährt wieder. Die Batterie wurde zu einer Infanteriegruppe abgestellt.

4. April. Stellungswechsel nach Altenmarkt.

5. April. Ich kam zum Troß, dieser machte Stellungswechsel nach Kaumberg. Die Batterie ging wieder in den Einsatz. Geschütze in Erdzielstellung.

Einschub von Kamerad Herzer

5. April. Abfahrt der Batterie mit ihren einzelnen 3,7-cm- und den 2-cm-Vierlings-Geschützen über Mayerling ins Triestingtal in den

Kampfraum Berndorf, St. Veit und Pottenstein. Hier fanden wir Unterstützung der dort eingesetzten Kampfgruppen unserer Division. An einer Waldschneise mit Blick auf St. Veit/Triesting ging man am Straßenrand in Stellung. Von einem dort stehenden Sturmgeschütz III mit Stummelrohr und MG und ein paar Mann wurden wir in unsere Aufgabe eingewiesen. Wir sollten mit unserer Dreisieben einen Feuerschlag auf die Stellung der Iwans neben den Wasserbehältern durchführen. Wir schossen mit Sprenggranaten. Die am Hinterhang liegenden Grenadiere warfen die Iwans aus deren Stellung und nisteten sich selbst dort ein. In etwa zwei Kilometern Entfernung am Haidlhof war unsere einzige 7,5-cm-Sfl. in Stellung. Beim III. Zug untersuchte unser Ostuf. die Treffsicherheit der Geschütze bei den aus ihren Stellungen vertriebenen Russen am Wasserbehälter von St. Veit/Triestingtal.

5. April. Wir bekamen Verstärkung durch eine Achtacht des Heeres. Sie ging in Stellung gegen gegnerische Ziele Richtung Hirtenberg.

6. April. Die Achtacht hatte am Vorabend einen russischen Panzer bei Berndorf abgeschossen. Heute wurde sie von Iwans entdeckt und mit Pak oder Panzer beschossen. Wir sahen auch Il 2

Beim Rückzugsgefecht mit den Sowjets in Cherson, Flak im Erdzieleinsatz

anfliegen, die luden aber ihre Bomben über Berndorf ab. Ein Melder brachte den Befehl, am Abend in Pottenstein zu sein.

7. April. Teile unserer Einheit machten Stellungswechsel nach Neulengbach mit Infanteriesicherung beim Ort. Die Fahrzeuge wurden zurückverlegt.

8. April. Sonntag. Infanteriesicherung. Russische Infanfterie griff an. Um 14 Uhr wurde ich bei St. Christophen durch ein Infanteriegeschoß verwundet: Schulterdurchschuß rechts. Mit einem SPW wurde ich zurückgefahren zu einem Sanka, der im Wald in Dekkung stand. Hier erhielt ich einen Notverband und erfuhr, daß inzwischen ein Kamerad schwer verwundet worden war. Den Namen konnte ich leider nicht erfahren. Russische Flugzeuge überflogen den Wald. Zwei Kameraden fuhren mich mit einem VW in ein kleines Dorf. Nachts erfolgte die Weiterfahrt mit Sanka nach St. Pölten zum HVP.

9. April. Morgens wurde die Wunde gesäubert. Ich erhielt einen Stützverband („Stuka") und eine Spritze gegen Wundstarrkrampf. Mittags wurde ich mit Schwerverwundeten in Eisenbahnwaggons verladen. Kein Sani war da, Verpflegung gab's auch keine. In meinem Waggon war ich der einzige, der sich bewegen konnte. Nach Abfahrt des Zuges hieß es, der HVP müsse geräumt werden, weil die Russen näher kämen. Nachts durchgefahren.

10. April. Bahnfahrt. Jabos. Als der Zug auf einem Bahnhof anhielt, wollten Zivilisten, die auf der Flucht vor den Russen waren, sich mit aller Gewalt mit ihren Koffern in die Waggons drängen. Ich hatte meine Mühe und Not ihnen klarzumachen, daß es doch nicht ginge, sich noch dazu mit Gepäck zwischen die sowieso schon eng liegenden Schwerverwundeten zu zwängen. Abends spät Ankunft des Zuges in Vöcklabruck. Alle Schwerverwundeten kamen hier ins Lazarett. Da bei mir der Verdacht auf Lungenschuß bestand, blieb ich auch in Vöcklabruck. Gebadet und entlaust. Wie mir ein Sani sagte, fuhr der Zug mit den übrigen Verwundeten weiter nach Tirol.

Einschub von Kamerad Herzer

10. bis 14. April. Man zog uns aus den einzelnen Igelstellungen ab und verlegte uns in den Raum von Kaumberg–Altenmarkt–St. Corona/ Schöpfl (Wienerwald). Hier wurden den Zügen der Batterie einzelne

8,8-cm-Flakgeschütze der 2. Batterie zugeteilt, die mit ihrer Treffsicherheit auf noch größere Entfernung dem Gegner schwere Verluste an Menschen und Material beibrachten.

15. bis 21. April. Verlegung in den Raum St. Pölten–Kilb. Mit 3,7-cm- und den Vierlingsgeschützen unterstützten wir die Kampfeinheiten der Division. Dann kam der Abzug aus diesem Raum und Sammeln von Batterie und Troß im Raum Tradegist–Kirchberg an der Pielach. Kamerad Klingler wurde auf dem Friedhof in Kirchberg beerdigt.

Flucht aus der Kriegsgefangenschaft in Frankreich 1946

Bericht über den Marsch in die Heimat von Emil Onmacht, Reinhold Held, Rolf Hähner, Herbert Weiskopf, aufgeschrieben von Herbert Weiskopf

Vier Kameraden, die die Not und das Elend in einem Kriegsgefangenenlager in den Ardennen kennengelernt haben, wuchsen zu einer Gemeinschaft zusammen. In dem mit dreifachem Stacheldraht umgebenen Areal von Lagerbaracken hausten insgesamt 840 Mann. Gefühllose, schimpfende, unberechenbare Wachen im Alter von 18 bis 20 Jahren waren unsere Wärter. Aufgrund der unmenschlichen Zustände entschlossen wir uns zu fliehen. Daheim warteten unsere Familien. Da man uns nach sechs Monaten Einsatz zum Minenräumen die Freiheit versprochen hatte, meldeten wir uns. Aber auch nach Ablauf der sechs Monate war von einer Entlassung keine Rede. Das war der letzte Anstoß für uns zur Flucht.

Vorbereitung

Vieles mußte vorher bedacht werden. Wichtig waren Verpflegung und andere Kleidung. Wir trockneten Brot in der Sonne, zerrieben es zu Mehl und gaben Salz bei. Zwieback wurde zurückgelegt. Schmalz sparten wir uns tagelang auf. Auch gelang es uns, durch Tausch drei Kilogramm Speck zu bekommen. Für einige Tage war damit unsere Ernährung gesichert. Aber wie an Zivilkleidung kommen? Rolf besorgte aus einem Pferdestall zwei Jakken, die der Bauer dort für die Feldarbeit aufbewahrte. Ich selbst klaute am letzten Tag im Lager Jacke und Hose von einem Posten und hängte dafür meine Sachen hin. Auch für Taschenlampe, Streichhölzer und Taschenmesser wurde gesorgt. Aus einer Rasierklinge, Grammophonnadel und einer Zahnpasta-Schachtel wurde ein Kompaß gebaut, und unser Emil sorgte für eine Straßenkarte. Kompaß und Karte waren unentbehrlich, wie wir bald feststellten. Alle Vorbereitungen waren getroffen. Wir hofften nur noch auf einen günstigen Moment, und dieser kam schneller, als wir glaubten.

Die Unternehmung beginnt

Drei Wochen vor Pfingsten 1946 wurden wir mit 25 Mann zum Minensuchen zu einem Schloß bei dem Ort La Berliére transportiert. Das Dorf lag rund 150 Kilometer von der deutschen Grenze entfernt, und dessen Umgebung war stark vermint. Als Bewacher begleiteten uns zwei Zivilposten und ihr Chef. Aufgrund der großen Entfernung zu Deutschland rechneten die drei Wachen nicht damit, daß wir die Gelegenheit zum Abhauen nutzen könnten. Sie ließen uns sehr viel Freiheit. Die Arbeit war anstrengend, und die dankbaren Bauern verpflegten uns sehr gut. Wir waren also sehr gut genährt. Das kam uns auf dem Marsch durch Frankreich zugute. Am Pfingstfest fuhren unsere Posten auf Urlaub. Die Frau des Chefs war über die Feiertage gekommen. Dadurch war er abgelenkt und achtete nicht auf die Gefangenen. Alle Kameraden kamen ihrer Arbeit bei den Bauern nach, nur wir nicht. Am Pfingstmontag, den 10. Juni 1946, packten wir unsere Habseligkeiten und traten um 15 Uhr unsere Flucht an.

10. und 11. Juni

Die Sonne brannte vom Himmel, als wir nach Verlassen des Dorfes La Berliére die erste Steigung hinaufliefen. Schon in der ersten Stunde floß der Schweiß in Strömen. Um nicht sofort entdeckt zu werden, trennten wir uns auf. Jeweils zu zweit schlugen wir verschiedene Richtungen auf ein bestimmtes, vorher festgelegtes Ziel hin ein. Ich ging mit Rolf zusammen. Ein erstes Hindernis stellte das kleine Örtchen Soumouth dar. Ein paar junge Burschen auf dem Felde merkten, daß wir Deutsche waren. Durch eine geistesgegenwärtige Flucht durch ein paar Gärten, über Felder und Wiesen konnten wir auf Umwegen unser festgelegtes Ziel erreichen, wo Emil und Reinhold schon auf uns warteten. Vor uns lag am ersten Tag schon die Maas, die wir unter allen Umständen überschreiten wollten.

An einem Tanzlokal markierten wir, wenn Fremde sich näherten, ein mit sich selbst beschäftigtes Liebespaar. Ganz eng umschlungen standen wir an Bäumen und Gartenzäunen. Später gingen vor uns betrunkene Soldaten der französischen Armee. Wir spielten mit, torkelten, sangen ihre Lieder, und konnten auf diese raffinierte Art ungehindert die Maas, ein weiteres Gefangenlager, eine Eisenbahnlinie und die Stadt Stenay passieren. Östlich von Stenay machten wir Rast in einer Waldecke. Hier ruhten wir den Tag lang aus, bis uns die Nacht wieder unter ihre Fittiche nahm.

11. bis 12. Juni

Am Abend gegen 22 Uhr setzten wir unseren Weg fort. Nichts hatte uns gestört, bis gegen 3 Uhr in der Frühe eine Eule über den Weg flog. Wir waren ein bißchen abergläubisch und wollten unser Glück nicht überstrapazieren. Am Rand einer Straße schlugen wir hinter einer Hecke unser Lager auf. Am Morgen erschien ein Bauer und mähte die Wiese rund um die Hecke. Wir lagen in unserem Versteck und rührten uns nicht, wagten kaum zu atmen. Aber es ging alles gut. Was wäre wohl passiert, wenn wir in der Nacht weitergelaufen wären? Danke an die Eule. Es war die Straße nach Vittarville.

12. bis 13. Juni

An der Straße nach Vaudoncourt war ein Garten, dort holten wir uns einige Zwiebeln, Rhabarber und Möhren als Zusatzkost. Tagsüber lagerten wir in einem Busch an einer Weide. Nur die Kühe besuchten uns dort. Die stierten wie blöd in unseren Busch und wunderten sich über die neuen Gäste. Obwohl die Bauern nur wenige Meter von uns entfernt vorbeifuhren, störte uns das nicht. Wir konnten trotzdem nicht schlafen. Unsere Nerven waren zum Zerreißen gespannt. Auch dieser Tag ging vorüber und wir kamen der Heimat wieder ein Stück näher.

13. bis 14. Juni

Heute hätte man uns fast geschnappt. Im Wald seitlich Avillers hatten wir den Tag verbracht. Beim Durchqueren des Ortes Avillers erkannte man uns als Kriegsgefangene, als Deutsche. Sofort wurde Alarm geschlagen. Wir aber waren in Gottes Hand und Fortuna war uns hold. Wir spurteten in eine schmale enge Gasse nach rechts und gelangten durch Gärten und Obstplantagen auf freies Feld. Dort blieben wir im Kornfeld bis Mitternacht. Trotz der tatkräftigen Hilfe der Dorfbewohner, die mit Autoscheinwerfern die Gegend absuchten, fand man uns nicht. Mit Hilfe von Karte und Kompaß kamen wir auf Umwegen wieder auf die richtige Route. Offenbar waren aber alle umliegenden Dörfer alarmiert worden, denn das zeigte der nächste Tag. Das Waldstück, in dem wir steckten, war von Menschen umstellt, und wir glaubten nicht an ein Herauskommen. Außerdem regnete es seit zwei Tagen in Strömen. Wir hatten keinen trockenen Fetzen mehr am Leib.

14. bis 15. Juni

Am Tage hatten wir im Wald vor Neufchef geschlafen. Abends zogen wir am Waldrand entlang. Trotz der Dunkelheit schrie uns jemand auf Deutsch an. „Kehrt machen! Blöd, was?" Er hatte seine Rechnung ohne den deutschen Landser gemacht. Er war ja noch einige Meter von uns entfernt. Ein kurzes Kommando, und wir hatten uns verstanden. Meine Kameraden huschten rechts in den Wald hinein und ich links in eine Hecke, dann ein Stück zurück, und weg war ich. Der Rufer stand am alten Platz, ganz starr vor Überraschung. Rolf und ich überquerten eine Hauptstraße, legten mit dem Kompaß eine neue Marschrichtung fest und setzten unseren Weg fort. Unser Tagesziel für heute konnten wir nicht erreichen.

15. bis 16. Juni

Ein neues großes Hindernis lag vor uns: die Mosel. Wir lagerten den ganzen Tag in dichtem Unterholz bei dem Ort Fameck. Nicht weit von uns entfernt erkannten wir die gesprengte Brücke zwischen Mondelange und Rurange-lès-Thionville über die Mosel. Die Heimat rief, es mußte gewagt werden! Hell schien der Mond, als wir im Kornfeld unmittelbar an der Brücke hocken. Plötzlich schob sich eine dunkle schwarze Wolkenbank vor den Mond. Stockfinster war es geworden. Höher schlugen unsere Herzen. Was tun? Über die Trümmer klettern oder den Fluß durchschwimmen? Vom Regen schlüpfrige Bretter lagen als Provisorium über den Pfeilern, 30 Meter hoch, 150 Meter lang und nur 30 Zentimeter breit: Das sollte unser Weg sein. Es goß in Strömen. Langsam, ganz vorsichtig kletterten wir über die Bretter und erreichten unbehelligt das andere Ufer. Hier, wo Frankreichs Schwerindustrie Tag und Nacht den Himmel durch ihre Hochöfen erleuchtete, wo sich geisterhaft die Schlote in der Mosel spiegelten, meisterten wir eine weitere Etappe unserer Flucht.

16. bis 17. Juni

Wir lagen im Wald bei Luttange und froren. Die Knochen waren so steif von der Kälte, daß wir uns kaum bewegen konnten. Es regnete noch immer unaufhörlich. Hatte uns die Luft eben getrocknet, mußten wir durch ein nasses Kornfeld oder über eine matschige Wiese laufen – und waren wieder naß. Nur noch zwei Etappen lagen vor uns, dann wären wir an der Grenze. Hoffentlich geht alles gut, dachten wir.

17. bis 18. Juni

Diese Etappe verlief reibungslos. Der Wald von Monneren hatte uns aufgenommen, und es regnete in ganz gewaltigen Strömen. Wir hatten uns aus Ästen ein Dach gebaut und saßen damit ein wenig im Trockenen. Besseres Wetter kündigte sich an, denn ein Kuckuck schrie unaufhörlich.

19. bis 23. Juni

Über die Grenze. Wunderbar waren die Leute von der Saar. Sie empfingen uns herzlich und gaben uns tüchtig zu Essen. Wir pflückten Kirschen direkt vom Baum, eine langentbehrte Köstlichkeit. Weil Rolfs Füße gelitten hatten, blieben wir zwei Tage bei einer sehr netten Bauernfamilie in Mondorf. Den schwersten, gewaltigsten Teil der Strecke hatten wir geschafft. Emil und Reinhold waren schon weiter. Am 30. Juni wollten wir uns in Opladen bei Köln treffen. Wir waren hoffnungsvoll, daß wir bis in die Heimat kommen werden.

23. Juni

Am 23. Juni gingen wir dann in Begleitung unseres Bauern zum Kleinbahnhof Merzig. Ohne Fahrkarte und Geld fuhren wir mit dem Zug über Büschfeld nach Losheim. In Büschfeld bekamen wir ein prima Mittagessen bei einem Metzgermeister. Der Bahnhofsvorsteher dort schenkte uns zehn Mark, eine Frau 20 Mark und noch andere Personen gaben sechs Mark. Außerdem bekamen wir ein Päckchen Tabak von einer Frau. So sind die deutschen Menschen an der Saar und im Rheinland! Wir fuhren weiter nach Eckelhausen, wo wir bei einem Bauern zu Abend aßen, und es war reichlich für uns da. Wir waren so richtig satt.

24. Juni

Früh um 3.45 Uhr fuhr der Zug ab. Nachdem der Stationsvorsteher ausgeschlafen hatte, konnten wir unsere Reise fortsetzen. Mit dem D-Zug ging es nach Bingen unter dem Schutz der Eisenbahner. Wunderbare Menschen. Dann fuhren wir weiter mit dem D-Zug bis Köln. Unsere Herzen schlugen vor Aufregung höher, als wir die Grenze in Remagen von der französischen in die englische Zone überfuhren. Kontrolle in jedem Wagen. Aber die Eisenbahner waren auf Draht: Sie verschlossen einfach die Tür zu unserem Abteil. Ganz bequem haben wir so die Grenze überquert. Um 10.30 Uhr erreichten wir Köln. Durch die Sperre kamen wir unkontrolliert, weil wir uns als geflüchtete Kriegsgefangene aus Frankreich zu erkennen gaben. Schnell setzten wir mit der Fähre über den Rhein, und vom Bahnhof Deutz ging es weiter nach Dortmund. Um 18 Uhr waren wir dort. Der nächste Tag war ein Sonntag, und dann fuhr kein Zug. Also warteten wir bis Montag. Wir fanden eine Nacht Unterkunft bei alten Bekannten, bei Fritz Jablinski und seiner Frau. Sie haben uns gut versorgt und bewirtet. Wir mußten essen und trinken und bekamen auch zu rauchen. Als wir uns verabschiedeten, steckten sie mir Speck, 1½ Brote, Honig und Suppenwürfel zu. Rolf brachte auch noch 2½ Brote mit. Für Essen war also gesorgt. Auch schenkte mir eine Frau 20 Mark. Wir wollten weiter. Die Familien warteten auf uns.

25. Juni

Alle Probleme lagen hinter uns. Wir hofften, daß wir nun auch gut über die Grenze zur russischen Zone kommen. Auch das klappte. Der russische Leutnant hatte uns dazu beglückwünscht, daß wir uns von Frankreich bis hierher durchgeschlagen hatten. Ganz begeistert waren die Russen, ungehindert – nachdem wir viel gegessen und getrunken hatten – konnten wir weiterziehen, über Halle, Leipzig, Chemnitz nach Oederan, unserer Heimatstadt. Unsere Herzen schlugen bis zum Hals, als wir um 14.05 Uhr in Oederan einfuhren. Es war noch dasselbe Städtchen. Eine feiertägliche Stille überall.

Was dann folgte, möchte ich nicht auf Papier verewigen. Es würde sich auch schwer ausdrücken lassen.

Unsere Unternehmung war beendet!

Wir dankten Gott für das Gelingen und hofften, daß noch recht viele Kameraden denselben Weg wählten, um ihre Freiheit zu erlangen. Wir waren heilfroh und glücklich, der Hölle der französischen Gefangenschaft entkommen zu sein.

Gezeichnet in Vertretung der vier Kameraden
Herbert Weiskopf

Kriegsgefangenschaft

Brief als Paketbeigabe vom 21. Februar 1946, verschickt von ein paar Wiener Mädel in ein Gefangenenlager in der US-Zone:

„Der Himmel ist heute gar so blau,
und die Schule so fad und flau,
da wollen wir, weil es so schön,
gleich nach unseren ‚Jungens' sehn!
Der Ami kann uns nicht genieren,
der läßt uns doch ganz gut passieren.
Sind die Gaben auch nicht viel,
zeigt sich doch der gute Will'
euch kleine Freuden zu bereiten,
von unserem Geist lassen wir uns leiten!
Nun muß ich diesen Brief beenden
und ihn mit der Jause senden.
VIEL GLÜCK
fürs Weitere und ‚Guten Hunger'
wünschen Euch ein paar Wiener Mädels"

Die Kriegsgefangenen-„Villen" auf einer Wiese bei Asten, ohne besondere hygienische Anlagen und Wasser. Im Vordergrund Unterkünfte von Angehörigen der 4. Batterie.

Der Eingang zu den einzelnen Muni-Bunkern ist genau zu erkennen. Links oben erkennbar das Geschützrohr einer 12,8-cm-Kanone. Das Rohr und teilweise die Eingänge sind mit den wenigen Habseligkeiten verhängt.

Angehörige der 4. Flakbatterie im Kriegsgefangenenlager in einer ehemaligen 12,8-cm-Stellung bei Linz. Mit der langen Hose: Scharrer.

CONTROL FORM D.2.

108.)

CERTIFICATE OF DISCHARGE

Magistrat der Stadt Wien Abteilung 12 Kriegsopferfürsorge u. Heimkehrerfürsorge

ALL ENTRIES WILL BE MADE IN BLOCK LATIN CAPITALS AND WILL BE MADE IN INK OR TYPE* SCRIPT.

PERSONAL PARTICULARS

WAFFEN SS

SURNAME OF HOLDER HOFFMANN DATE OF BIRTH 16.1.1926 DAY, MONTH, YEAR

CHRISTIAN NAME GUSTAV PLACE OF BIRTH WIEN

CIVIL OCCUPATION KAUFM.ANGESTELLTER FAMILY STATUS - SINGLE Ø

HOME ADDRESS JUDENBURG/STEIERMARK

NUMBER OF CHILDREN WHO ARE MINORS KEINE

I HEREBY CERTIFY THAT TO THE BEST OF MY KNOWLEDGE AND BELIEF THE PARTICULARS GIVEN ABOVE ARE TRUE.
I ALSO CERTIFY THAT I HAVE READ AND UNDERSTOOD THE "INSTRUCTIONS TO PERSONNEL ON DISCHARGE"(CONTROL FORM D.1)

SIGNATURE OF HOLDER...... Gustav Hoffmann

NAME OF HOLDER IN BLOCK LATIN CAPITALS GUSTAV HOFFMANN

II
MEDICAL CERTIFICATE

DISTINGUISHING MARKS KEINE

DISABILITY, WITH DESCRIPTION KEINE

MEDICAL CATEGORY ARBEITSFÄHIG

I CERTIFY THAT TO THE BEST OF MY KNOWLEDGE AND BELIEF THE ABOVE PARTICULARS RELATING TO THE HOLDER ARE TRUE AND THAT HE IS NOT VERMINOUS OR SUFFERING FROM ANY INFECTIOUS OR CONTAGIOUS DISEASE.

SIGNATURE OF MEDICAL OFFICER Jefferson I Streepey

NAME AND RANK OF MEDICAL OFFICER IN BLOCK LATIN CAPITALS JEFFERSON I STREEPEY CAPT.M.C.

III
THE PERSON TO WHOM THE ABOVE PARTICULARS REFER WAS DISCHARGED ON 29.8.1945 (DATE OF DISCHARGE)

FROM THE * WAFFEN SS

RIGHT THUMBPRINT

OFFICIAL IMPRESSED SEAL

HEADQUARTERS OFFICIAL PRISONER OF WAR DISCHARGE INFANTRY DIV.

CERTIFIED BY Wilfred Kietzmann

NAME, RANK AND APPOINTMENT OF ALLIED DISCHARGING OFFICER
WILFRED T. KIETZMANN, 1ST LT.CAV.
OIC IPW TEAM 109
IN BLOCK LATIN CAPITALS

Ø DELETE THAT WHICH IS INAPPLICABLE
* INSERT "ARMY" "NAVY" "AIR FORCE" "VOLKSSTURM", OR PARA MILITARY ORGANIZATION, e.g. "RAD", "SPK", etc.

(WHEN PRINTED THIS FORM WILL BE IN ENGLISH AND GERMAN)

Die Entlassungspapiere von Gustav Hoffmann

Nachkriegstreffen

In den Nachkriegsjahren kamen die ehemaligen Angehörigen der 4. Batterie regelmäßig zu Veteranentreffen zusammen. Zum 50jährigen Jubiläum der Aufstellung 1993 wurde das nebenstehende Abzeichen angefertigt.

Treffen in München 1993

Die Ennsbrücke 1985 mit Blick auf die Stadt. Hier gingen wir 1945 in amerikanische Gefangenschaft.

Die damals noch unveränderte Ennsbrücke wurde von ehemaligen Angehörigen unserer Batterie 1985 besucht.

Treffen in Fügen 1993

Hier am Flugplatzrand von Carpiquet standen wir vom III. Zug. Aufgenommen in den 1980er Jahren. Vom Flugplatz keine Spur mehr.

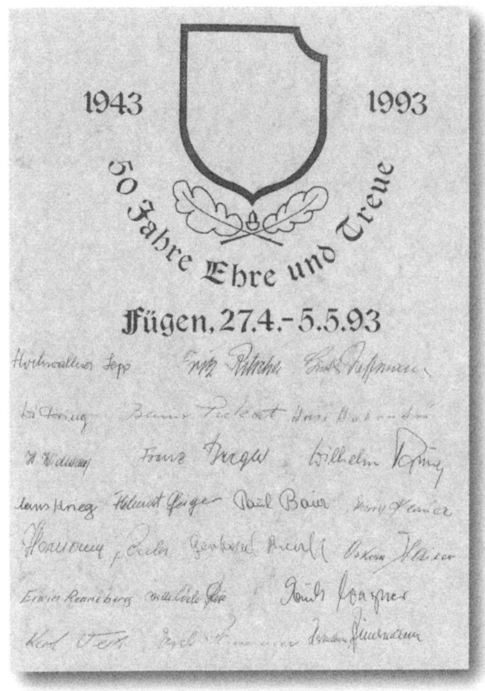

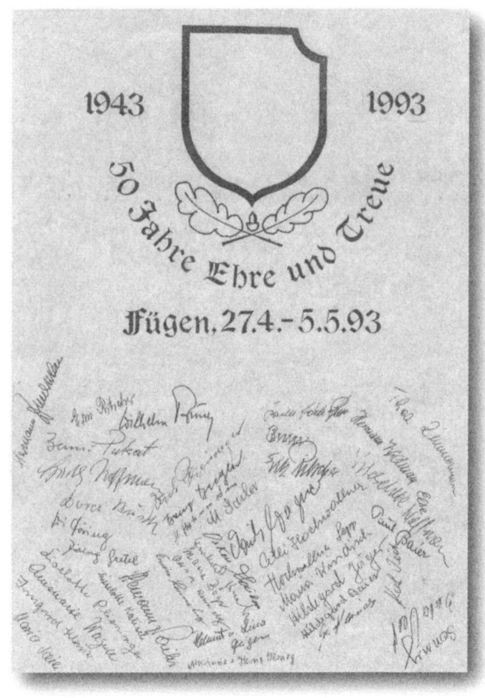

Unterschriften der Teilnehmer des Veteranentreffens in Fügen 1993

1943 - 1993

50 Jahre Kameradschaft

Bregler, Franz
Bruß, Gerhard
Busch, Wilhelm - nur in Fügen -
Döring, Willi
Geiger, Helmut
Hannenstein, Heinz
Hochwallner, Josef
Hoffmann, Gustav
Keck, Hermann - Sterbefall -
Krieg, Hans
Kumm, Otto - Krank -
Klauer, Harry

Plieninger, Erich
Prix, Willi
Pukat, Benno - nur in Fügen -
Renneberg, Erwin
Ritscher, Fritz
Sailer, Hermann
Sailer, Oskar
Veit, Karl
Wagner, Erich
Widmann, Hermann
Baier, Paul

1943 = SS-Flak-Kaserne in München-Freimann
Heute = Ernst von Bergmann-Kaserne (Sanitätsakademie)
Neuherbergstraße 11, in Freimann-Neuherberg

München, den 29.04.1993

Aufstellung der Gefallenen der Batterien der Flak-Abteilung 12, die in den Gräberfeldern bei La Chambe bestattet liegen

3. Batterie	Block	Reihe	Grab
Uscha. Sander, Walter	21	5	106
Kan. Scharnowski, Willi	28	9	326
Kan. Schiemann, Helmut	21	6	137
Strm. Weber, Bruno	4	9	323
Kan. Zeus, Josef	21	5	92
4. Batterie			
Kan. Herzog, Franz-Rudolf	10	8	308
Kan. Horstkorte, Wilhelm	18	9	321/322
Kan. Karg, Jakob	10	8	306
Kan. Klotzbücher, Josef	10	8	302
Strm. Reichl, Heinz	22	9	254
Uscha. Stockhaus, Ernst	3	2	53
Kan. Strakeljahn, Wilhelm	10	8	312
Pz. Nachr. Abt. 12			
Stab: Pandel	13	31	1.805
2. Kp: Schwarzbauer	14	18	1.076
Ohne Kp. Angabe			
Bauer	10	12	826
Richter, Hans	16	8	423
Pz. Flak Abteilung 12			
Eckert (1. Batterie)	3	11	884
Hermann (4. Batterie)	9	20	1.341
Keller (4. Batterie)	9	1	45
Rüffer (ohne Batterieangabe)	9	7	423

Werfer Rgt. 12			
Babucke	14	12	67
Hess	14	1	31

Nachtrag zur vorliegenden Verlustaufstellung der 4. Batterie von 1943 bis 1945. Folgende in der Aufstellung angeführten Kameraden wurden auf deutsche Soldatenfriedhöfe umgebettet:

Name	**Soldatenfriedhof**	**Block**	**Reihe**	**Grab**
Hermann, Wilhelm	Champigny-St. André/F	9	20	1.341
Schäfer, Otto	Champigny-St. André/F	9		1.228
Karg, Jakob	La Chambe/Calvados/F	10	8	306
Klotzbücher, Josef (Sepp)	La Chambe/Calvados/F	10	8	302
Strakeljahn, Wilhelm	La Chambe/Calvados/F	18	8	312
Herzog, Franz Rudolf	La Chambe/Calvados/F	10	8	308
Stockhaus, Ernst	La Chambe/Calvados/F	3	2	53
Keller, Hartmund	Champigny-St. André/F	9	1	45
Horstkorte, Wilhelm	La Chambe/Calvados/F	18	9	321/ 322
Reichl, Heinz	La Chambe/Calvados/F	22	9	254
Klingler, Erwin	Oberwölbling (NÖ)	2		483

Aufstellung der überlebenden Kameraden der 4. Batterie, Flak-Abteilung 12

Nr.	Name	Geb.-Datum	Geb.-Ort	Funktion/Einheit
1	Aschentrup	10.4.26	Bielefeld	K1 Gsch. 1/I. Zug
2	Baier	27.4.26	Brechen	Funker Nachr.-Staffel
3	Berghald	21.4.25	Gauting	K2 Gsch. 3/III. Zug
4	Bregler	5.9.21	Ingolstadt	Fernsprecher (LW)
5	Bruss	12.11.25	Lübeck	Kradmelder
6	Busch	12.3.25	Augsburg	Schreibstube
7	Deml	22.7.26	Augsburg	K1 im II. Zug
8	Dehling	28.7.26	Förtenbach	Troß-Kraftfahrer
9	Deuring	3.11.21	Oberstenfeld	Fernsprecher (LW)
10	Döring	7.7.26	Korbach	K1 Gsch. 1/III. Zug
11	Eckhout	5.8.20	Braunschweig	Gsch-Fhr. 1/III. Zug
12	Eisenbeis	22.8.26	Fürth	Gsch. 3/III. Zug
13	Ferkinghoff	29.9.26	Wertheim-Waldenhausen	Gsch. 3/I. Zug
14	Geiger	6.1.26	Kohlberg	Waffenwerkstatt
15	Gerhard	4.6.26	Sinn/Dill	Kraftfahrer I. Zug
16	Gerth	18.8.20	Holzgerlingen	Gsch-Fhr. 2/III. Zug
17	Hähner	6.7.25	Dresden	Waffenwerkstatt
18	Hahnenstein	17.8.26	Frohnhausen	K3 Gsch. 1/II. Zug
19	Held	13.10.26	Schönaich	Waffenwerkstatt
20	Herzer	2.3.26	Fridingen	K1 Gsch. 3/ III. Zug
21	Hochmuth	28.1.26	Philippstal	Kraftfahrer
22	Hochwallner	13.8.21	Behamberg/Österreich	Gesch-Fhr. 1/I. Zug
23	Hölscher	23.2.26	Borchen	K1/ III. Zug
24	Hofmann	8.3.26	Ober-Ramstadt	Kraftfahrer III. Zug
25	Hoffmann	16.1.26	Michelbach/Österreich	Kraftfahrer Gesch. 3/II. Zug
26	Hüttl	24.2.19	Lauterstein	ZgTrpFhr. IV. Zug

27	Jäger	29.1.26	Rodgau-Dudenhofen	K5 Gsch. 2/II. Zug
28	Jäger	9.2.26	Nidda/Ulfa	K1
29	Kalisch	19.9.19	Bochum	BttrBefStelle
30	Keck	3.5.26	Münsingen-Apfelstetten	K3 (Personal-Ersatz)
31	Klauer	16.2.26	Leutra	Funker Nachr.-Staffel
32	Kopp	21.5.25	Neumünster	ZgTrpFhr. III. Zug
33	Krauß	7.11.26	Aalen	III. Zug
34	Krieg	13.1.26	Salach	K5 Gsch. 3/III. Zug
35	Kumm	16.2.25	St. Peter-Ording	Funker Nachr.-Staffel
36	Maier	11.3.26	Ulm-Donaustetten	Troß
37	Metzger	4.6.26	Ingweiler/Elsaß	Waffenwerkstatt
38	Mose	27.5.26	Wabern	Gsch. 2/ I. Zug
39	Müssig	9.7.26	Frankfurt/Main	III. Zug
40	Novak	24.5.24	Egg/Österreich	Schirrmeister
41	Oehmen	15.11.26	Köln	III. Zug
42	Öhne	15.3.26	Osterode	Gsch. 2/III. Zug
43	Plieninger	18.2.26	Heilbronn	K5 Gsch. 3/I. Zug
44	Prix	6.8.26	Stadtbergen	I-Staffel
45	Pukat	20.11.25	Neckarsulm	K4 Gsch. 2/III. Zug
46	Renneberg	5.1.25	Bovenden	I-Staffel
47	Reßl	2.7.26	Buchloe	Fernsprecher
48	Ritscher	6.2.12	Aschaffenburg	Bttr-Chef
49	Sailer	10.8.26	Ammerbuch	Kraftfahrer
50	Samson	29.3.26	Vlotho	K4 Gsch. 3/II. Zug
51	Scharrer	14.5.22	Schwabach/Mittelfranken	GschFhr. 2/II. Zug
52	Senn	12.7.26	Neunkirchen Seelscheid	Batteriekoch
53	Smolinski	21.2.26	Brechen	Funker Nachr.-Staffel
54	Sonnen	14.7.26	Dinslaken	Fernsprecher
55	Sonntag	29.4.26	Neustadt/Coburg	Gsch. 2/ III. Zug
56	Steininger	29.6.26	Bindlach	Bttr.-Schuster

57	Teufer	12.4.25	Hersbruck	BttrTrp.
58	Uher	4.1.26	Geisingen	III. Zug
59	Veit	22.10.26	Weil im Schönbuch	Funker/Kraftfahrer
60	Wagner	2.11.25	Pfinztal Wöschbach	K5 Gsch. 2/I. Zug
61	Wellendorf	14.6.21	Köln	IV. Zug
62	Wettingfeld	10.6.26	Bad Oeynhausen	Gsch. 1/I. Zug
63	Widmann	7.6.26	Winnenden Hanweiler	K3 Gsch. 3/ II. Zug
64	Windisch	7.9.26	Kaisersdorf/ Österreich	Funker Nachr.-Staffel
65	Zimmermann	14.7.25	Müllheim/ Baden	BttrTrp.
66	Zimpel	7.12.25	Leverkusen	Gsch. 2/IV. Zug

Gefallene Kameraden der 4. Batterie

Alt, Wilhelm
Dorka
Ellmauer, Simon
Funk, Willi
Herrmann, Wilhelm
Herzog, Franz Rudolf
Horstkorte, Wilhelm
Hunold
Karg, Jakob
Klingler, Erwin
Klotzbücher, Sepp
Marhofer
Müßebeck, Alfred
Reichl, Heinz
Schäfer, Otto
Schneiderscheer, Josef
Schulz, Marian
Simon
Stockhaus, Ernst
Strakeljahn, Wilhelm
Tracht
Vulpius
Wehr, Linus

Vermißte Kameraden der 4. Batterie

Althoff, Günter
Angersbach, Kornelius
Else, Otto
Gäng, Wilhelm
Jerantschitsch, Siegfried
Maidoppler, Matthias
Möller, Walter
Kammering, Hans
Klaus, Friedhelm
Krüger, Gustav
Ressl, Bernhard
Röhle, Hans
Salm, Fritz
Schuh, Josef
Schweda, Kurt
Sonnen, Kurt
Weigel, Fritz
Wrede, Werner

Abkürzungsverzeichnis

Abt.Gef.Std.	Abteilungsgefechtsstand
Ari	Artillerie
B.Bs.	Batterie-Befehlsstelle
B-Stelle	Beobachtungsstelle
BttrBefStelle	Batterie-Befehlsstelle
E-Messer	Entfernungsmesser
F.d.R.	Für die Richtigkeit
F.d.R.d.A.	Für die Richtigkeit der Ausführung
Fla	Flugabwehr
Flak	Flugabwehrkanone
FPN	Feldpostnummer
Gschtz.	Geschütz
HKL	Hauptkampflinie
Hscha.	Hauptscharführer
Hstuf.	Hauptsturmführer
HVP	Hauptverbandplatz
I-Staffel	Instandsetzungsstaffel
K	Kanonier
Kp.	Kompanie
le.	Leicht
Lnt.	Leutnant
LSSAH	Leibstandarte SS Adolf Hitler
mot.	Motorisiert
O.O.	Ordonnanzoffizier
O.U.	Ortsunterkunft
Oscha.	Oberscharführer
Ostuf.	Obersturmführer
Pak	Panzerabwehrkanone
Pz.-Abw.	Panzerabwehr
Pz.-Div.	Panzer-Division
Pz.-Gr.-Rgt.	Panzer-Grenadier-Regiment
Pz.-Pi.-Btl.	Panzer-Pionier-Bataillon
Rgt. Kdr.	Regimentskommandeur
Sd.Kfz.	Sonder-Kraftfahrzeug
Sfl.	Selbstfahrlafette
SPW	Schützenpanzerwagen
Staf.	Standartenführer
Strm.	Sturmmann
Stscha.	Stabsscharführer
Stubaf.	Sturmbannführer
TFK	Technischer Führer Kraftfahrwesen
TFW	Technischer Führer Waffenwesen
Uscha.	Unterscharführer
Ustf.	Untersturmführer
UvD	Unteroffizier vom Dienst
z.b.V.	zur besonderen Verwendung
Zgkw.	Zugkraftwagen
ZgTrpFhr.	Zugtruppführer

Inhalt

DIE WAFFEN-SS IM BILDBAND

GEORG MAIER
DRAMA ZWISCHEN BUDAPEST UND WIEN
Endkampf der 6. SS-Panzerarmee 1945
736 S. – viele s/w. Abb. und farb. Karten – geb. im Atlas-Großformat – € 58,–. Detaillierte Darstellung der letzten deutschen Großoffensive des Zweiten Weltkrieges im Frühjahr 1945.

DIE LEIBSTANDARTE IM BILD
320 S. – viele s/w. Abb. – Text deutsch u. englisch – geb. im Atlas-Großformat – € 36,80. – Dieser opulente Bildband zeigt den ältesten Truppenteil der Waffen-SS, die „Leibstandarte SS Adolf Hitler“, im Einsatz an allen Fronten.

OFFENSIVE GEGEN KURSK
Das II. SS-Panzerkorps als Stoßkeil im Großkampf
272 S. – viele s/w. Abb. u. farb. Karten – geb. im Atlas-Großformat – € 36,80. – Die „Operation Zitadelle“ aus der Sicht der beteiligten Verbände der Waffen-SS.

„WIKING“ IM OSTEN
Das SS-Panzer-Regiment 5 im Bild
200 S. – viele s/w. Abb. – geb. im Atlas-Großformat – € 29,80. – Die Einsatzgeschichte des wohl ersten multinationalen Verbandes der Welt vom Kaukasus über Tscherkassy bis nach Ungarn.

ALFRED STEURICH
6. SS-GEBIRGS-DIVISION „NORD“
Gebirgsjäger im Bild
208 S. – viele s/w. Abb. – Text deutsch u. englisch – geb. im Atlas-Großformat – € 34,80. – Gemeinsam mit den finnischen Verbündeten kämpften die deutschen Gebirgsjäger an der 1.300 Kilometer langen Front am Polarkreis.

BEFEHL DES GEWISSENS
Charkow – Winter 1943
348 S. – viele s/w. Abb. und farb. Karten – geb. im Atlas-Großformat – € 36,80. – Der Kampf der Divisionen „Leibstandarte“, „Das Reich“ und „Totenkopf“ um die ukrainische Großstadt Charkow. Ein Quellenwerk ersten Ranges.

DIE GUTEN GLAUBENS WAREN
4. SS-Polizei-Panzergrenadier-Division im Bild
224 S. – viele s/w. Abb. – geb. im Atlas-Großformat – € 29,80. – Vom Westfeldzug über die Ostfront bis nach Berlin 1945 zeigt dieser Band den ungeschönten Kriegsalltag der Grenadiere.

HUBERT MEYER
12. SS-PANZER-DIVISION „HITLERJUGEND
876 S. – 270 Fotos, 18 farb. Landkarten – geb. im Atlas-Großformat – € 69,80. – 1943 aufgestellt, diente die Division als „letztes Aufgebot“ gegen die Invasion in der Normandie bis zu den Endkämpfen 1945.

DIE WAFFEN-SS IN WORT UND BILD

WENN ALLE BRÜDER SCHWEIGEN
Großer Bildband über die Waffen-SS
604 S. – 1.116 Fotos, Karten, Uniformtafeln – geb. im Atlas-Großformat – € 69,80. Das Standardwerk über alle 38 Divisionen der Waffen-SS läßt den Leser teilhaben an Kampf und Opfergang der Truppe.

WIE EIN FELS IM MEER
Kriegsgeschichte der 3. SS-Panzerdivision „Totenkopf"
Textband: 420 S. – viele s/w. Abb. u. farb. Karten – € 44,80.
Bildband: 320 S. – viele s/w. Abb. – Text dt.-engl. – geb. im Atlas-Großformat – € 36,80.

OTTO KUMM
7. SS-GEBIRGS-DIVISION „PRINZ EUGEN" IM BILD
240 S. – viele s/w. Abb. u. farb. Karten – geb. im Atlas-Großformat – € 32,80. – Der entbehrungsreiche Kampf der volksdeutschen Grenadiere gegen Partisanen in den Schluchten des Balkans.

DIVISION „DAS REICH" IM BILD
288 S. – über 1.000 s/w. Abb. – Text deutsch und englisch – geb. im Atlas-Großformat – € 36,80. – Diese Bilddokumentation zeugt von den Leistungen, Leiden und Entbehrungen der Soldaten der 2. SS-Panzer-Division an allen Fronten.

Rudolf Lehmann
Die Leibstandarte

5 Bände im stabilen Schuber, zusammen 2.760 Seiten – hunderte s/w. Abb. und Karten – geb. im Großformat – € 148,–. Die umfangreiche Divisionsgeschichte der 1. SS-Panzer-Division Leibstandarte SS „Adolf Hitler" von Rudolf Lehmann – selbst Ritterkreuzträger der „Leibstandarte". Das Werk behandelt Aufstellung, Gliederung, Aufgaben und Einsätze der LAH von 1933 bis 1945. Im Krieg kämpfte der Verband 1939 in Polen, 1940 im Westen, 1941 auf dem Balkan und anschließend an der Ostfront, 1944/45 schließlich an der Invasionsfront, in der Ardennenoffensive und in Ungarn. Durch Dokumente, Karten und Fotos reich illustriert, besticht die Darstellung außerdem durch zahlreiche Erlebnisschilderungen ihrer Soldaten.

GÜNTER BERNAU
ARTILLERISTEN DER „WIKING"
Das Panzer-Artillerie-Regiment 5 der 5. SS-Panzer-Division „Wiking" im Bild
288 S. – viele s/w. Abb. – geb. im Atlas-Großformat – € 39,80. – Die „Wiking" war die erste multinationale Division der Waffen-SS.

DIE FREIWILLIGEN-LEGION NORWEGEN
Norweger 1941–1943 in der Waffen-SS
160 S. – viele s/w. Abb. – geb. im Atlas-Großformat – € 32,80. – Das Buch zeigt qualitativ hervorragende Bilder des norwegischen Verbandes bei der Rekrutierung, der Ausbildung sowie beim Fronteinsatz.

EDITION ZEITGESCHICHTE

Edition Zeitgeschichte • Postfach 52 • 24236 Selent • Tel.: 04384/59700 • Fax: 04384/597040

DIE WAFFEN-SS IN WORT UND BILD

ERWIN KERNER
RUDOLF V. RIBBENTROP: DAS KRIEGSTAGEBUCH
Hauptsturmführer und Ritterkreuzträger im Zweiten Weltkrieg
224 S. – viele s/w. Abb. – geb. im Großformat – € 25,95. – Die Militärbiographie des 2019 verstorbenen Sohnes des Reichsaußenministers.

ROLF MICHAELIS
„NORDLAND"
Die 11. SS-Freiwilligen-Panzergrenadier-Division im Einsatz
208 S., viele s/w. Abb., geb. im Großformat – € 22,80. – Dänische Freiwillige in den Kämpfen vor Leningrad, im Baltikum, in Kurland und im Endkampf um Berlin.

JEAN MABIRE
SS-PANZERDIVISION „WIKING"
Germanische Freiwillige im Kampf für Europa
448 S. – viele s/w. Abb. – geb. im Großformat – € 29,80. – Der Autor schildert die Ausbildung, den Alltag sowie die verlustreichen Einsätze der Division.

LÉON DEGRELLE
DIE VERLORENE LEGION
Die Wallonische Legion und die SS-Division „Wallonien" im Kampf
544 S. – viele s/w. u. farb. Abb. – geb. im Großformat – € 32,80. – Der verzweifelte Kampf der wallonischen Freiwilligen wird hier mitreißend geschildert.

HANS STÖBER
VON LENINGRAD BIS POMMERN
Die lettischen Divisionen im Kampf gegen die Rote Armee
400 S. – viele s/w. Abb. – geb. im Großformat – € 29,80. – Mit beachtlichen militärischen Leistungen kämpften Letten am Wolchow und an der Welikaja, in Kurland und am Ende in Berlin.

HELMUT BÜCH
80 NAHKAMPFTAGE
Kradschütze in der SS-„Totenkopf"-Division
224 S. – viele s/w. Abb. – geb. im Großformat – € 25,95. – Ein schnörkelloses, überaus spannend geschriebenes Buch eines Frontsoldaten, der den Krieg aus den Brennpunkten der Kämpfe beschreibt.

EWALD KLAPDOR
PANZERKAMPF IM OSTEN
Mit dem SS-Panzerregiment 5 „Wiking" an der Ostfront
392 S. – viele s/w. u. farb. Abb. – geb. im Großformat – € 29,80. – Ein wahrheitsgetreues und fesselndes Bild von den Brennpunkten der Ostfront von 1942 bis zur Kapitulation.

RALF TIEMANN
CHRONIK DER 7. PANZERKOMPANIE
An vorderster Front in der 1. SS-Panzerdivision „Leibstandarte SS Adolf Hitler"
320 S. – viele s/w. Abb. – geb. im Großformat – € 25,95. – Der Leser wird mitgenommen in die Dramatik verbissener Panzerduelle an allen Fronten.

EDITION ZEITGESCHICHTE

Edition Zeitgeschichte • Postfach 52 • 24236 Selent • Tel.: 04384/59700 • Fax: 04384/597040